U0580368

蒙台梭利文集

第二卷

[意]蒙台梭利 著

田时纲 译

人民出版社

目 录

小学内自我教育

L'AUTOEDUCAZIONE

NELLE SCUOLE ELEMENTARI

序　言

　　我把幼儿教育方法继续应用于小学教育（初级小学，直至 10 岁小学生），代表 3 年的实验工作。

　　1911 年，我的一位女友、马利亚·马里亚尼·奎里埃丽·贡扎加（Maria Mariani Guerrieri Gonzaga），想为完全自由的个人实验奠定基础，旨在应用更先进的教具探索可能继续业已在幼儿中取得成功的教育方向。

　　已故的阿利切·弗兰盖蒂（Alice Franghetti）男爵夫人，对这一事业具有伟大认识，她既慷慨大方又精神崇高，同贡扎加夫人携起手来。她虽然受到病痛的折磨，但她仍渴望生活并通过帮助新一代的事业参与生活。于是，那些有条件接近并认识其高风亮节的人们对她怀有无限深情，不仅如此，人们怀念她，还因为她在蒙泰斯卡（卡斯泰洛城①）自己的田产内兴办多所农民子弟学校。她本人在世界上准确地、实际地把握教育实质，把我的幼儿教育法奇迹般地应用于乡村小学。这不仅是教育事业，而且是她不朽精神所在，弗兰盖蒂男爵夫人全身心地投入其中，这一实验让我们永远记住她。和贡扎加侯爵夫人的愿望一样，她也希望这一实验尝试不要中断，不要监控，要充分自发地进行。在完成这一壮举之后，她沉睡了，但她的芳名永垂史册。值此叙述这一实验的著

---

① 　卡斯泰洛城（Città di Castello），意大利翁布里亚大区佩鲁贾省的一座城市，面积 387 平方公里，人口 3.8 万。

作付梓之际，所有认识她的人，所有热爱她的人，所有受到她恩惠的人，所有在痛苦中感受她的深情厚谊的人，都会油然而生对她的怀念之情。这是为了开始阅读此书的最佳情感。

还应当怀念我的父母，他们伴随我所有的牺牲、我的焦虑，他们参加了最近的实验。我的最初工作已经成功地开始教育改革，这次实验应当开辟继续勇往直前的道路。他们对所看到的一切感到满意，但同时感到困惑，因为他们确信把我交给人类大家庭。

这里，我不想做关于实验的财务报告；但人们很容易理解，这类事业的需求往往超过预算。维持学校正常运转；做一些实验尝试，则需要制作教具，而社会环境中尚无任何组织从事教具生产，从而也没有合格工人完成任务。所有这一切，置于世界各地蓬勃兴起的教育运动之中，使得这一事业比我们起初设想得更加宏伟。首先是教师（需要在最优秀最灵巧的人们之中挑选），她们离开原有岗位，致力于这一事业，因此她们对事业具有责任感。接着，另一类人，如律师和打字员也来了，他们不得不在学校旁边开设办事处。想想那些信件、专利证、参观，想想世界各地人士携带大使馆的介绍信，国外各大学教师带着推荐信来这里观摩，就足以理解我们处境尴尬，我们没有做好准备应付那种形势。

我们应当牢记来自各方的帮助。首先是王太后的帮助，她英明地预见，希望培训出合格教师，后者能够坚定不移地宣传教育理念，能够被派遣创办示范学校。其次是伦敦蒙台梭利协会的帮助，它尝试同时进行实验和培训英国教师。还有匹兹堡的菲普斯夫人（Mrs.Phipps di Pittsburg）的帮助，她有雄心壮志——在将来创办一所学校，同时关心促使帮助培训美国教师。

此外，意大利教育部也参与了这一实验；为了让我全身心地投入实验，又不放弃罗马女子高等师范学院教授的教职，它决定每年让我从事初级教育研究，免除我的教学任务。

然而（将来会证明这一事业的需求多大），那些帮助显然不够，但两件事使事业受益匪浅：首先，我的著作译成英文大获成功；其次，为各国教师掌握幼儿教育法而开办的国际培训班结出硕果。

　　今天，为了坚持和帮助地区教育运动的开展，各地纷纷成立许多"蒙台梭利协会"。富人聚集那里，慷慨解囊，我认为，他们开始懂得一个中心的需求有多大，要知道它要面对全世界的教育运动，它要保障合法权利，它要进行非常复杂的实验，正如在本书中所描绘那样！

　　如果尊贵的贡扎加夫人及其家族（马里亚尼及莫里斯）没有慷慨解囊，没有用她的信任、她的活动对我们支持，没有一天天陪伴我们艰难地前行，我们恐怕早就在伟大工作中迷失了。

　　如果有一天，这种实验工作注定建构教育"科学"和人类心理的新认识，并将对人类福祉作出贡献，人们应当记起其准备时期。

　　当四面八方的人们在讨论、申请观摩和掌握教育方法并要求教育方法继续时，却有少数人、极少数人认为，人们热烈讨论的东西没有任何根据，没有任何组织、任何经济可能性有效地、实际地帮助解决非常困难的问题！

　　我们承认并感激那些帮助，我希望是对帮助我们的人们的一种报偿，尤其是对马利亚·马里亚尼·贡扎加夫人而言，因为只有她认为必须每天伴随我们稳步前行；她作出牺牲，她付出努力，因为她确信这个小小幼芽会长成参天大树。

　　为这一工作，我有义务感激的人们中，必须列入和我心心相印的两位可敬的合作者。常言说确信真理造就使徒；我最早的追随者安娜·斐戴丽（Anna Fedeli）和安娜·盖罗尼（Anna Maccheroni）正是如此。前者离开福利尼奥①师范学校校长的职位，后者放弃数所师范学校提供的教授职位，她们全力以赴地投入这一工作。为了搞好工作，她们把个人及其家庭的全部积蓄都献出了。

　　的确，在共同事业中很难确认每个人的确切贡献，这种实验应当视为友好合作的结果。但是，实验的"语法"部分特别归功于斐戴丽小姐，她是优秀的意大利语学者；而音乐部分归功于马盖罗尼小姐。

---

① 　福利尼奥（Foligno），意大利翁布利亚大区佩鲁贾省的一座城市，面积263平方公里，人口5.3万。

历史简述

由于此书是 1909 年由莱奥波尔多·弗兰盖蒂男爵（barone Leopoldo Franchetti）出资印行的我的第一本著作的续篇，因此最好简述那部著作在 6 年间传播的情况，即传播从 3 岁至 6 岁的儿童教育方法，那部分教育方法正是本书这部分的准备。

那部著作被译成如下语言出版：

英语、法语、德语、俄语、西班牙语、加泰罗尼亚语、波兰语、罗马尼亚语、荷兰语、日本语、汉语。

在意大利开办了如下教师培训班：

卡斯泰洛城培训班，1909 年由弗兰盖蒂男爵在其家开办，有 90 多名教师参加。

在罗马朱斯蒂路，由方济各会的修女主办两期培训班，她们给予学员最慷慨的接待，她们还创办一个示范幼儿园。在她们那儿开设的两个培训班，得到王太后的资助和一些罗马贵妇的道义支持。

在罗马，市政府主办了两个培训班。

在王太后资助和"蒙台梭利全国委员会"监护下，在罗马开办了两期国际培训班，旨在适应世界各地创办学校的需要，有如下外国学员参加：

美利坚合众国、西班牙、德国、俄国、英国、荷兰、波兰、巴拿马、印度、澳大利亚、日本、加拿大、德兰士瓦[1]、奥地利。

然而，现在培训教师，尤其培训传播小学教育方法的教师，需要创办一所学院，既进行独创性研究，又同时培训教师、督学和在各国创办培训中心的合格人员。这所学院代表一种渴望，一种需求。无疑，有人会实现，这一事业的未来就在于这种实现。

马利亚·蒙台梭利

罗马，1916 年 7 月 30 日

---

[1] 即德兰士瓦南非共和国。

一　儿童生活概览

儿童心理卫生的一般标准和儿童身体卫生标准一致

许多人要求我继续研究我的幼儿教育方法，以应用于7岁以上儿童，但他们怀疑其可能性。

他们提出的诘难主要是道德范畴的。

儿童难道不应当现在就开始遵从他人的（而不是自己的）意愿？难道不会有一天他们要真正努力地完成一项必需的、而不是"选择的"工作？最终，难道他们不应当开始作出"牺牲"？由于人的生活不似享乐那样轻松。

其后，有些人针对6岁儿童应当开始、7岁儿童必须实施的初级教育的特殊、实际问题，直截了当地提出异议：面对着九九表的丑陋幽灵和语法强加的乏味脑力体操，你们怎么做？你们将全部取消，还是确信必须让儿童"屈从于"这些必修课？

显然，全部推理都围绕着对那种"自由"的解释，那种"自由"是我倡导的教育方向的基础。

或许在不久的将来，所有这些异议将会引人发笑，有人将会要求在本书未来几版中删除那些异议和评论。但此时它们仍有存在和被评论的理由。然而，给出一个直接的、令人信服的、清晰的回答并不容易，因为这就要动摇人们确信不疑的问题。

或许举出类似例证会少费笔墨。在卫生学指导下、在对待婴儿上取得的进步业已"间接地"回答了这一切。以前人们怎么做的呢？或许很多人仍记得曾采用被群众视为教条的"习惯"：为了避免幼儿的腿长弯曲，婴儿必须用襁褓裹住；必须割断"舌下的韧带"，以便有一天他会说话；必须给他戴上婴儿帽，以避免长出扇风耳；婴儿的卧姿也是固定的，以防止其柔软的颅骨发生永久性畸变；最后，好心的妈妈不断地捏婴儿的小鼻子，想让鼻子长得长而有形，不要长成蒜头鼻、塌鼻梁；在婴儿出生后不久，妈妈就给他戴上小金耳环，旨在让其"目光锐利"。在某些国家这些做法或许已被遗忘，但在其他国家至今"仍在应用"。谁不记得帮助幼儿走路的学步车一类东西？甚至在婴儿出生头几个月，即在其神经系统尚未完全发育、仍不能协调运动的时期，母亲们每天花费半小时"教婴儿走路"。她们抓住需要吃奶的婴儿的身体，利用其小脚杂乱无章的移动，就自欺欺人地认为孩子已经开始走路。其实，婴儿双脚开始一步一步地移动，最终大胆地让双腿运动，而母亲们把这种进步归功于她们的努力。其后，当这种运动近乎形成，但不能保持平衡，从而也不能站立，母亲们就用一些牵带提起孩子的身体，让孩子和她们一起"在地上走路"。或者当她们没有空闲时间时，就把孩子放在钟状的竹篮内，其宽阔的底部保证孩子不跌倒，其两臂悬在篮外，其身体被竹篮上沿支撑住。这样，虽说孩子还不能站立，却能移动，活动双腿，即视为"行走"。

还存在并非悠远的往日遗风：某种凸起的冠状物，一种护头，戴在孩子的头上，当"认为他能站立"时，从而把他从竹篮中解放出来。就像跛子靠拐杖支持，孩子惯于靠竹篮支撑，突然让他脱离竹篮，他会随时跌倒，冠状的护头能保护头部不受伤。

当科学进入拯救儿童的领域时，它向我们启示了什么？无疑，它没有提供让鼻子笔直、耳朵竖直的绝妙方法，也没有启发母亲们帮助婴儿走路的做法。绝对没有，它首先确信：自然本身准备确定头、鼻、耳的形状；人不用割断"舌下韧带"就能说话；双腿自然而然会长直，此外行走机能无需干预会自然地形成。

由此可见，必须"尽可能地让自然起作用"；儿童越是自由地发展，他们发展得就越快，其身体外形更完美，其机能更完善。于是，去除襁褓，让婴儿保持最佳休息、安宁姿势：双腿自由地平躺，不再"让他愉快"而摇动他，正如许多人所为，他们自欺欺人地认为婴儿会高兴。不要时机未到，提前强迫婴儿走路。时机一到，他会站立并行走。

今天，几乎所有人都确信这一点，束缚婴儿的襁褓、牵带和竹篮也几乎不再销售。

结果，孩子的腿比以前更直，行走比以前更好、更早。

这是确定的事实，也是令人欣慰的事实；因为，说实话，人们曾经确信儿童腿直，鼻、耳、头的形状是人为干预的直接结果，人们为此而忧心忡忡！如此重大的责任，每个人都感到难以承担！但现在人们可心平如镜地说：大自然会思考这些；我让孩子自由，我静观他"完美地成长"，我将平静地欣赏奇迹。

儿童的内心生活也发生类似情况。我们曾受到种种忧虑的困扰：必须形成性格，发展智力和培养情感。我们自问：怎么做呢？我们在这里、那里触及儿童的心灵，或者像母亲们捏孩子鼻子并压孩子耳朵那样，强迫儿童的心灵接受特殊管束。我们用某种平庸的成功掩饰自己的担忧。事实上，人在成长的同时就具有性格、智力和情感。然而，当他们缺少这些素质时，我们就无能为力了。怎么办？谁会把性格赋予堕落者，谁会把智慧赋予白痴，谁会把情感给予道德狂人？

如果，确实通过触及心灵，人们具有所有这些素质，那么显然最缺少素质的人，只需稍微触及就足矣。然而，事实并非如此。

由此可见，我们不是内在精神形态的创造者，正如不是外在形体的创造者一样。

是自然和"天地万物"支配所有这一切。如果我们确信这一点，显然，"不为自然发展设置障碍"的原则就确立了；不是许多孤立问题（诸如怎样帮助发展性格、智力和情感），而是唯一问题作为整个教育的基础：如何让儿童自由？

与科学决定成长中的儿童身体形态和功能的原则相类似的原则，

应当包括在这种自由中：恰恰在这种自由中，根据个体先天力量，头、鼻、耳变得更完美，步伐更稳健。于是，自由——唯一手段，应当引导性格、智力和情感实现个体的最大发展；它给予我们——向导"和平"，以及静观儿童成长"奇迹"的可能性。

这种自由，也把我们从虚假的责任和幻想的危险造成的痛苦、重负中解放出来。

当我们认为对与我们无关的事情负有责任时，当我们幻想完成脱离我们独立完成的事情时，不幸就降临我们身上。因为那时我们就像疯子；深刻的问题接踵而来：我们真正的使命是什么？我们真正的责任是什么？如果我们欺骗了自己，那么我们真正的现实是什么？我们的缺陷是什么，我们犯有哪些"严重罪行"？如果我们现在像查泰克莱尔（Chanteclair）一样，相信由于公鸡歌唱清晨太阳升起，那么当我们头脑清醒时，将会发现什么责任呢？由于我们忘记"吃我们真正的面包"，有谁被遗弃并挨饿呢？

儿童"身体救赎"的历史让我们的认识更加清晰。

卫生学不仅限于"人类学说明"任务，比如，不仅让大家认识，而且让大家确信：身体自己发展。因为，实际上，婴儿的问题并不涉及身体形态的完美与否。呼唤科学干预并解决的婴儿真正问题是可怕的婴儿死亡率。

今天，考察这些真理令人感到奇怪。因为在婴儿疾病造成浩劫的时代，人们不为死亡担忧，却关心鼻子的形状或双腿的笔直，相反，真正的问题，即生死攸关的问题却被人忽视。一定有许多人像我一样听到类似对话："照看孩子我很有经验，我生了9个子女！""现在活着几个？""两个"。然而，这位母亲同样被视为权威。

死亡统计披露的数字是如此之高，以致称作"滥杀无辜"现象。著名的莱克西斯（Lexis）图表并不涉及某些国家，而是反映全人类死亡的平均进程，它揭示出这种可怕现实普遍存在。这一现实有两个不同因素：无疑，其一是婴儿特有的脆弱性；其二是缺乏对这种脆弱性的保护，在所有民族中普遍存在这种"缺乏"。当然，并不缺少良好愿望和对孩子的爱怜；但缺乏某些未知的东西，缺乏对可怕危险的防范，人们对可怕危险毫无认识。今天，众所周知"传染性"疾病，尤其是肠道传染病在扼杀新生命。在组织脆弱并对病毒敏感的年龄段，肠道疾病破坏营养并产生毒素，从而造成几乎普遍的扼杀。由此可见，我们通常对婴儿所犯的"错误"又雪上加霜。错误是今天令我们震惊的不洁和婴儿膳食完全缺乏规则。在褴褓下包裹婴儿的肮脏尿布，在阳光下一次次地晒干，根本不洗就给婴儿换上。从不注意清洗母亲的乳房和婴儿的口腔，尽管细菌大量繁殖定会引起局部病变。给婴儿喂奶全无章法，白天和黑夜，都由婴儿的哭声决定喂奶。婴儿越是消化不良并加重病痛，越是增大进食的份额，于是婴儿的健康状况每况愈下。在那个时代，谁没有见过母亲怀抱发烧的婴儿，不断用乳头触及哭叫的小嘴，希望婴儿安静下来？虽然那些母亲具有自我牺牲精神并真诚地焦虑！

科学制定出非常简单的规则。它建议尽可能清洁，并指出一个不言自明的原则，这让未能理解的所有人感到惊奇：婴儿和我们一样，也应按时按量进食，待消化以前的食物之后，才能再次进食；因此，婴儿应根据月龄和发育中变化的生理功能，间隔数小时喂奶一次。千万不要让婴儿拿着烤面包片玩耍，因为婴儿可能吞咽某些面包块儿，却没有能力消化。然而，许多母亲都这样做，尤其是平民母亲旨在阻止婴儿啼哭。

母亲们担忧的是：当婴儿哭闹时，我们怎么办？借助经验她们惊奇地发现，婴儿很少哭和完全不哭，她们发现，甚至刚刚出生一星期的新生儿，安安静静，面色红润，眼睛睁大，等待 2 小时后吃奶。婴儿如此安静，以致没有显现自身生命迹象，仿佛处于庄严寂静时刻的大自然。事实上，婴儿为什么会不断地啼哭？那些啼哭是表示一种痛苦和死亡的事物状态的信号。

但世界对那些啼哭的婴儿无能为力。他们被层层褴褓所束缚，往往交给没有能力负责的小女孩照看；他们没有自己的房间，也没有自己的床铺。

是科学拯救了他们，为他们创造了保姆、普遍适用的摇篮、婴儿房及童装；大企业为婴儿生产断奶后的卫生食品（含特殊食品添加剂）和特制药品。最终，给婴儿提供一个睿智、清洁和优雅的全新世界。婴儿变成赢得自己生存权的新人，因此他们促使创造一个"为自己的环境"。这样，人们发现"婴儿死亡率降低"，与婴儿卫生规则有直接关系。

由此可见，如果我们说，也应当让儿童在精神上"自由"，因为是具有创造力的自然，而不是我们，能够塑造他们；但这并不是说对他们漠不关心、放任自流。

看看我们四周，或许我们会发现，虽然我们不能直接影响儿童的性格、智力和情感的个体形态，却存在一系列我们的责任和关心，以前被我们所忽视，恰恰这些被忽视的东西决定精神的生死。

由此可见，"自由"的标准不是"放任自流"，相反，这一标准引导我们从幻想走向现实，指导我们更积极有效地"关心儿童"。

今天儿童的自由仅是身体的。20世纪儿童的公民权

卫生学"解放了"儿童的身体生活。外在事实在于取消襁褓、露天生活、让睡眠充分直至睡醒，诸如此类，不一而足，这是人们普遍看得见、摸得着的部分。但这些只是为"实现"自由的"手段"。更加重要的解放是在生命路途的开始就解除疾病和死亡的威胁。一旦某些根本错误造成的障碍被清除，不仅儿童的成活率大幅度提高，而且业已证实他们会成长得更健康。卫生学确实能帮助儿童增体重、增身高和变漂亮；但还能改善他们的物质交换吗？卫生学完全没有做到这点。正如福音书所说，谁能只靠一根尺骨长成人呢？卫生学仅仅解放儿童的身体，清除阻碍他们成长发育的障碍。这些外在束缚妨碍儿童的物质交换和生命的一切自然发展。卫生学确实粉碎那些束缚。大家都感到实现了解放；面对既成事实每个人都在重复说：儿童应当是自由的。"实现儿童身体生活条件"和"获得自由"之间具有直接对应关系，现在人们普遍地直觉到这一点。

这样，儿童就像娇嫩的花草被服侍。很久以前，一个菜园或精心管理的花园中的植物就享有今天儿童才赢得的权利。充足的营养、氧气、适宜的温度，认真预防病虫害，别墅中一丛最美的玫瑰享有的待遇，只有君主的儿子才有此福分。

古老的比喻：儿童如同花朵，这正是今天我们所期望的，但只有幸运的儿童才享有此种特权。然而，让我们从严重错误中清醒吧！儿童是人。对一株植物足以的条件，对儿童根本不够。让我们想想一位瘫痪病人堕入的悲惨境域，人们这样说到他：他只剩植物性生命；"作为人"，他已经死亡。我们忧伤地说他："只剩下躯壳。"

儿童是人，这一形象我们应铭记在心。我们应当在骚动不安的人类社会里审视这种形象，他们像英雄那样努力并渴望"生活"。

儿童的权利是什么？我们暂且把他们视为"社会阶级"、劳动者阶级：其实，他们在为创造人而劳动。他们是未来的一代。他们在身体和精神成长的艰辛中工作。他们正在继续其母亲10月内完成的工作，但留给他们的工作更费力、更复杂、更艰难。他们在出生时，除了潜质之外一无所有。甚至成年人也承认，儿童不得不在一个充满荆棘的世界里完成一切。怎样做才能帮助那些未知世界的朝圣者？他们在出生时比动物更脆弱、更无能，几年后就要变成"大人"，成为一个无数代经百年努力建构的复杂、组织社会的成员。在一个时代，文明（即更好生活的可能性）基于积极获得并被法律承认的"权利"，那么没有力量和思想的婴儿来到我们中间享有什么权利呢？他们就像婴儿摩西，躺在蒲草筐内，在尼罗河上漂泊，虽然他代表选民的未来，但他遇到路过那儿并看到他的公主不是纯属偶然？[①]

我们把儿童托付给偶然、运气、疼爱，诸如此类，不一而足，其实，仿佛重演《圣经》里对埃及压迫者的惩罚：扼杀长子。

让我们看看，社会权利如何欢迎走进世界的儿童。我们身处20世纪，但在许多所谓文明国家里，仍存在育婴堂和职业奶妈的制度。育婴

---

① 摩西，公元前13世纪以色列人的政治和宗教领袖、先知和立法者，是该民族杰出的英雄。生于埃及。当时正值埃及法老下令处死新生的希伯来男婴，父母将其隐藏3个月后被迫把他放入蒲草筐内，搁在尼罗河边的芦荻中。埃及法老之女（公主）来河边洗澡，发现并收养了他。"选民"指上帝挑选的民族，即犹太民族。

堂是什么货色？它是关押人的场所，是可怕、黑暗的监狱，在那里囚徒往往必死无疑，就像在中世纪监狱里犯人被悄然无声地处决，无人知晓就从人间蒸发。犯人再也、再也看不到自己的亲人。家庭的名字被删除，财产被没收。罪大恶极的坏蛋都会想起母亲，仍然知道自己有过姓名，或许回忆往事感到欣慰，就像后天的盲人面带微笑，脑海里浮现昔日的五彩世界和灿烂阳光。然而，儿童是天生的盲人。任何作恶多端的坏人享有的权利都比他们多，但无人比他们感到自己无辜。即使在最可耻的暴政时代，受压迫的无辜者会点起正义星火，那星火或迟或早将变成革命的燎原大火。那些被暴君囚禁的人们，因为他们偶然成为暴君暴行的见证人，并坠入暴君设置的陷阱，他们遭受黑暗和闻所未闻痛苦的折磨，但他们的不幸毕竟成为精神遗产，激发起人民宣告在正义面前人人平等。然而，谁为弃婴大声疾呼？社会没有意识到他们也是人，事实上，他们只是人类的"花朵"。为了挽回名誉和名声，哪个社会不是团结一致地牺牲"花朵"？

奶妈喂奶是一种社会习俗。一方面，这是一种奢侈的习俗。就在不久前，一位待嫁的殷实中产阶级家庭的姑娘，往往这样吹嘘未婚夫许诺的优裕生活："我会有一个厨娘、一个女佣和一个奶妈。"另一方面，一个刚刚生产的健壮农妇，满意地看着自己胀满的乳房思忖："我可以找到一个不错的吃奶婴儿。"只是近期卫生学才给因懒惰不愿给孩子喂奶的母亲打上耻辱的烙印，在我们时代王后和皇后给自己孩子喂奶，仍被树立为值得母亲赞美的榜样。卫生学宣布给自己孩子喂奶的母亲职责，基于一个生理学原则：人奶比其他动物奶更有营养。尽管这一职责显然对己有利，但远未被普遍接受。人们在散步时仍可看到，健壮的母亲身旁有一个奶妈，那个奶妈张扬地身着红色或天蓝色、绣有金线或银线的服装，怀里抱着一个婴儿。富有的母亲们从来不和衣着寒酸的奶妈一起外出，她们总有时髦的保姆①跟随，那保姆通晓婴儿卫生学，会把孩子"如同花朵"一样照看。

---

① 原文为英文：nurse。

那个婴儿呢？如果某个婴儿有两个人的奶供他享用，那么就有另一个婴儿没有人奶吃。人奶这种财富不是工业产品，它由自然进行精确分配。每一个新生命都有一份人奶。奶只随生命出生而产生。出售牛奶者清楚地知道：他们把良种奶牛按卫生标准饲养，而把小牛送到屠宰场。每当小牛远离自己的母亲，它会感到多么痛苦！小狗和小猫难道就不痛苦？当家中的母狗产下过多的狗崽，而不能全给它们喂奶，那就必须杀死一些。为此，这家女主人会流露出痛苦的真情，要知道她的小宝贝在家由一位优等奶妈喂奶。算了，更令人怜悯的是焦急、哭泣的母狗，它不知道是否有力量给所有出生的、未成形狗崽喂奶，但它会因失去任何一个"孩子"而感到痛苦。但奶妈的情况完全不同，她自己毛遂自荐，自愿签定出售自己人奶的合同。还存在另一个婴儿，谁也没有想到这一点！

只有一种权利、一条法律能够保护那个婴儿，因为社会是建立在权利基础之上的。千真万确，存在产权这种权利，这种权利是绝对的。即使有人因饥饿偷了一块面包，也会被定为贼，受到法律的惩罚，并被逐出社会。产权权利是最强大的社会基础之一。一位不动产管理人，其后出售主人拥有的财产，并自己享用所得款，让房产业主陷入贫困的深渊，这样的罪行难以想象。因为，谁能购买没有业主签名的房产呢？社会构成恰恰如此，某些罪行不仅受到惩罚，而且"不能犯下"。然而，对婴儿每天都这样做，不仅不认为是罪行，还视为一种奢侈。对婴儿来说，有什么比拥有母乳更神圣的所有权呢？他可以像拿破仑皇帝那样说："上帝赐予我的。"关于他的所有权没有任何疑问：母乳是他的唯一资本，是伴随他来到世上并为他享用的。他的全部财富就在于此，他生存、成长和健壮的力量源泉在于母乳的营养。如果被剥夺母乳的婴儿长大虚弱并患佝偻病，贫困又迫使他从事重体力行当，结果如何呢？在劳动中多少伤害、多少事故造成的永久性病残，难道不是与此有关？如果有一天，这个婴儿长大成人，他会在社会正义面前厉声控诉！

在文明国家里，富有的母亲们为自己的子女哺乳，因为"卫生学"证明这有益于婴儿的健康，但并不是由于承认把成人的"公民权"扩展到婴儿。她们认为那些存在职业奶妈制度的国家，虽不如自己国家发达，但仍属于相同文明。

有人会说：如果母亲生病不能给自己孩子哺乳呢？这样，生病母亲的孩子很不幸。为什么另一个孩子因为他要承受他的不幸呢？有多少穷人受到贫困的煎熬，但他们不能为此就剥夺其他人为生所需的财富。如果今天有一位皇帝受到剧烈疼痛的折磨，他为了治病需要洗人血澡，他不能因为自己剧痛就让其他健康人流血，如野蛮的皇帝们所为。显然，这是构成我们文明的东西。这是我们和食人肉者及海盗的区别所在。成人的权利得到承认。

但是，不承认儿童的权利。① 承认成人的权利，而不承认儿童的权利。这有多么可耻！承认正义，是的，只对能够自卫和抗议的人们而言，对其他人，谈不上。为什么今天从卫生学观点看或多或少进化的民族，全都属于相同文明，因为全都承认最强者的权利。

当我们严肃地提出儿童道德教育问题时，我们应当环顾四周，至少应审视我们为他们准备的世界。我们希望他们变成我们这样，对践踏弱者熟视无睹吗？我们希望他们像我们一样，在意识中没有对不抗议者而言的正义观念吗？我们希望他们像我们一样，遇到同类时是半个文明人，遇到被压迫者和无辜者时是半个野蛮人吗？

如果我们不希望这样，那好，在对儿童进行道德教育之前，我们就模仿走上神坛的祭司：他面对整个世界，低头忏悔并供认自己的罪恶。

在法律之外的儿童，就如同脱臼的手臂。在脱臼手臂复位之前，人类不可能构建自己的道德。手臂复位后，受伤肌肉的痛苦和麻木才能消除，即妇女的痛苦和麻木才能解除。显然，儿童的社会问题是最复杂、

---

① 当然，如果奶妈的孩子死了，就不能再提损害其权利。但此种情况和富有母亲请奶妈没有关系，她们不能给自己孩子哺乳是由于生病的原因。

有待引述德国的富有远见的法律，它禁止母亲在自己孩子半岁前去做奶妈。因为人们认为半年足以保障婴儿健康。此外，在德国对人工喂奶特别关注，为没有母乳喂养的婴儿可以成功地选用代乳品。这样的法律和措施是向承认可怜婴儿"公民权"迈出的第一步。——原注

最深刻的问题。它是我们现在的问题，也是我们未来的问题。如果我们的意识容忍如此严重的非正义事实，姑且不说那些是罪行！我们就不会发现：多少较小压迫形式强加给儿童？

我们如何接纳进入世界的儿童

让我们环顾四周：直至昨天我们没有为接待贵宾做任何准备。人们为儿童制作小床时间不长；在众多多余、稀奇古怪、奢侈的产品中，你们找找专为儿童生产的物品，没有他们专用的盥洗盆、安乐椅、小桌、刷子。在许多房子中，没有他们的一间房；只要极少的、最富的、享有特权的儿童才有自己的房间，但近乎像放逐地。

让我们想象在一天中所遭受的折磨。

我们设想在巨人民族中生活，和我们的腿相比，他们都长着很长的腿，身材特别高大，却比我们动作更灵活。和我们相比，他们是更敏捷、更睿智的人。我们进入他们的房子，每节楼梯都高及我们膝盖，但我们却必须尝试攀登上去；我们想坐下，但椅子高及我们肩膀，我们费九牛二虎之力才爬上去。我们想刷刷自己的衣服，但那些刷子既大又重，我们的手握不下也拿不住。我们想刷刷指甲，递给我们的是衣刷。我们想在澡盆里浸泡洗澡，但我们手臂无力支撑澡盆边。假若我们知道那些巨人等着我们，我们就应当说：他们没有为接待我们，为我们提供舒适生活做任何事情。儿童发现，他们所需要的一切都以玩具形式显现，是为洋娃娃生产的；并没有为他们创造一个丰富的、形式多样的、优雅的环境；但洋娃娃却有房、客厅、厨房、衣柜；为洋娃娃反复生产袖珍式的所有成人物品。然而，儿童不可能生活在这些袖珍式物品中间，他们只能用它们玩耍。世界给他们开了一个大玩笑，因为现在仍无人承认他们是活生生的人。儿童发现，社会准备以嘲讽来接待他们。

众所周知，儿童常常毁坏玩具，这种破坏专为他们生产的东西的行为，我们觉得是其智力的证明。我们说："他们破坏，因为他们想要懂得"。说实话，儿童不断地探寻玩具内是否存在有趣的东西，因为从外观看玩具并不令他们感兴趣。于是，有时他们生气地拆散玩具，像个被冒犯的人。从而，我们又说，"他们出于恶意才破坏"。

儿童倾向于借助周围事物实际地生存；他们恰恰想自己使用盥洗盆，自己穿衣，实际梳理鲜活的头发；自己扫地；还想拥有椅子、桌子、安乐椅、挂衣架、衣柜。他们的愿望恰恰是动手劳动，实现一个智力目的，让自己生活舒适。这样做，他们不仅应"像人那样活动"，而且应"塑造人"，这是他们天性的主要倾向，这是他们的"使命"。

我们在"儿童之家"曾见过快乐而有耐心、沉着而准确的儿童，他们像最优秀的劳动者、一丝不苟的物品保管员。最微小的事情都能令他们开心：把衣服挂在墙面低处的衣帽钩上，他们的手可以触及到那衣帽钩；轻轻地打开门，门把手根据他们手的大小制作；不出声、优雅地移动椅子，椅子的重量符合他们的臂力。事情就是如此简单：给儿童提供这样一个环境，这里所有东西都按照他们身体发育情况设计并制作，并让他们在这样的环境里生活。于是，儿童在一种令人惊奇的"积极生活"中成长，因为人们不仅看见他们愉快地完成简单练习，而且发现他们精神生活的显现。在这种和谐环境里，我们发现儿童致力于一种智力工作，就像一粒种子在土壤中扎根，并以唯一方式开花、结果：坚持不懈地做每一个练习。人们发现，幼儿对自己的活动专心致志，但因机体组织未发育成熟，从而在完成过程中动作缓慢，正如他们行走时迟缓，因为他们的腿短。于是，人们直觉到他们正在建构自己的生命，正如一个蝶蛹在其茧壳中缓慢地变成蝴蝶。禁止他们专心致志活动，就如同用暴力摧残他们的生命。那么，人们通常怎样对待儿童呢？大家漠不关心、毫不尊重地打断他们，就像主人对待没有任何人权的奴隶那样。在许多人看来，"尊重"儿童似乎很可笑。我们以多么严厉的口吻对儿童说："不要妨碍我们。"假若一个幼儿正在做一件事，比如正自己吃饭，来了一位成人，立即喂他吃饭；假若他尝试系上围裙，一位成人跑过来并给他系上；大家对他没有丝毫尊重，全都粗暴地代替他做。然而，我们对自己工作的"所有权"十分敏感；谁要企图代替我们，就冒犯我们。在《圣经》中有一句警句，"他的位置别人将占据"，就是说迷途者处于危险之中。

假若我们沦为不能理解我们情感、比我们更强大的巨人族的奴隶，我们还能怎么样呢？当我们正安静地喝自己的汤，并愉快地品味（我们知道处于"自由状态"才有这种享受），此时来了一位巨人，他从我们手中夺走汤勺，强迫我们急速地吞咽菜汤，结果我们差点儿被噎死。我们抗议道："发发慈悲，慢点儿吧！"伴随心情压抑，我们的消化受到损害。假若还有一次，我们边思忖令人愉快的事情，边怀着在自己家里才有的幸福感和自由感，缓慢地穿外套，此时一个巨人突然而至，在一瞬间给我们穿上外套，并把我们背起来走出大门。我们感到，我们的尊严被冒犯，以致希望从散步中获取的所有快乐一扫而光。我们的营养不仅仅来自吞咽的菜汤，还源于从事一切活动的"自由"。我们感到被冒犯从而反抗，不是出于对巨人的憎恨，而是由于我们珍爱自由地安排自己生活的天性。我们内心存在的某些东西，人不能认识，只有上天认识，直至我们实现，它们都在难以觉察地向我们显现。这种珍爱赋予我们生活更多营养和幸福，包括最微小活动。因此，有人说："人不仅仅靠面包活着"。对儿童来说更是如此，因为在他们身上正在创造。

儿童不得不通过斗争和反抗来捍卫自己在环境中的小小战果。当他们想做感觉练习，比如做触觉练习时，人人都会指责他们：不要摸！如果他们试图在厨房拿点儿东西，比如菜叶，做一小盘菜，他们立即被赶走。他们被无情地带回房间玩玩具。多少次，在那些奇妙的时刻，他们被粗暴地打断！正是在那些时刻，他们全神贯注并开始内在组织进程（必然提升自己），他们自发地努力，在环境中盲目探寻为智力提供养分的东西。难道我们大家没有印象：在我们生活中某些东西被永远窒息？

虽然我们不知道确切原因，但我们感到在我们人生道路上失去某些珍贵的东西：我们被欺诈、被贬低。或许在我们正创造自身的时刻，被打断、被迫害，使我们内在组织发育不良、既脆弱又有缺陷。

让我们想象某些成人，他们不像大多数人关注自己的境遇，却如天才人物那样，处于自我创造的状态。我们设想一位产生诗歌灵感的作家，在处于这样的时刻，其有益的、发人深省的作品正在帮助他人。或者，我们设想一位数学家发现解决一个伟大问题的方法，从而对人类有益的新原则得以产生。或者，我们设想一位艺术家，在其脑海里业已浮现理想形象，需要立即固定在画布上，若不想失去一幅杰作的话。我们设想这些人在类似的心理时刻，一个粗暴的人突然来到他们中间，朝他们大声叫喊，命令他们跟他走，或拉着手往外拽，或用肩膀向外挤。为了做什么呢？看，棋盘业已摆下，就等厮杀一盘。啊！那些人会说，你们再也做不出比这更残暴的勾当了！我们的灵感尽失，人类将缺少一首诗、一幅艺术杰作、一个有益发现，而罪魁祸首是你们，愚蠢如猪的你们！

然而，儿童没有失去诗、杰作或发现，他们失去的是自身。由于他们的杰作、他们在创造性天才内心完成的杰作，是新人。幼儿的那些"任性"、"淘气"、"神秘倾诉"，或许就是未被理解的心灵发出的不幸的隐秘呼喊。

但不仅仅是心灵受折磨，同心灵一起，肉体也痛苦。因为这是人的特点：精神对整个身体存在产生作用。

在一个收养弃儿的慈善机构里，有一个奇丑的幼儿，但他却赢得护理他的小姐的疼爱。有一天，这位护士对女慈善家说，那个孩子越长越漂亮了。于是，这位夫人去看那孩子，但她觉得孩子很丑，她认为习惯使双眼看不见他人缺陷。过了一段时间，那位护士又向夫人述说相同看法，夫人很随和，又一次探访，她发现护士小姐满腔热忱地提及的那个男孩，她深受感动，想到是疼爱蒙住护士小姐的双眼。又过去几个月，护士小姐终于以胜利者的语气说，现在任何人都不可能搞错了，因为那个男孩确实变"美"了。夫人对此感到惊奇，但必须承认这是真的：在伟大的疼爱影响下，那个孩子的身体简直变了。

当我们把空气和营养物给儿童时，我们往往幻想给予儿童一切。说实话，我们并没有做到，因为营养物和空气对人的身体来说是不够的。所有生理功能都屈从于精神高级健康，全部生命的唯一关键就在于此。

生理学本身教给我们这些内容。在露天里吃一顿便餐比在室内污浊空气中吃大餐，对身体提供的营养更多更好。因为身体的所有功能在露天里更活跃，对营养的吸收更全面。同样，譬如，一位卑微并受迫害的小秘书，与亲近的或和蔼可亲的人们一起吃便餐，比在脾气古怪的贵族主人的豪华宴席上，获取的营养更多。在这种情况下，自由，呼喊着解释一切。Parva domus sed mea,[①] 自从罗马时代人们这样说，含义是自己的房子有益健康。即使我们吃的是山珍海味，住的是宫殿豪宅，但在那里"我们的生命"受到压迫，也就不会有健康。

人的身体活力取决于精神活力

生理学细致入微地解释这种现象的机制。道德行为和身体功能存在准确对应关系，以致可以根据这些反常描述痛苦、愤怒、厌烦和快乐等各种情感状态。譬如，人在痛苦时，心脏活力减弱，如同承受麻痹作用，所有血管收缩，血液循环变慢，腺液不能正常分泌，从而他面色苍白，弱不禁风，疲惫不堪，缺少唾液，口干舌燥，缺少胃液，消化不良，双手冰凉。由此可见，长此以往，精神痛苦会引起营养不良，进而骨瘦如柴，从而身体虚弱，易患传染性疾病。厌烦如同奔马式心脏麻痹，人可以因厌烦而昏厥，正如常言所说："厌烦死了"；但反射活动就像自动安全阀几乎总能救人性命。一个哈欠，即一次令人伤心的深呼吸，即可使肺泡扩张，就像吸入泵，使血液从心脏流出，让心脏重新跳动。在愤怒时，所有毛细血管强直收缩，从而人的脸色苍白如雪，肝脏分泌过量胆汁。在快乐时，血管扩张，血液循环加快，促进所有分泌和吸收功能，从而面色红润，胃液和唾液是胃口大开的表现，口中唾液要求供给身体营养物，所有组织都积极地活动，排除毒素并吸收新营养，"扩宽"的肺储藏可燃尽废料及毒物的大量氧气。这一切保障身体健康。

在意大利废除死刑后，对"死刑犯"判处隔离监禁，提供了精神影响身体功能的更有说服力的例证。由于有了监狱现代卫生标准，隔离牢房不能称作折磨人身体的地方，而只能视为取消任何精神食粮的地方。

---

① 拉丁文，意思是"房子虽小，但是我的"。

这是一间牢房，灰色的墙面上光秃秃的，空无一物。牢房只和被其他高墙围住的狭长地带相通，囚徒只能在那个地带放风，虽然整个四周是开阔田野，但他的视线被高墙所挡。囚徒的身体缺少什么呢？它有食品，有一个遮避风雨之处，有张破床，有提供纯氧的地带，他的身体可以休息，甚至只能休息。对于只想无所事事和过植物生活的人来说，似乎很理想。然而，囚徒的耳朵听不到任何声响、任何人声；他再也看不到五彩缤纷、形态各异的大千世界。他再也不能获悉来自外界的消息。在精神深沉黑暗中，他将度过漫长的小时、天日、季节、年月。但是，经验业已证明，这些倒霉的家伙不可能活下来。他们不是发疯就是死亡。几年后，不仅精神而且肉体也死了。为什么会死呢？如果囚徒是一株植物，那么什么也不缺；但作为人，他需要其他营养。对最卑劣的罪犯来说，精神的空虚也是致命的，因为这是人的本性所致。没有精神食粮，人的血肉、内脏、骨骼都会死亡，就像一棵橡树，没有土壤中的硝酸盐和空气中的氧，它必死无疑。事实上，这表明代替暴力死亡的慢性死亡极其残忍。让乌哥利诺伯爵①在9天内饿死，比在半小时内烧死乔尔达诺·布鲁诺更加残忍。在几年内因精神贫乏而死，是迄今为止对人的最残忍的刑罚。

如果一个凶狠、健壮的罪犯被心灵空虚杀死的话，那么被忽视精神生活需求的儿童的前景如何？儿童的身体是脆弱的，骨骼正在发育，含糖过量的肌肉不能产生力量，却只能制造脂肪。的确，有机体的微妙结构需要营养和氧气；但让其功能充分发挥，则需要欢乐。由于精神快乐，"人的骨骼也欢笑"。

---

① 乌哥利诺（Ugolino），13世纪上半叶生于伦巴第的名门望族，曾任比萨首席执政官，参与比萨及其他城市的权力之争。1288年6月其政权被推翻，政敌把他和二子、二孙关入比萨骑士广场上的塔楼。1289年2月，5人在塔楼中饿死。

二 今日教育概览

指导道德教育及教学的原则

当成人把儿童驱逐到玩具中间，并毫不留情地让他们远离那些促进其内在发展的练习时，还要求儿童在道德方面模仿成人。成人对儿童说："像我这样做。"这样，儿童不是通过成长，而是通过模仿变成成人。如同一位父亲早晨对他的孩子说："看看我，看我多高，当我晚上回家时，希望发现你长高15厘米。"

以这种方式教育过于简单化。如同把英雄事迹读给孩子听，然后对他说："成为一位英雄。"人们给孩子讲述一些道德行为，最后是一句叮嘱："你要有道德。"人们让孩子了解性格刚毅的典型，然后是一句规劝："你也要有坚强性格。"孩子被放在成为伟大人物的征途上。

如果孩子们表现出不高兴或骚动不安，人们对他们述说，你们什么也不缺，并且很幸运有父亲和母亲，最后说："孩子们，你们多幸福；孩子应当永远快乐。"请看，儿童神秘的需求就这样被满足了。

成人这样做后，感到很平静。他们以为纠正其子女的性格和品德，就像过去用襁褓紧裹矫直双腿一样。

的确，有时逆反的孩子证明这种教育的无效。在这种情况下，一位好教师会选择一些恰当故事，说明忘恩负义的可耻、不服从的危险、发怒的丑陋，以启发学生认识缺点。但这无异于对盲人讲述失明的危险，对跛子描述行走的痛苦。在课程方面也发生类似情况。一位音乐教师对初学者说："把握好手指；否则就不会弹琴。"一位母亲看见孩子整天弯腰坐在课桌旁，他被文明社会强迫不断地学习，对他说："请你坐如钟，在社会中不要这样弯腰驼背，你让我感到羞愧。"

如果有一天，孩子说："是你们妨碍我发展意志和性格，当我显得捣乱时，恰恰因为我要自救；如果我已经做出牺牲，现在怎么能不驼背呢？"许多人认为这是新发现，还有许多人认为是"缺乏尊重"。

有一种非常简单的技术，可以让儿童实现成人为他们设想的目的。必须引导儿童按成人意愿行事；成人可以引导他们向善、坚强和勇于牺牲，从而造就了有道德修养的儿童。控制儿童，让他们屈服并听话，这就是教育的基础。用任何手段，包括用暴力，都可以实现这一点，其余一切就顺理成章了；为了孩子好，就必须这样做。否则不可能引导他们成功。"培养儿童意志"被称作关键的第一步，这使得成人说到自己时，就像维吉尔①说到上帝一样：

> 他希望就在那儿，那地方他能在；
>
> 他要想要的东西，其他一概不要。

这一步之后，成人将审视自身，哪些事对自己最困难，哪些事应立即命令儿童做，以便让他们习惯人生必不可少的艰难。然而，成人往往强加给儿童的条件，连成人自己都不敢面对，哪怕是极小的部分。譬如，经年累月，每天三四小时一动不动地听枯燥无味、厌烦透顶的报告！

是教师塑造儿童的心智。教师怎样教

相同观念制约着学校：教师必须塑造学生，学生的智力发展和文化素养就掌握在教师手中。教师的任务艰巨、责任重大！教师面前的棘手

---

① 维吉尔（Virgilio，公元前70—公元前19），古罗马最伟大诗人，代表作是民族史诗《埃涅阿斯纪》。

问题数不胜数，这些问题就像一道铁丝网把他和学生分开。首先，教师应当发明什么呢？以引起学生对他注意，从而能把他视为必要的东西灌输到儿童的头脑。应当如何介绍一种观念以让儿童铭记？为此，教师必须认识心理学知识、心理现象产生的确定方式、记忆的规律、形成观念的心理机制、观念得以联合并促进更高级活动发展以让儿童推理的规律。教师只有认识所有这些东西，才能培养并提高儿童智力。这是一件困难工作，除此之外总存在最大困难，即儿童要符合这一切，依从这一切，却对教师所做的一切并不领情。由于此原因，道德教育是出发点，首先必须保证班级守纪律。无论如何，要引导学生配合并依从教师的工作。没有这一出发点，全部教育和教学都不可能进行，学校也毫无作为。

另一个困难是节省学生的力量，等于说尽最大可能使用它并取得成果，不要浪费它。需要休息多长时间？一堂课多长时间？在第一个45分钟学习后，或许需要间隔10分钟；在另一个45分钟学习后，需要休息15分钟；一天的作息这样安排，在最后10分钟学习后，需要休息15分钟。在一天的不同时段，哪些教学更适合儿童的精力呢？最好从数学或听写开始？在哪个时刻，9点还是11点，儿童更乐于用想象力工作？一位优秀教师必然对其他问题操心：他应当怎样板书，才能让坐得最远的学生看清？因为，如果他们看不清，其教学效果会很糟。需要多少光投射在黑板上，以确保一定距离内看板书清晰，教师选择多大字体，恰恰适合从远处看？这是严肃的问题，因为坐在远处的儿童受纪律约束，必须看板书并学习，若板书不清晰，他们不得不做出巨大努力让眼睛适应，长此以往，就会变成近视眼。那么，教师就是在创造盲人。这是至关重要的问题。

☆　☆　☆

谁思考过此类教师的焦虑状况呢？为让人们对此有认识，可以想想一位快做母亲的年轻妇女给自己提出的问题："如果不懂解剖学，怎么能生孩子呢？我怎么形成他的骨骼呢？我必须学好骨骼的结构，接着我还想学习肌肉如何附着其上，但脑髓怎样放入封闭盒子？小小心脏应不停地跳动直至死吗？它不可能不疲惫吧？"

或许她对自己的新生儿也做类似思考：他，显然不会走，如果他事先不懂得平衡规律；让他自己摸索，恐怕到20岁才懂；因此，我要尽早教给他，以便让他尽可能快地行走。学校教师培养学生智力，教师越努力，学生提高越快。等于说学生知道的恰是教师教给他的，学生懂的恰是教师让他懂的。当一位督学视察一所学校并问学生，若学生的回答令他满意，他就会转向教师说："优秀教师。"因为，这无疑是教师工作的成果，从保证学生听课注意力集中的纪律到指导教学的心理机制，这一切都是他直接完成的。上帝以基督受难的形象进入学校，而造物主就是教师。

在这种非凡的、超人的任务中，教师得到许多帮助。这是一种劳动分工，为此许多专业人士准备教学大纲，如果教学按科学安排，就根据心理学，或根据大教育家，如赫尔巴特①，指出的原则；此外，像卫生学、实验心理学这样的科学用以克服许多实际困难，帮助安排并布置教室，编写课程表和时间表，等等。

譬如，如下是以心理学为基础制定的教案。人们观察到儿童应产生的心理活动的顺序，这样他们在做练习时，不仅学习并掌握，而且根据自己的机制形成智力。

实物课

一支蜡烛：感觉和知觉教育

视觉：白色、固体

触觉：油腻、光滑

术语：蜡烛部分：烛芯、表面、末端、边缘、上部、下部、中部。

---

① 赫尔巴特（J.F.Herbart，1776—1841），德国哲学家及教育家。现代科学教育学的奠基者之一。

我们使用的蜡烛是用蜂蜡和硬脂混合而成的。硬脂是从牛和羊的脂肪中提取的。因此，也被称作硬脂蜡烛。也有蜂蜡蜡烛，它们呈淡黄色，不油腻。蜂蜡是蜜蜂产生的。也有动物脂蜡，很油腻，燃起来有股难闻气味。

记忆：你们从未见过蜡烛工厂吗？你们从未见过蜂箱吗？蜂房巢室是用什么做的？你们何时点蜡烛？你们从未心不在焉地举着点燃的蜡烛？你们从未发生过严重事件？

想象：在黑板上描画一支蜡烛的轮廓线。

比较、联想、抽象：蜂蜡蜡烛、硬脂蜡烛和动物脂蜡烛的相似性和差异性。

判断、推理：蜡烛有用吗？蜡烛在从前更有用，还是现在有汽灯和电灯时更有用？

情感：儿童参观蜡烛工厂时多么兴高采烈啊！观察我们使用的蜡烛如何生产令人赏心悦目。当我们能满足接受教育的愿望时，感到愉快和欣慰。

决断：如果我们不会从猪油中提取硬脂，我们用猪油做什么呢？如果我们不会利用蜂蜡，我们用蜂蜡做什么呢？人会劳动并会生产许多材料和有用物品。劳动是我们的生命。请我们为劳动者祝福。我们也热爱劳动并孜孜不倦地投入劳动。

（注意：孩子们一动不动地听讲。）

根据相同心理机制，可以讲授任何课程，即使一堂道德课。例如：

源于观察事实的道德教育

（注意：事实是虚构和陈述的）

热情的言行。事实："小姑娘，村教堂距离这里真有一公里多吗？我妈妈让我到那儿去。我以为自己到了，感到很高兴。我从很远的地方走来，现在太累了。"站在自家栅栏门前的小姑娘回答说："确实，你还有一公里多的路程。但请您进我家栅栏门，抄近道，我教给您怎样穿过我家的地。5分钟您就到教堂。"多么热情可爱的小姑娘！

连续的因果关系：这位乡村小姑娘对小游客热情友好。小游客很快到了教堂，减轻疲劳，并为此感到很欣慰。

记忆：你们是否一直热情友好地对待同学？你们是否一贯借给同学向你们借的东西？你们是否热情地感谢帮助过你们的人？

比较、联想、抽象：在一个热情友好的孩子和一个粗野无礼的孩子之间进行比较。

判断、推理：为什么对所有人都应热情友好？为了表现出热情友好，仅仅乐于助人就够吗？

情感：一个热情友好的人心灵美好善良。他会引起大家多少好感！粗野人会为一点儿小事发火。他会让他人厌恶和害怕。热情者友善地对待邻居。

决断：孩子们，你们要惯于友好地对待大家。当你们助人时，应表现出热情，否则会显得无礼。当你们需要某些东西时，你们傲慢地去要吗？若那样的话，你们更容易被拒绝。相反，你们若彬彬有礼地请求，人家怎么会拒绝你们呢？

听一堂实际讲授的并视作为多数教师示范的课或许更有趣。为此目的，这里我引述意大利教学比赛中获奖的一节课。在这节课中，根据主题，只应存在最初心理活动——感觉（文章没有标出作者姓名，而是以格言作标志）：

格言：事实是首要的和最好的教师。

我给自己定出如下限制：

让学生领会与热的观念相反的冰冷的观念（算了！因为观念不是一块又一块有待品尝的糖果，而是异常复杂、崇高的心理事实，因此要透彻领会非常困难）。

与有待给予的观念相结合，培养学生对穷人的同情心和怜悯感，冬季给穷人造成无尽痛苦，我曾多次尝试唤起学生的同情心和怜悯感。

以上是为我所用的，以下是为学生的。

"孩子们，我们在这里多舒适啊！一切都干干净净、井然有序；我那么喜欢你们；你们也非常喜欢我；孩子们，这不是真的吗？"

孩子们："我是。我是。我也是。"

"告诉我，吉诺，你冷吗？你立即会说不冷。很好，不冷；我们这里确实很好！那儿，在那个角落（我用手指着），有一个东西在散发……"

孩子们："热。是炉子。"

"但外面没有炉子；那儿，地平线（孩子们对那个词有点儿熟悉）一望无际，没有温暖。"

孩子们："那儿很冷。"（回答应当益于对立法则的清晰）

"昨天夜里，当我们熟睡的时候，你们的妈妈可能在给你们改衣服……亲爱的妈妈，多么慈祥！昨天夜里，多少洁白的棉絮从空中飘落……"

"雪，白雪！"孩子们喊道。

"孩子们，让我们齐声说：无数雪花飘落，雪有多美啊！我们到外面就近看看雪，好吗？"

孩子们："好，好，好。"

"你们都想捡一点儿，太美了！或许人家不让捡？雪属于谁呢？"（我没有得到回答）"谁买的雪呢？谁造的雪呢？是你们？不是。是我，也不是。是妈妈？还不是。对了，是爸爸买的！"（他们惊奇地看着我：这真是太奇怪的问题）"仍不是！看来雪属于所有人。这很好，我们每人可以捧一捧雪。"（他们显得特别高兴）"我把你们昨天做的小盒（他们没有带抽屉的课桌存放手工）立即发给你们。"（是让他们认识劳动价值的最有效手段）"它们能装那些美丽的雪。（我边发盒子边说话，以确保他们注意力集中）""我也拿着和你们一起做的那个盒子，它比你们的大，那么，谁的盒子装的雪更多，我的还是你们的？"

孩子们："您的。"

"走吧，孩子们，一捧白雪装进盒子。多么快活啊！"

（继续）"我们停一下，这里多舒适啊！请把手放在脸上，脸多温暖，手也多温暖！我们去感受，当手触摸雪后，手还温暖吗？"

孩子们："手会冷。"

"千真万确。"（走出教室）"多美呀！从天而降，上天给大地送了一件全……的新衣。"

孩子们："全白的。"

此时，我的学生业已习惯于健康有序的自由原则，这是他们性格形成的最大协同因素。他们一边捧雪一边触摸。有的孩子在雪面上描画出图画。我听任他们这样做。过一会儿，为让他们集中注意力，我发动突然袭击。

"孩子们，我也想捧点儿雪；但和你们一起去。请停下，站直，认真看着我。让我们取走大氅的一小边。让我们把这一小边放进盒子里。好，说干就干！"（走进教室）"多冷啊！那些缺被少毯的孩子更冷，多可怜！还有那些家里没有装燃煤物件的孩子。"

孩子们："是炉子。"

"他们多冷啊！上来，快点儿，各就各位。把盒子放在课桌上。雪真冰凉！你们感受到雪是如何把我们温暖的双手变冰凉吗？"

孩子们："我的手冰凉，我的手也是！"

"我在院子里，看见卡罗利娜捧起一点儿雪，随着就让雪掉下去了。她还不够强壮，忍受不了雪凉。但她又试一次，这次没有让雪从手中滑落。"

孩子们："我没有这样做，我立即就把雪放进盒子里了。"

"孩子们，当像雪一样冷时，我们就称作寒冷。奎多，还有你，加尼娜，雪一样的冷，怎么说，谁能猜到？"

一个孩子："冰冷。"

"你们说：雪冰冷。"

"我们进教室去，因为外面冰冷，而里面……"

孩子们："温暖。"

"但我们把一种冰冷的东西带进教室，它叫……"

孩子们："雪。"

☆ ☆ ☆

"炉子给予我们什么？你们还记得吗？"

孩子们："热。"

"我希望马利亚对我说。现在请佩皮诺讲。"

"你们知道吗？我们的嘴也散发热量，你们都张开嘴，不要张太大。把手放在嘴前，右手。像我这样吹气。再吹一次，把气吹出来，再吹……再吹……这样，很好。感受一下，嘴也散发出一点儿……"

孩子们："热。"

"现在我们试试把一点儿雪放嘴里。这么大一小块。啊！嘴里的热气消失了，刚一接触冰冷的雪就消失了。"

孩子们："现在，嘴变得冰凉。"

"是的，确实很冷，我们把很冷称作……"

孩子们："寒冷。"

"朱塞佩可能不知道，他没有和大家一起说！请你们再说一遍，然后让他说。说一次，够了，好样的朱塞佩！从而我们的嘴变……"

孩子们："冰凉。"

"我们吃另一块雪。在嘴里雪化成水，因为雪是水构成的。面包也有水构成，但不仅仅有水，还有……没有……面包师怎么做制面包用的生面团？"

孩子们："面粉。"

"还需要什么？"

孩子们："盐。"

"还需要什么？"

孩子们："酵母。"

"我看见卢易吉仍在吃雪。阿尔丰索和皮埃里诺也在吃。你们喜欢雪吗？"

孩子们："是的，夫人。"

"大家都喜欢吗?"

孩子们:"是的,夫人。我喜欢。我也喜欢。"

"你们也吃;但不要吃太多,否则会生病。雪真冰凉!"(我往往重复"冰凉"这个词,因为它是我希望给予的观念表达)

"下雪时天气很冷,你们想想那些可怜的孩子和穷人,他们缺衣少被,他们没有火炉!他们受着严寒的折磨,有的被冻死,可怜的人们!相反,我们多么幸福!我们有许多衣服(他们认识这个词)穿。我们在家里有炉子,学校里也有炉子。多么幸福啊!"

一个女孩:"我家没有炉子。"

"我知道艾米利奥家也没有。我感到非常抱歉。孩子们,你们要更爱艾米利奥和朱塞皮娜,因为他们……"

孩子们:"可怜。"

"你们把雪都吃完了?"

孩子们:"没有,夫人。"

"现在,我们到院子里去,把剩下的雪倒掉。然后把盒子放在课桌上晾干。明天,我让你们看漂亮雪景的画片。到外面去,把雪倒掉后把空盒放在课桌上。"

我想以另一种方式重复这堂课,结合其他课,涉及其他观念的内容,它们都有助于同一题目。

正如在身体和道德方面,一切紧密相连、密不可分、循序渐进,这样,孤立、不连贯的教育事实会造成对人的发展最大损害。因为人们不可能割裂被永恒的、神圣的法则紧密结合的东西。

☆　☆　☆

在这堂"示范"课中,从始至终只提供两个概念:热和冷,并让孩子们享受极大自由,但为"正确理解的"自由。

现在,实际上只给予两个感知非常困难,主要因为人们身陷充满刺激的环境,脑海里已经积累许多杂乱无章的印象。然而,由于有了这样的目标，可以尽力消除其他所有感知，以便保留那两个感知，并把注意力集中到它们那里，从而让其他所有感知在意识领域暗淡无光。这可能是旨在孤立感知的科学标准。我们感觉训练方法就采用这种实际进程。在冷和热的情况下，孩子们业已通过感官孤立做好了"准备"：他们被蒙住双眼，身处一个寂静地方，直至能给予他们热刺激。孩子们面前放置两个用肌肉触觉在感觉特征上完全相同的东西：相同大小，相同形状，相同光滑程度，相同抗压能力；比如两个相同橡胶袋，装满相同数量的水，外面完全干燥。唯一差异是两个橡胶袋的水温，第一个放摄氏60度的热水，第二个放摄氏10度的冷水。在让孩子们注意力集中到这两个东西上之后，让蒙上眼睛的孩子用双手摸装满热水的橡胶袋，然后再摸装满凉水的橡胶袋。当孩子手摸装满热水的橡胶袋时对他说：是热的！当他的手摸装满冷水的橡胶袋时对他说：是冷的！练习课上完了。这堂课只用两个词，但需长时间准备，旨在让孩子产生同这两个词对应的感觉。事实上，其他感觉，视觉与听觉避免受刺激；在孩子的手下，除温度差异外，那两个东西不存在任何感觉差异。这样做，可以近似地练习两种对立感知。

有人会问：孩子们的自由呢？

当然，我们确信每种课都会损害儿童自由，为此我们让课程延长几秒钟：这时间恰好完全发出两词：冷、热。但这要在准备影响下进行，首先要孤立感觉，意识中几乎漆黑一片，其后如用放映机在银幕上放映两个映像一样，儿童接收其心理表象，或许更像种子落入沃土。在以后自由选择和反复练习中，在以后自发的、联合的、再现的活动中，将给予儿童"自由"。儿童不仅上了一课，而且同外部世界进行一次确定接触。这种科学限定赋予这次接触以一个特征：与儿童在环境中不断进行的非确定接触相区分。多数非确定接触造成儿童头脑的混乱；而确定接触开始让儿童头脑有序，由于靠孤立技术它们开始让儿童"区分事物"。

这是实验心理学的原则，我们的授课技术受到这些原则的启示。无疑，这一"方向"和往日思辨心理学的方向截然不同。迄今为止，在学校里普遍采用的教育方法正是基于思辨心理学。

小学内自我教育

赫尔巴特把当时的哲学心理学作为指导原则,让教育规则形成体系。根据个人经验,他相信抓住发展智力的普遍方法,他把这种方法变成教学法的心理学基础。由于先任罗马大学教育学教授、后任教育大臣的克雷达罗(Credaro)的努力,这位德国教育家及其教学法,今天还影响意大利整个小学教学,提供了根据著名四步骤(形式阶段)——清晰、联想、系统、方法——制定的唯一授课类型。这四步骤大致可这样翻译:介绍一个事物并进行分析考察(清晰),判断并同周围其他事物及记忆表象比较(联想),从以前判断推断事物的定义(系统),源于深化观念的新原则并导致道德性质的实际应用(方法)。

在每类教学中,教师都应根据这一路线引导儿童的心智:不是代替儿童思考,而是启发儿童自己思考,促使他们自己从事活动。这样,譬如,在联想阶段,教师不应当说:"请看四周的这个东西或那个东西,会发现它们多么相似"云云,而应当问学生:"你在四周看见什么?没有丝毫相似……",诸如此类,不一而足。在系统(定义)阶段也近乎如此,教师不说:"鸟是浑身长着羽毛的脊椎动物,它的两个上肢变成翅膀"云云。而应通过迅速提问、纠正和类比,引导儿童自己找出确切定义。如果赫尔巴特的四步骤心理过程合乎自然的话,必然对事物怀有极大兴趣。是兴趣让头脑在观念中"驻足",或如著名教育家所说,让心智在观念中"深化",让心智在体系中坚守。由此可见,在所有教学中,都要激发并保持"兴趣"。众所周知,为此,赫尔巴特的一个学生用第一步骤——兴趣步骤,对赫尔巴特的四步骤进行补充,把任何新知识和旧知识相结合:"从已知到未知",因为绝对新的知识不可能激发兴趣。

"人为地让某人产生兴趣",即让那些对我们毫无兴趣的人产生兴趣,是一件十分艰难的任务。不是让一个人,而是让许多人(他们和我们完全不同,包括年龄),要连续数小时,甚至数年,满怀兴趣地凝视我们,这是超人才能胜任的任务!这就是教师的任务,或正如他所说,是他的"艺术",如果他想让那群曾用纪律迫使安稳的孩子,其心智跟随他,懂得他说的话并且学会。但这是精神劳动,他再不可能强迫,如同迫使他们身体姿势那样；但通过激发他们的"兴趣"并持之以恒，他将"受益匪浅"。

阿尔迪哥（Ardigò）说："办学的艺术主要在于：认识直至哪一点和以何种方式，一个人能引起其他人注意。最能干的教师能让其学生的一部分大脑不过于疲劳，其做法是让他们的注意力，时而转向这里，时而转向那里，从而使大脑得到休息；最棒的脑力能回到讲授的主题。"

最艰苦的艺术是引导儿童自己动脑探寻不是自然地发现的东西，而是教师希望发现的东西，但教师并不说出自己的愿望：他激励儿童"自发地"将自己观念联系起来（就像教师那样做），直至让他们用准确语言构成定义，教师自己预先确定定义，又没有向他们透露。此事如同希伯来哲学那样神秘，又像是变魔术。然而，过去和现在都在采用的方法，在某些情况下，成为教师的艺术。

1862年，当托尔斯泰①在德国考察学校时，给他印象最深的是一种"教学"，他在雅斯纳亚·波里亚纳教育学著作中描绘了一堂课，值得在这里转抄，或许今天在德国的学校再也不可能遇到这样的例证。

这位教授平静、自信地坐在教室里，教学设施已准备好：放着字母的数张小桌，画着鱼的一本书。教师看着学生：他已经知道他们应理解什么，他知道他们心灵深处的、以及在神学院学前班学习的乱七八糟的东西。

他打开书，让他们看鱼。"亲爱的孩子们，这是什么？"可怜的孩子很高兴看到鱼，但他们不知道做鱼用什么调味汁（除非他们从其他同学那里知道）。无论如何，他们回答道："是一条鱼。""不对"，教授说（这一切不是虚构，也不是讽刺，而是对一个事实的准确叙述。这是我在德国最好的学校无一例外地看到、在英国学校曾经采用过的教学法）。"不

---

① 托尔斯泰（Leo Tolstoy，1828—1910），俄国著名作家、思想家。代表作有《战争与和平》、《安娜·卡列尼娜》和《复活》。他生于莫斯科以南约160公里的雅斯纳亚·波利亚纳（Iasnaja Poliana）。1860—1861年两次去西欧旅行。

对。"教授又问:"你们看见什么?"孩子们沉默不语。不要忘记,他们必须安静地坐着,各就各位,不能活动。"你们到底看见什么?""一本书。"最蠢的孩子回答。此时,那些聪明的孩子彼此交头接耳看到什么。他们感到猜的不能不符合教师要求,必须回答这鱼不是一条鱼,而是某种他们不会命名的东西。"对,对。"教师高兴地肯定。"回答很好,是一本书,还有呢?"教师继续问道。最聪明伶俐的孩子猜到,欣喜并自豪地齐说:"还有字母!""不对,不对,完全错误!"教师忧伤地说:"在回答之前必须动脑筋。"所有聪明的孩子再次感到沮丧而沉默不语;他们不再猜了;他们在思考教师的眼镜,为什么他不摘掉眼镜而从眼镜上面看呢?"快!看书里有什么?"大家仍沉默不语。"看这儿是什么?""一条鱼!"一个大胆的孩子说。"对,是一条鱼,是活鱼吗?""不,不是活鱼。""太好了,那么是死的吗?""不是。""对,那么这条鱼是什么呢?""一幅画。""非常准确,很好!"所有孩子都重复说:是一幅画。他们认为这就结束了。不对,还必须说这是一幅表现鱼的画。他想象他的学生这样推理,但从未想过,是否应当教给学生准确地说:这是一本带一条鱼插图的书。让学生说这个非凡的公式,并让他们铭记在心,可能更加简单。

1862 年,于雅斯纳亚·波利亚纳

在转抄托尔斯泰收集的德国小学这堂老式课后,可以引述由现代法国著名教育家和哲学家建议的如下课,他的教材在他的祖国和外国的学校被视为经典,意大利的师范学校也使用那些教材。正如扉页的副标题所写,它是"致力于培养意识到自己责任并对家庭、祖国和人类有益的教师及公民的教程"。因此,我们在中等学校使用该教材。我引述的课是对提问授课原则(苏格拉底方法)的实际应用,论及一个道德题目——权利。

"孩子们,你们从未把你们的同学保罗与这张桌子或这棵树弄混吧?"

"哦!没有。"

"为什么?"

"因为这张桌子没有生命和感觉;而保罗却有生命和感觉。"

"很好,如果你们敲击桌子,它无丝毫感觉,你们不会让它疼,但你们有权破坏它吗?"

"没有,不应该破坏他人的东西。"

"因此,你们对桌子要尊重什么?是无生命无感觉的木头,还是属于他人的财产?"

"属于他人的财产。"

"你们有权打保罗吗?"

"没有,因为我们会伤害他,他会痛苦。"

"你们尊重他什么?是他人财产还是保罗本人?"

"保罗本人。"

"看来,你们不能打他,不能关他,不能夺其食物?"

"不能,否则宪兵会逮捕我们!"

"啊,怕宪兵,只为这你们不敢伤害保罗?"

"哦!不对,先生,因为我们爱保罗,并不愿他受苦,因为我们也没有伤害他的权利。"

"可见,你们认为应当尊重保罗的生命和感受,因为生命和感受值得尊重?"

"是,先生。"

"看来,你们只尊重保罗这些?再考察一下,好好找找。"

"他的书、他的衣服、他的书包和里面的午餐。"

"然而,你们想要说什么?"

"我们不能撕他的书,弄脏他的衣服,毁坏他的书包,吃他的饭。"

"为什么?"

"因为这些东西是他的,不是不允许拿他人东西吗?"

"拿他人东西的行为叫什么?"

"盗窃。"

"为什么盗窃行为被禁止?"

"因为要进监狱。"

"总怕宪兵！但主要因为这个不能盗窃吗？"

"不，先生，因为我们应当尊重他人财产，就像尊重他人人格那样。"

"非常好。产权是人格的延伸，应当像人格那样被尊重。"

"就这些，在保罗那里再没有比身体、书籍和练习簿更值得尊重的？你们没有看见其他东西？你们再也找不到什么？我给你们提示一下：保罗是个勤奋好学的学生，是个坦率和乐于助人的同学；你们大家都爱他，他也值得你们爱。我们对他的尊敬，我们对他的好看法，称作什么？"

"名誉……名声……"

"很好，名誉与名声，是保罗靠良好行为举止赢得的。这些都属于他。"

"是的，先生；我们没有权利去剥夺。"

"非常好，若盗取名誉和名声，这种盗窃行为怎样称呼？首先，如何能盗取名誉和名声呢？或许可以拿起它们并放进口袋？"

"不行，但可以诋毁他。"

"怎么做呢？"

"可以说他伤害了一个同学……偷了附近果园的苹果……还说另一个同学的坏话……"

"或许可以；但你们这样说，如何窃取他的名誉和名声呢？"

"先生，若人们对他产生坏看法，就不再信任他，就会打他，斥责他，孤立他……"

"然而，若你们说保罗的坏话，坏话又是假的，保罗会高兴吗？"

"不会，先生，会给他带来痛苦，冤枉他，这非常丑陋和恶毒。"

"对，我的孩子们，这种编造谎言故意伤害他人的行为非常丑陋和恶毒，称作诽谤。以后我将给你们解释，当说一个人坏，那坏若是真的，就称作说坏话；我还将给你们指出诽谤和坏话的致命后果。"

现在，概述我们所说内容：保罗是一个有生命、有感觉的人。我们不应当伤害他，不应当偷盗他，不应当诽谤他；我们应当尊重他。保罗身上值得尊重的东西被称作权利，这些权利使他成为"道德人"。我们有义务尊重这些权利，被称作责任。再有，尊重他人权利的义务或责任被称作正义。正义源于两个拉丁词汇（*in jure stare*），含义是"维护权利"。

我们罗列的正义责任可这样概述：不伤害……不让人痛苦……不偷盗……不诽谤。

"你们反思常说的词汇'不'和一个动词命令式。这意味着什么？"

"一个义务、一个命令、一个禁止。"

"接着，继续解释。"

"有义务尊重……命令尊重权利……禁止偷盗。"

"那么，我们用什么概括这些呢？不做坏事。"

实证科学进入学校

实证科学被邀请进入学校，正如进入一种必须把光明与黑暗分开的混沌，正如进入一个需要救助的灾难地点。

医学的发现：畸形与疾病

其实，最先进入学校的科学是"医学"，偶然组织特殊卫生学的"医学"，类似红十字会的一种服务。卫生学渗透学校的饶有兴味的部分是诊断和描述"学生病"——只因在校学习才患的疾病——的部分。最主要的"学生病"是脊柱侧凸和近视。前种疾病是久坐及书写时双肩不良姿势造成的。后者疾病由如下情况所致：儿童一直坐在光线不足地方看不清；或者坐得离黑板或需要阅读处太远，从而眼睛要长时间努力调节焦距。其他一般小病也被描述；针对普遍患有的器官衰弱症，卫生学建议给所有学生免费发放鱼肝油或一般补品。贫血症、肝病、神经衰弱也作为学生病被研究。

这样，卫生学开辟一个新领域，以便接纳最强大的职业病分支，书写和阅读不仅在教学法上，而且在与脊柱弯曲和屈光缺陷的关系上得到细致入微的研究。

靠医学的帮助，并没有显著改变儿童的形象，儿童似乎成为不适合、不相称工作的牺牲品；从而"法医学"的新分支诞生了。事实上，医学证实育婴堂受害者的疾病和死亡、人工哺乳和与奶妈制度有关的非理性哺乳的受害者的疾病和死亡；是医学逐个地考察所有个别情况，那些情况证实一个法律事实：儿童没有公民权。现在，医学进入另一个领域，那里的受害者不是"个别情况"，而是普遍情况，即所有儿童。这次恰恰是法律把责任强加给他们，迫使他们数年劳累，其身体受到折磨。如果法医学的产生和罪犯有关，为什么不能和无辜者也有关呢？

面对儿童科学不适应其使命

医学局限于减轻人为引起的疾病的痛苦。它曾查明疾病的原因，但其原因却未受触动，只限于减轻给多数受害者造成的痛苦。它没有极有尊严地充任生命的"捍卫者"，却像战争中的红十字会那样服务，只限于医治伤员和减轻伤病员的痛苦，没有想过以健康守护者拥有的权威，能发出崇高的和平呼吁，让危险、非正义、不人道的战争结束。

正如同细菌斗争，医学同死亡斗争高举过光荣的胜利旗帜，同样，此时，医学和造成世代贫困的原因做直接斗争，它本应渴望举起后代保护者的伟大军旗。相反，它只限于建构貌似科学的分支：学校卫生学；这使自己沦为社会错误的同谋。

我们阅读近期学校卫生学的论文，它仅仅概述整个医学界的观念和工作。

"我们将粗略地指出促使脊柱侧凸发展的条件。疾病习惯出现的年龄段是童年后期，青春期脊柱侧凸的名称就源于此。其实，佝偻病造成的脊柱侧凸，在童年前期出现，这比较罕见，对此我们也无直接兴趣。更经常的并应引起我们高度注意的原因，是我们大部分学生在学校学习时的错误姿势。这个原因习以为常，以致可以说脊柱侧凸是学生职业病。勒·让德雷（Le Gendre）博士用一个公式判断可能有些严厉，但不幸被言中，他可以说我们的学校是制造近视和驼背的工厂。"

"近视被发现的主要原因是儿童在学校所处的条件：光线不足，课本印刷字体太小，黑板被频繁使用，教师忽视板书大小和学生识别所需距离的比例，这些原因同样造成眼睛的疲劳。莱波林切（Leprince）博士说，当光的强度降到一定限度以下，一只眼睛的锐利视力迅速减弱。学生在光线不足的环境下学习，为弥补造成的视觉敏感度的下降，就要扩大视角，在这样的视角下才能看清物体的细节；从而使物体过分地靠近。"

"当视觉敏感度限制在一定限度时，识别一个特定字母的必要时间大大增加。由此可见，光线不足造成学习缓慢，除非学生通过靠近来提高视觉敏感度。这样，近视构成对有缺陷学习条件的真正适应，从而学习得更快些。"

于是，如下说法似乎很自然：让孩子找一个光线好的位置；如果黑板太远，让他靠近以看清；如果光线不足致使学习缓慢，就让他进度慢些；这都是一些纯粹无辜的事情：改变位置，前行一步，多用几分钟做一件事，诸如此类，不一而足。世上哪个暴君会拒绝如此微小的恩惠，从而判处小老百姓失明？

这样的暴君是教师，他企图通过道德规劝让那些受害者爱他。允许孩子们坐累了站一站，写累了停下来，从而不使其骨骼变形，仿佛非常简单的事情。谁能面对儿童脊柱因课桌而变形的场景而毫不动心呢？不是像在中世纪儿童的脚脖子受靴子折磨而变形一样吗？其后，由于什么原因，必须要残酷折磨儿童呢？

因为一个人已代替上帝，要按自己的或类似的形象塑造儿童的心智。若不让一个自由人受折磨，就不可能达到目的。这是唯一理由。

有待引证一种所谓科学奢望针对学生脊柱侧凸的治疗方法。它确定了准确位置，在此位置上儿童可以长时间坐着学习而不损伤脊柱：

"儿童坐在课桌旁，双脚应平放地上或搁脚板上；小腿应和大腿形成直角；同样大腿和躯干也形成直角，除非躯干略向前倾。躯干应保证脊柱不向侧面弯曲，双臂应同身体平行，前胸不要受到课桌前沿的妨碍，骨盆应对称地支撑，头部稍微前倾距课桌面 30 厘米；眼睛的轴线应呈水平，与课桌前沿保持平行；前臂的 2/3 应放在课桌上，是轻放而不是依靠。"

"为了达到所有这些条件，课桌必须精确符合儿童的身材：其构成部分的比例应当根据儿童身体和四肢的比例设计。"

迪费塞尔（Dufessel）确定适合儿童的书桌的不可或缺的尺寸如下："1. 身高。

2. 小腿长度，从膝盖以下测量。要求儿童坐姿呈直角（大腿与躯干，大腿与小腿），两脚平放地上。这样可以测量出从搁脚板以上的坐高。

3. 身体的前后直径，从胸骨量；再增加 5 厘米，就得出从斜面书桌到靠背的距离。

4. 股骨的长度，等于座位深度的 2/3。

5. 最后，腹腔高出座位的高度，增加几厘米就是斜面书桌的高度。"

"我们要补充说，由于儿童发育快，应当一学年内测量两次，教师就应当让儿童位置变化和测量数据变化一致。"

存在一种小甲壳动物——寄居蟹，由于它赤裸，它就选择一个空贝壳爬进去。当它长大些时，贝壳就变得太狭小，它就爬出来，选更大的贝壳爬进去。寄居蟹自己完成这一切，没有科学家为它测量，没有教师为它挑选贝壳。然而，对我们和科学来说，儿童比这些低下的无脊椎动物还要低下。

要让四五十个孩子数小时一动不动，保持上述卫生学要求的坐姿，要找到精确符合儿童生长的课桌，都很困难。这种治疗方法并不实用。因此，驼背仍然存在，问题尚未解决。

为此，在罗马某些示范学校内设立一种矫形外科诊所，人们觉得更切实可行。诊所内配备一台功能齐全、价格不菲的器械，学生轮流按医学治疗脊柱结核造成脊柱弯曲与佝偻病的类似方法，把头部悬吊起来。健康儿童如同患病儿童在实施这种方法时受罪；但另一方面，能提供令人鼓舞的统计数据。如果悬吊治疗法在 6 岁时就开始严格实行，它将很好消除学校课桌造成长期病变的伤害，儿童就会从脊柱侧凸中解放出来。

实验心理学的发现：劳累过度，神经衰弱

如果卫生学进入学校发现学生脊柱侧凸和近视，实验心理学则发现劳累过度，研究了学生的疲劳。它跟随医学的足迹，即它试图减轻学生的劳累，从而产生一个学科分支，其名称尚未界定，因为一些人称作应用于学校的实验心理学，另一些人称作科学教育学。

应当记住，实验心理学是由费希纳①在 1860 年创立的。他是一位惯于做实验的物理学家，但不做生物实验。无疑，他把物理学方法用于心理测验，从而创立心理物理学。发明的感觉测量仪十分精密，但测量的结果却起伏波动，以致根据数学法则，不可能归咎于"测量错误"，而只能归咎于"方法"错误。事实上，即使在物理学领域，测量液体时所使用的仪器应和测量固体的仪器截然不同。譬如，我们不能用升度量布匹，也不能用米度量葡萄酒。由此可见，测量物理物质的方法和精神能量的方法之间的差异巨大。

继物理心理学之后，由冯特②创立了心理生理学。冯特是一位生理学家，他把生理功能的研究方法用于心理研究。他的目的不是制造精确度量仪器，而是一定时间内准确测出神经反应。如果说从费希纳的早期研究产生出精密测量仪器，它们甚至可以测出从一米高落下的水滴声；那么，从冯特的研究中产生一种精密记时器，它们甚至可测出千分之一秒。然而，精神并不和研究精确性一致；起伏波动的测量

---

① 费希纳（G.T.Fechner，1801—1887），德国物理学家、哲学家，创立心理物理学的关键人物。

② 冯特（W.Wundt，1832—1920），德国生理学家、心理学家，公认的实验心理学奠基人。

结果表明什么也测不出——被测量的对象总逃逸。引述如下数据足矣：神经流在神经中及脊髓中枢神经系统中的传动速度，在同一单位时间内，埃克斯奈尔（Exner）的数据是 8 米，布洛赫（Bloch）的数据是194 米。

尽管在精确的研究手段和结果的巨大波动之间存在冲突，根据数学法则，这种冲突表明荒谬，但实验心理学的研究领域扩大，并幻想它的根基在数学。

一个分支从这种科学中分离，为了进入学校，帮助儿童精神，重新赋予教育学活力。

研究的手段已不仅仅是心理物理学和心理生理学的陈旧手段；现在，实验心理学已经从其起源中解放出来，并且独立自主地发展。今天，它在研究时仍使用纯心理学测验；虽然在测验时不排斥实验室研究手段，使用真正的测量仪器，比如感觉测量器和测力器，这一切在学校得到广泛应用。

譬如，为检验注意力的著名测验是，阅读一整页印刷材料，然后用笔删除所有的字母"a"，只要用精密记时器测出所需的时间。

从 1 数到 100，同时进行数学运算笔算，是一种注意力分配测验，只要通过精确记时计算出所需时间，其后标出所有笔算错误。让多个人同时做相同练习，是在个体之间进行比较研究。在学校里，先确定要做的听写，再让学生做听写练习，总要测定时间并比较错误，可以很容易地实际测量并得出共同结果。

做这些实验（所有心理学家都告诫）千万不要干扰学校正常秩序。实验是否多余、额外，很容易计算出，它们是对正常学习活动的科学研究。

从这些实验中得出的主要结果：大量犯错和很难集中注意力；也就是显现出儿童的疲劳和疲倦状态。

这是一种"警告"：陈旧教育学只关注儿童应当做的事情。对儿童神经力量构成危险这一观念只能由科学提出。

人们对疲劳研究所作努力倍增，但目的陈旧——同疲劳"做斗争"

或 "减轻" 疲劳。引起疲劳的所有要素都被研究：年龄、性别、智力程度、个体类型、季节影响、一天不同时段影响、一周内各天影响、习惯影响、训练和兴趣影响、工作变化、身体位置，甚至对基本方位的方向感。

科学面对尚未解决的系列问题

大量研究的结论是尚未解决的问题成堆。不知道男孩是否比女孩更容易劳累。不知道聪明些的孩子是否比不够聪明的孩子更易疲劳。关于个体类型，蒂希埃（Tissié）的结论更可信："每个主体疲劳与否，根据其意志。"关于季节，人们注意到，从学校开学那天到放假那天疲劳在不断增长，但不能确定是否受季节影响，或如斯凯顿（Schuyten）所说，学生逐渐疲劳是学校制度造成的。关于一天的时间段，"有待了解当学生在最喜欢时刻学习时，疲劳程度是否必然最小；但这是一个很难解决的问题。"一周内感觉疲劳最轻的是星期一和星期五，但这方面的研究并没有定论。关于习惯、训练、兴趣，"我们业已讨论疲劳的这些对抗性因素，它们实际上减轻疲劳，还是只掩饰疲劳，这个问题仍没有定论。"关于工作的改变，进行了许多饶有兴味的研究，取得类似结果：经常变换工作比只干一种工作更易疲劳。以下试验由舒尔茨（Schultze）主持，由克拉帕雷德[①]引述："一天，一些女孩应做 25 分钟加法，然后抄书 25 分钟。再一天，她们做相同作业，但分配时间不同：加法 50 分钟，抄书 50 分钟。现在，后做的实验结果好得多。"虽然是这样的结果，但在学校实践中仍继续中断和变换工作，作为同疲劳作战的科学成果。

直接涉及学校的研究之一，研究不同教学科目的难度系数，即这些科目引起的疲劳程度。瓦格纳（Wagner）先验地规定最大系数 100 属于数学。在这种情况下，学校里各门科目具有如下难度系数：

---

① 克拉帕雷德（E.Claparéde，1873—1940），瑞士教育家。

数学	100
拉丁语	91
希腊语	90
体操	90
历史与地理	85
法语、德语	82
自然史	80
图画、宗教	77

人们注意到，这样的结果是以武断和令人吃惊的方式确定的，但却以"实验科学"的名义能得出如下推论：

"研究难度系数顺序是否随儿童年龄变化将非常有趣；一方面，它让我们认识到何时大脑适合学习一门科目，从而在教学大纲中突出这门科目；另一方面，它帮助我们安排每天课程表，如果有可能，把最易疲劳的课程安排在一天的开始"（克拉帕雷德引述的著作）。

近期另一类研究涉及疲劳产生毒素，魏查德（Weichardt）能分离出这些毒素并生产出抗疲劳毒素，以老鼠做实验取得巨大成功。在诊所里也重复做过此类实验。至于毒素的产生，实验证明从事"令人疲劳"的工作时毒素大量产生，但从事"有趣"工作时毒素微乎其微。

从所有这类科学（充斥着其结果为尚未解决问题的研究），人们隐约发现被考察的任何因素都不能减轻疲劳，中断和变换工作也不能，因为这不仅不减轻反而加重疲劳。只有让工作愉快、有趣，工作让人欢乐而不是痛苦，才能消除过度疲劳。

克拉帕雷德说："必须让教育和教学具有吸引力，为所有真正教育家，诸如费奈隆①、卢梭、裴斯泰洛齐、赫尔巴特、斯宾塞所倡导，但并未落实到学校的日常实践中。"（第136页）

"普遍共识：教育者的第一责任是不做坏事：首先不害人，这条准则

---

① 费奈隆（F.Fénelon，1651—1715），法国天主教大主教、神秘主义神学家、文学家。1687年撰写《论子女教育》，批评当时强制性施教方法。

也适用医疗实践。严格遵循它，确实不可能，因为任何学校教育方法，都会以某种方式，损害儿童的正常发展。但教育者将竭力减轻教育必然引起的损害。"（第48页）

在许多学习和研究之后，这是微小的慰藉，承认每走一步都会遇到困难，并且一个问题也没有解决。其实，在这一切问题之中存在一个问题：使儿童活动场所变得令人愉快、充满欢乐，因为迄今他们的身体受到压制和折磨而弯曲，厌烦使其血液产生毒素。全无损害的教育不可能有，但必须产生快乐。这确实是令人尴尬的处境！这就是一连串问号作为这门新科学的装饰图案的原因所在，它恰恰可以命名为无知学。

由于这一原因，无疑卫生学和心理学的主题倾向远离不可弥补的损害整体，要"减少痛苦"，即缩短学习时间、削减课程、避免书面作业。这样，一天大部分时间孩子们都放任自流，新幽灵——无知出现了，它代替了毁灭的幽灵。然而，我们时代要求对新一代关怀备至，并准备下更丰富更先进的文化！

确实，今天发现抗疲劳毒素能指出一条出路。"你们想想！"克拉帕雷德正确地呼喊，"一种血清抗疲劳！这多么珍贵。"从此观点看，我认为难度系数比那些"方案"能更实际更合理地应用，其实那些方案指出毒素的产生，仿佛注定要确定针对每种教学的抗毒素剂量，而不是要制定学生课程表。在不远的将来，随着学校和教育学的这些辅助科学的发展，可能在矫形诊室旁设立一个生理化学诊室，每天晚上当孩子们做完有益悬吊以平衡对骨骼的损害后，手持上课难度系数表到后面诊室接受抗毒素注射。

这仿佛低劣的讽刺小品，可能，毕竟目前不是事实。在学校设立矫形诊所是业已实现的事实，不久后也可能诞生化疗室。如果人们想用机器解决自由的问题，如果正义问题可以从化学角度考察，类似结果将是那些在错误道路上发展的科学的逻辑目标。

把儿童从奴役中解放出来的、指导教育的真正实验科学，目前尚未诞生；但它必然出现在那些关注受折磨儿童不幸的诸多科学面前。正如化学在炼金术面前出现，实证医学在数世纪的经验医学面前出现一样。

我认为，这里引述一位来自数学界、却开始研究生物学和实验心理学的人士的印象十分有趣。

他是一位年轻的英国工程师，显然他的志向不同，他学习了两年我的方法后，回到其伟大国家的一所大学，做了一名生物学大学生。

以下是他对实验心理学的判断：

在心理学方面，我们学习最现代的实验研究。目前，我们正研究思维和想象。我确实感到这门课不给人以启迪，但我懂得必须承认那些研究。在现代心理学中，没有任何适合我们方法主体的内容。我觉得那些研究者就如同某些观察树木者，他们只关注最明显的外在形式：一片树叶及一根叶梗的形状，等等。他们在观察树木时态度非常严肃，使用语言非常精确（我相信这就是科学之所在）；但他们往往把界定观念和描述功能混为一谈。这样，对神奇并富有魅力事物的描述就沦为枯燥的定义，为了披上其科学的外衣，却对启发思维无所作为。

他们从不思考，即使他们读了许多书。他们认为用心理表象表现事实，和在黑板上用示意图表现活器官大同小异。这些表象往往因心理学家而异，但他们的语言是统一的。他们这样做，自认为在前进，他们从未教给其学生不带偏见地观察自己，却教给其学生一些偏见，把后者头脑灌满最奇怪、最不像样的定义及描述，从而妨碍后者独立思考。

然而，树木内部存在基本结构，他们甚至还没有开始指出，若发现这基本结构，所有外在事物都可找到解答；于是细枝末节的重要性减弱了。细枝末节从一个根长出，它们全都可以以最简单方式进行最细致分类。

这种"科学"让我想起关于星座的古老"科学"，当人们尚未认识行星运动规律时，就只限于描述"大熊座"、"巨蟹座"、"摩羯座"，等等。

我厌恶这些干瘪、乏味的人们，他们对自己的无知毫无察觉，却神气十足地撰写大而无当的著作，仿佛他们揭示绝对认识；其后那些著作抑制学生的头脑，让后者变得和教授一样干瘪、乏味。然而，我觉得学生只关心考试过关，从不关心在科学上进步；教授在这方面"利用了"学生。结果，由于错误的教育制度，我们大家都遭受奴役，这样的教育制度必须改革。

三　我的实验贡献

心理生活组织始于注意力独特现象

我对 3 至 6 岁儿童所做实验工作，是对儿童心灵所需治疗研究的实际贡献，类似于卫生学发现对儿童身体的治疗方法。

但我认为有必要指出引导我形成这种方法的基本事实。

当我正在把多年前对智障儿童应用的原则和部分教具，对圣洛伦佐的正常儿童做最初实验时，我发现一个约 3 岁小女孩全神贯注地摆弄一个立体插件，她把木质圆柱体从插孔中拔出又复位。小女孩注意力集中，这令我十分惊讶，因为在此之前我未见任何孩子对一件物品如此专注。我曾确信幼儿特点就是注意力不稳定，不停地从这件到那件物品，所以我对这一现象更敏感。

起初，我注意观察小女孩，绝不打扰她，我开始数她做练习的次数。但我看她继续做很长时间后，就把她和其扶手椅一起搬到大桌子上，她立即拿起插座，横着放在椅子的扶手上，把圆柱体放在大腿上，继续做练习。于是，我请全体孩子唱歌，他们放声歌唱，但小女孩未受干扰，在短歌唱完后，仍在继续重复做练习。当她终于停止时，我刚好数到 44 次，她停下完全不受环境刺激的干扰，她满意地四下看看，仿佛刚从恬适的睡梦中苏醒。

我的印象难以忘怀，我认为我的感受类似于发现奇迹。

小学内自我教育

后来，那种现象在儿童中很普遍，从而它可以作为对某些外部条件的持续反应被确定，那些外部条件也可以确定。每当发生注意力集中的类似现象，儿童开始完全改变，他们变得更加平静，近乎更聪明并富有进取心。他们显现出奇特精神品质，反映出崇高意识现象，就像信仰现象那样。

仿佛在饱和溶液中形成一个结晶点，围绕它所有无序流动的物质不断凝聚成一个形状奇特的结晶体。与此类似，由于发生注意力集中现象，在儿童意识中所有无序流动的东西，仿佛在精神创造中凝聚，这种惊人特点在每个孩子身上都有反映。

这一切让人想到人的生命，在一个低级混乱状态下，能够发散地寓于不同事物，直至一个特殊事物强烈地吸引它，关注它，人才发现自己，感觉开始生活。

这种精神现象可以影响成人的全部意识，但只是"内心建构"事实的不变特征之一。它适合作为儿童内心生活的正常起点；并且伴随其内心生活的发展，作为一种实验事实，变得让研究可以接受。

儿童的心灵就这样揭示出，根据这些揭示，一种精神自由得到说明的方法产生。

这个早期历史的故事很快传遍全世界；第一例出现时仿佛是个奇迹。其后，在不同种族中所做试验逐渐倍增，这种精神"治疗"的简单明了的原则就越来越清晰。

心理发展由用实验确定的外部刺激帮助

我对幼儿教育所做的贡献，恰恰倾向根据实验启示来确定儿童内心发展的自由形式。

如果儿童不能根据其本性进行有机、自发发展，如果没有研究促使儿童努力（发挥潜质）的手段并掌握促使其和谐、自然发展的必要方法，那么就不可能设想儿童发展的自由。为了发挥潜质，要让儿童自由活动，他们应当在环境中发现与自己内心组织（按自然法则正在发展）有直接关系的有组织的事物。正如自由的昆虫应当在花的外形和性质中发现和自己外形及所需养分的直接关系。无疑，当昆虫探寻所需养分——花蜜，实际上又促使植物生长，它是自由的。在自然界，再没有比两种注定天生合作生物的组织一致性更让人称奇了。

由此可见，儿童自由发展的秘密在于为其组织获取内在养分的必要手段，这些手段和儿童的原始冲动相一致，类似于新生儿能够吸吮母乳，母亲乳房的外形和母乳的养分恰巧符合新生儿的需要。

正是在满足这种原始冲动时，即满足这种内在饥饿时，儿童的个性开始形成并显露出其性格特征，正如新生儿在吸收养分时，不断建构身体及其自然运动。

因此，我们不应把探寻建构儿童内在人格并发展其个人性格的手段仅视为教育问题，还应视为为儿童提供不可或缺营养的问题。

儿童从事一种有组织的、复杂的活动，在对原始刺激作出回应的同时，训练了智力，发展我们认为不属于儿童天性的高尚的品质，诸如工作时耐心和持之以恒，或道德上的服从、温顺、友善、热情、从容。我们惯于把这些品质分为不同种类；迄今我们幻想直接干预让儿童发展一个又一个的品质；尽管我们并不知道用什么手段能具体实践。

为使上述现象发生，必须让自由儿童自发发展，也就是说不要让不合时宜的影响和干预干扰儿童平静、和平的发展；就像让新生儿的身体休息，以保证吸取其营养并健康成长。

儿童具有这种天赋，我们就应当等待其精神生活奇迹发生，等待精神生活出其不意地发展：就像聪明的母亲只让自己的孩子吸取营养和休息，静观孩子成长，同时等待自然而然爆发：第一颗乳牙、第一个词语，最终有一天孩子会站立并行走。

然而，为让心理成长现象以一种确定方式发生，必须准备"环境"，为儿童直接提供不可或缺的外部手段。

这是我的实验证实的确定事实。迄今人们都在空洞地谈论儿童的自由，没有在"自由"与"放任自流"之间确定清晰界限。人们说："自由有其限度"，"自由应正确理解"。然而，一种指出"应如何解释自由、与自由共存的直觉物"的特殊方法并未确定。

这种方法的确定应当为整个教育开辟一条新道路。

☆　☆　☆

由此可见，环境必须包括用于自我教育的手段。这样的手段不能被"随意采用"；它们代表一种实验研究的结果。不可能所有人都做这种研究，因为如此微妙的工作需要科学准备。此外，这种研究，正如所有实验研究，是艰辛的、长期的和要求精确的。在说明实际上在确定儿童心理发展必不可缺的手段前，需要多年的实验。于是，那些寄希望于良知和教师培训解决学生自由大问题的教育家，距离解决自由问题越来越远。最伟大的科学家或最称职的教育者不可能立即找到那些手段，因为必须给培训和天赋补充上时间因素，长时期的准备性实验。因此，应当预先存在一门科学，它提供了自我教育的手段。今天谁若提及学校里的自由，就必须同时展示那些教具——近乎最适合让儿童自由的科学仪器。

科学仪器应当按精确标准制作。就像物理学家的透镜应根据光折射定律制作一样，教育仪器也应当根据儿童心理表现制作。

这样的仪器可以和系统化的心理测验相比。但它们不是根据度量的外在标准确定，其目的不是估计它们产生的瞬间心理反应；相反，它们是一种能持续产生并维持其心理反应、能自己确定的刺激。也就是说，是心理反应决定并确立系统的心理测验。心理反应作为决定测验的唯一比较项，是注意力的集中和与此有关的动作的重复。当一个刺激以这种方式和"反射个性"相一致时，这个刺激就不是用来度量，而是用来维持一个积极的反应；从而它是一种"内在建构"的刺激。事实上，基于这种觉醒并持续的活动，联合机制开始其与刺激有关的内部构建。

由于这一切，不是作为一门"度量"个性的科学，就像迄今实验心理学引入学校所做的那样，而是作为一门"改造"个性科学，渗透到教育学古老领域，因此它能够取代真正教育学的位置。相反，古老教育学及其所有不同解释，都从"接受性个性"概念出发，也就是说应当接受教育并被动地塑造；我们的科学方向从积极性个性（反射性和联合性）概念出发，应当通过对（由实验确定的）系统刺激的一系列反应来发展个性。因此，这种新"教育学"属于一系列现代科学，不属于古老思辨，虽然它不是直接以"实证心理学"的简单测量研究为基础的。然而，使它成形的方法，诸如试验、观察、确证、承认新现象、复制和利用，无疑将它置于实验科学之列。

外界刺激可以定质和定量

没有什么东西能比这种实验更趣味无穷了。通过这些实验可以十分精确地确定外界刺激，无论是定质还是定量。譬如，各种几何形状的特小木块只能吸引 3 岁幼儿的短暂注意；但逐渐扩大木块体积，直至达到幼儿注意力持续集中的限度，于是这样的木块就能引起持续的活动，而练习变成发展的因素。我们对许多儿童反复做实验，从而确定了一系列教具的规模。

颜色和其他性质也类似。为了让一种性质达到能吸引注意力的程度，刺激必须具有一定范围和强度，其范围和强度可以根据儿童心理反应的程度确定。就是这样确定引起儿童对色板表面注意力的最小颜色域，诸如此类，不一而足。由此可见，性质以心理实验为基础，根据它在儿童中引起的活动确定；儿童用同一教具长时间地做练习，从而形成一种内在发展、自我塑造的现象。

在教具的各种性质中，必须突出一种，它能唤起智力的更高活动，包含对错误能够监控的性质。

只要出现自我教育进程，刺激"唤起"一种活动就不够了，还应当引导那种活动。儿童不仅应当长时间坚持做一种练习，还应当坚持不犯错误。教具的所有物理的或内在的性质，除应当由引起儿童注意的直接反应确定，还应当由能够监控错误这种基本特征确定，即唤起更高级活动（比较、判断）的积极合作的特征确定。譬如，吸引 3 岁幼儿注意力的最早教具之一——立体插件（一系列大小不同的圆柱体插入插座中的插孔，再从插孔中拔出），就包含很好的监控机制。因为只因插错一个圆柱体，就会有一个圆柱体没有对应的插孔。从而错误成为障碍，只有纠正才能清除障碍，否则练习就不能进行。此外，纠正错误很容易，儿童自己就可完成。在儿童面前出现的小问题，几乎就像从玩偶盒里跳出意想不到的玩具，会使他们"产生兴趣"。

但要注意，出现的"问题"本身并不是兴趣的刺激源，并不是它们促使儿童重复活动，从而促进儿童进步。让儿童产生兴趣的不仅是移动教具的感受，还有感觉获得新洞察力——识别圆柱体的大小差异，而在练习之前他们没有觉察这种差异。问题仅仅和错误有关，并不伴随儿童正常发展过程。纯粹由好奇心，由某个"问题"引起的兴趣，不是源于生命本身需要的塑造性兴趣，从而也不能引导内在个性的建构。假若只有问题引导心灵的话，它会使心灵丧失秩序，正如任何其他外因竭力把生命引入歧途。我在回应那些异议和对我的重要批评时，或许过于强调这一点。

事实上，用以训练眼睛对物体大小辨识的第二系列教具，对错误的监控就不再是机械的而是心理的：只要教具具有一定规模并颜色醒目，受过识别规模差异训练的儿童就能立即发现错误。因此，可以说以后的教具在规模和鲜艳颜色中就包含对错误的监控。这种对错误的监控性质截然不同，是更高一级的监控，是九九乘法表材料提供的那种监控，监控恰恰在于用自己的活动和一种规范活动进行比较。这种比较需要儿童意志和智力的显著努力，从而置身自觉的自我教育的真正条件之中。但无论如何这种对错误的监控是逐渐的，虽然它越来越远离外在机制，而依靠逐渐发展的内在活动，它就像教具的所有性质一样，取决于儿童的基本反应——长时间注意力集中和反复做练习。

相反，为确定教具的量，实验标准截然不同。当仪器制作精密时，它们可以引起适应内在发展事实的有序自我练习，到一定程度显现出新的心理状态，在全面发展中达到较高层次。

那时，儿童自发地抛开教具，那不是厌烦的标志，而是受新力量的驱使。他们的心智已能够进行抽象。在这个发展水平，儿童的注意力集中于外部世界，并且有序地观察世界，伴随以前的发展在其头脑中形成秩序感；他们开始自发地进行一系列认真的、逻辑的比较，表示他们真正自发地获取"知识"。这是众所周知的"发现"时期，正是发现引起儿童的热情和快乐。

这种较高层次的发展将使儿童进一步提升受益匪浅。当微妙的分心现象开始时，不要让儿童的注意力只集中于教具。譬如，此时，教师仍让儿童继续使用教具，就会推迟其自发发展，给这种发展设置了障碍。引导儿童提高并感受许多知识激动的热情一旦熄灭，儿童进步的道路就封死了。现在，发展的教具过多也犯同样错误，即会分散儿童注意力，让他们机械地用教具做练习，让他们错过心理上升时刻，毫无觉察，没有抓住。过多的教具是空洞的教具，在这种无价值的教具旁，儿童会"失去心灵"。

教具要少而精，适应发展中、即提升中的生命的内在需求，这就需要我们准确确定。现在，通过观察儿童的表达及整体积极表现，来决定教具的"数量"。那些长时间专心致志地用一定教具做练习的儿童，显现出注意力集中，突然他们不知不觉地逐渐提升，就像飞机在跑道上滑行一段后起飞。儿童表面上对教具不关注，但满面春风反映其实际本质。从表面上看，他们什么也不做，但这只是暂时的问题，很快他们就将开口，把他们内心发生的事情告诉我们，接着他们兴致勃勃地活动，不断探索和发现。儿童得救了。

相反，其他儿童也发生过相同原始现象，但被过多教具所包围。儿童处于成熟时刻，却明显显现出手脚被捆绑。对新教具的注意力减弱、不稳定、易疲劳，说明儿童内心活动明显衰弱。儿童染上空虚大笑、举止粗鲁、讲究安逸奢侈等坏毛病。他们要求"其他东西"，得到后又要"别的东西"，由于他们封闭在"空虚恶性循环"中，只感到必须减轻自己的厌烦。成人也发生类似情况，在生活的混乱中也犯相同错误，他们变得不守纪律，疲乏无力，处于"迷失自我的危险之中"。假若没有人帮助他们抛弃那些毫无价值的东西，并给他们指出"其天空"，他们自己难以摆脱困境。

这两类儿童典型启发我们，通过实验产生确定发展教具"数量"的标准。

过量会削弱并推迟儿童进步，我的所有合作者都一再证明这一点。相反，若教具不充分，原始自我练习也不可能导致让儿童不断提升的成熟，也不会突然发生那种自发分心现象，这是自我教育走向无限进步的第二阶段。

高度集中和持续的注意力导致动作的不断重复，这一基本现象启发我们根据儿童年龄确定适当刺激。一种能让 3 岁幼儿连续重复 40 次动作的刺激，只能让 6 岁儿童连续重复 10 次相同动作。引起 3 岁幼儿兴趣的教具，不再引起 6 岁儿童的兴趣。然而，当教具适应其活动时，6 岁儿童比 3 岁幼儿的注意力更集中、更持久。其实，如果一个 3 岁幼儿最多能连续重复 40 次同一动作，那么 6 岁儿童可以重复 200 次让他感兴趣的动作。如果 3 岁幼儿用相同教具练习的最长时间是半小时，那么 6 岁儿童将超过两小时。

由此可见，为实现某种目的而进行的系统、合理试验（如为书写做准备的试验），若不考虑儿童年龄，不可能有任何价值。譬如，我的书写方法是基于直接准备生理上所需动作：即使用书写工具和描画字母表的字母。一种情况是儿童用大量平行线条填满平面插件在纸上留下的轮廓，另一种情况是用手触摸砂纸字母，从而使两种肌肉运动机制完美地确立，最终出现"自发书写"的突然爆发，而且所有儿童都能写得奇迹般整齐划一，由于他们几乎按一个模子塑造的，他们触摸字母时就固化了书写相同动作，从而能够准确无误地再现字母的形状。为了实现这一目的的，为了让真正运动机制固化，必须长时间地反复练习。现在，怀着极大兴趣用平行线条填充图形，尤其是用手触摸字母的，大多是五六岁儿童。如果我们把相同教具给一个 6 岁儿童，他不会再充分地触摸字母，和在适当年龄开始练习的儿童相比，他书写很不完美。我的方法的所有其他细节也重复同一现象。由此可见，可以通过实验准确地（以前我不相信）确定：不同年龄儿童的天赋，从而给他们提供合适教具，儿童按年龄智力发展平均水平。

这里提及如此精确确定儿童发展手段的可能性，从而让人认为在内在需求和刺激之间存在某种真正的统一，就像在昆虫和花卉之间存在统一一样。

谁要是已经"准备好这一切"，他的任务"很容易"完成：自然地促进儿童心理生命的发展。应用这些合适的教具，每位教师都能在学校实现自由。

正如我已说过，这种漫长而隐秘的实验，是伊塔尔和塞甘启发的我，恰恰是我对教育的最初贡献。

所有这些准备性工作，不仅用以"确定"今天众所周知的方法，而且还是其继续的关键。

发展教具仅作为"起点"不可或缺

因此，在组织发展外在手段中，留有内在心理发展的"教具印记"：心灵在其走、跑和飞时都需要这些印记。教具的部分不包括整个心灵的印记；正如脚印不是整个身体的印记一样；正如机场不是飞机运动的场所，只是飞行所必需的陆地部分，也是飞机在应返回并检修的飞机库。同样，在心理形成中存在一种不可或缺的教具部分，从而精神得以提高，精神应找到休息处、避风港和支撑点。没有这些，精神不可能"自由地"发展和提升。

为了成为"真正支撑点"，"必需复制其形态"，并将其形态包含在与需要教具帮助一致的部分。例如，这样在心理生命的前期，教具适应感官的原始练习（反映在自然赋予感觉需要所决定的质与量上），并且促使活动充分练习以形成观察和抽象的高级心理状态。相反，教具完全不适合随后追逐那个儿童精神用大量极乐和习得诸多知识所完成的世界。然而，其后我们看到精神需要更高层次的练习，儿童注意力集中在字母和算术教具的相同原始现象出现了，他们不断重复做更复杂的、系统的智力练习，将口语词汇及书写词汇的听觉形象与视觉形象、动作形象相结合，有效学习量、比例和数。于是，儿童的"耐心"和"持之以恒"伴随现象出现了，当他们内在力量找到可以舒适地、平静地做练习的键盘、健身房时，他们同时显现出活泼、积极和乐观等精神特征。

受与其自然秩序一致的秩序引导形成的精神被强化，茁壮地成长，显现出平衡、从容、平静，其后我们学童的行为举止表现出惊人的纪律性。

因此，外在教具应当为儿童心理需要服务，正如楼梯一阶一阶地帮助他们上楼；在他们心理发展的各阶上都必需准备更高的文化、培养手段。因为恰恰心理练习需要新教具，而新教具为适应此种需要，应当包含新的、更复杂的物质形态，从而能够吸引儿童的注意力，让他们用自己力量不断练习以提升智力，再现持之以恒和耐心的现象，其后提高灵活性、心理平衡、抽象和自发创造能力。这样，在儿童以后的发展中，我们看到他们热衷于记忆练习，而我们觉得那些练习很枯燥。由于他们不仅产生吸纳在世界上遇到形象的需求，而且产生通过一定努力"迅速获取"知识的愿望。背诵乘法九九表这个普通却出人意外的现象是个例证，相反背诵诗歌和散文片断倒不令我们惊奇，虽然有时也令他们着迷。

同样有趣的是，到一定时候，儿童表现出脱离用于算术计算的教具的倾向，他们成熟到一定程度，就想进行"抽象推理"，并"用数字做抽象计算"，仿佛服从一种内在冲动，想要让心灵摆脱任何羁绊，并实现节省时间。于是，我们可以看到8岁儿童变成乐此不疲、早熟的计算者。

这些走上自我教育之路的儿童，对自己的内在需求具有独特"敏感性"。正如按合理规则进食的新生儿，在消化和吸收的两小时内安静不闹，其后到再次进食时刻他就开始啼哭；同样，那些儿童在出现内在成熟的神秘现象后，他们"要求帮助"，要求"新教材"，新的"工作形式"。他们确切地提出要求，指出他们进一步需要什么；正如明确指出生理需要是饿、是渴、是困。与此类似，一个儿童要求阅读，或做语法练习，或观察自然的手段。他的敏感性表现为一个强烈、清晰的愿望，而教师只能满足这一愿望。

显然，在这种现象随后的发展中，某个外在基础是必不可少的，正如一位教师面对自觉发展儿童的要求，不能随意地满足，而应当用由经验事先确定的计划指导。换言之，业已多次提及的那些外在手段，引导儿童心灵提升的阶梯，都应当由经验确定，正如以前幼儿发展的所有手段都已确定一样。

"提升阶梯"和支持心灵发展外在手段，在不断地扩大；正如一个倒置的锥体，其顶点是心理生命的开端，2岁半的幼儿依靠原始冲动，接受感觉刺激，就像饥饿让新生儿完成复杂的、神奇的吸吮动作一样。当它们不断扩大时，由于儿童不断增长的心理需求，它们也日益复杂，并包含文化的原则。

更高层次的外在组织，不仅以心理部分作为要素，而且还有涉及文化自身内容的要素。每门学科，譬如算术、语法、几何、自然科学、音乐、文学，都应当由系统地、清晰地确定的外物介绍。因此，对儿童本质上原始心理活动，各个学科的专家应当精诚合作，旨在确定引起儿童自我教育的所有必要而充分的手段。

这就是准备性的实验工作，它确定那些发展手段，那些发展内在生命所必需的外在印记，那些印记的结构，应当和塑造的心理需求完全一致。

直至在某个点上，那些印记可以和旧方法的所谓教具或教学用具一致。但是，它们的意义截然不同。旧学校的教具是对教师的帮助，为了让被动地听课的全班学生理解其讲课内容。教具仅仅涉及有待解释的事物，那些事物是随意选择的，等于说没有采用和儿童心理需求有关的任何科学标准。

相反，在我们这里，发展的手段是通过做和儿童心理发展有关实验确定的。它们的目的不是给予知识，而是用以让内在力量自发发展的手段。

其后，提供给儿童的外在教具，应当让他们根据个人自然力量自由地使用。儿童会选择他们喜欢的教具。这种"偏好"由"心理成长"的内在需要所决定。对任何选中的教具，每个孩子都会按自己愿望长时间地亲密接触；而这种"愿望"符合精神内在成熟的必要性，而成熟要求长时间地、持之以恒地做练习。没有一位导师、一位教师，能够猜出每个学生的内在需求和所需成熟时间。然而，让儿童自由，所有这些，受自然指引，都会显现出来。

心理事实

当儿童用这种方法对待时所表现出的心理事实，必须以一种科学观点解释；必须同陈旧学生观念彻底决裂，那种观念认为"学生进步在于好好学习"。在这里，我们几乎作为自然主义者，必须观察儿童生命的任何现象。的确，要准备好"外在条件"，但心理作用同儿童内在活动的自发发展有直接关系。

由此可见，教师和学生之间没有任何直接关系：教学肯定不是儿童获得结果的原因。而是这种方法的教具，就像"试剂"一样，引起特别心理反应，这些反应可以概括为觉醒、个性的形成。纪律作为内在形成秩序的第一个成果，是人们期待的儿童已开始的内在工作"外在标志"的首要现象。

新学校开学的头几天的混乱，可以视为初期特有现象，尤其是当教师进行第一次实验，从而受到其过高期望的打击。儿童和教具之间并非总是直接一致：教师感到迷茫，因为儿童令她失望，他们没有对教具感兴趣，也没有按自己趣味选择教具。如果学校的学生多为贫民子弟，那么这种现象时常发生。相反，学生都是富家子弟，他们对各种教具、形形色色奇妙的玩具都已厌烦，他们很少被教师提供的刺激所吸引。自然，这会导致混乱，如果教师给她应当尊重的那种"自由"上了某种枷锁，并迷信刺激和儿童心理统一的教条。相反，做过多次实验、富有经验的教师，更好地理解，当儿童其后应发展的生命开始时，自由才能开始，她拥有很容易为童年时期定向的法宝。

然而，在最困难条件下取得的经验，就像一位教师在富家子弟班级所做首次实验获得的经验一样，是最能说明问题的，为我们提供一幅儿童基本心理现象的清晰图画。这幅图画可以同从混沌中走出的秩序相比。

关于这方面，我将引述各种各样的描述，其中有些已发表，比如乔治小姐（Miss George）对美国第一所学校的描述，达弗蕾丝小姐（M.lle Dufresne）在英国所建学校的描述。乔治小姐提供了一幅初期混乱的精彩图画："他们（孩子们）起初从他人手中夺走教具；当我试图对一个孩子展示教具时，其他孩子就扔掉手中的教具，并且没有任何目的，聚拢到我们周围吵吵嚷嚷。当我解释完一种教具，所有孩子都用手来抓，为抓到手而你争我夺。孩子们对教具没有任何兴趣，他们经手一个又一个教具，毫无耐心坚持……""一个男孩不能静止，他十个指头还未触摸完一个环形教具（让孩子们使用）就坐不住了。在多数情况下，孩子们的运动毫无目的，他们在房间里无目标地乱跑。在跑动时，他们并不注意保护物品，事实上，他们被桌子绊倒，把椅子弄翻，踩着东西走路。有时在一处刚开始一项工作，随着就朝另一个方向跑去；他们抓起一件东西，又任性地扔掉。"

达弗蕾丝小姐这样描述第一次实验时初期的混乱："我必须承认，前四个星期令人灰心丧气。孩子们不能专心致志地做一件工作，哪怕只几分钟；他们没有任何耐心，没有任何主动性；有时他们像一群羊羔彼此跟随，当一个孩子拿起一件东西，其他孩子都模仿他；有时甚至在地上打滚并推倒椅子。"

从罗马富有儿童的一次实验，我们有如下简洁描述："最令人担忧的是纪律。孩子们在工作中迷失方向，刚开始就显得无动于衷。"

这些实验人士彼此不知情，但都一致证实秩序的开始。这是唯一现象：在某个确定时刻，儿童对一种练习特别感兴趣。但无需确定的一种教具，例如我们方法的第一种教具，相反，任何一种教具都可以引起儿童的高度注意。这很有价值，不是外在教具；而是心灵回应并专注一种刺激的内在事实。

现在，当一个孩子对任何一件东西都具有浓厚兴趣，这东西是我们向他介绍以适应其心理需求，其后会对所有东西都感兴趣，他就开始发展活动，仿佛一种自然现象。一旦有了良好开端，就会持续、稳定地进步，并且自己发展。然而，这种现象不是缓慢的、渐进的进步，如同源于外在、系统、度量行为的进步，而是具有突然形成的突发事实的"爆发性"，这样的事实让我们想到构成成长期特征的生理生命的危机。事实上，孩子随时会说出第一个词语；随时会迈出第一步；当他长出第一颗乳牙，所有牙齿都会长出；他说出第一个词语，语言就会演进；他已迈出第一步，就会稳步地走下去。

在心理秩序刚刚确立时也会发生类似危机，这是内在生命进步发展的开端。

下面抄录乔治小姐对纪律形成的一段描述：

"在几天之内，那急速旋转粒子的模糊群体——混乱无序儿童，开始具有确定形态。孩子们似乎开始找到自己的方向；起初他们鄙视的许多东西，比如愚蠢的玩具，他们开始发现具有独特乐趣，作为这种新兴趣的结果，他们开始像独立个体那样活动。"乔治小姐接着写道："他们变得特别个体化。""于是，发生如下情况：使某个孩子注意力高度集中的教具，却对另一个孩子没有任何吸引力。每个孩子注意力的表现都有差异……""只有当儿童发现某些东西，一个独特教具自然而然地引起他们极大兴趣，战役才取得最后胜利。有时儿童的这种热情突至，或者以惊人速度来临。"

"有一次，我几乎采用这方法的所有教具对一个孩子做实验，却没有引起他的丝毫兴趣。于是，我偶然地给他展示两块红、蓝色板，我让他注意颜色的差异。他急不可待地立即抓住它们，在一节课里就学会5种颜色差异。在随后几天里，他拿起此方法的所有教具（而以前他不屑一顾），并逐渐地掌握了它们。"

"一个起初难以集中注意力的孩子，在一个比较复杂的教具中找到走出混沌状态的出路。那是所谓的'长杆'；他连续一周用那些长杆做练习，学会了数数和做简单加法。接着，他的兴趣开始转向圆柱体、平面插件和最简单的教具，他对此方法的各个部分都感兴趣。"

"一旦孩子们找到他们感兴趣的教具，混乱无序状态会立即消逝；他们的心智停止漫游，他们和木块、色板等教具亲密相处。"

乔治小姐接着饶有兴味地描述了在此现象后独特品质的发展。她用一个优美的插曲说明儿童个性的苏醒：

"有两姐妹，一个3岁，另一个5岁。3岁妹妹还不具有个性，由于她总准确地模仿姐姐。譬如，姐姐有一支蓝色蜡笔，妹妹没有蓝色蜡笔就不高兴；姐姐吃面包就黄油，妹妹也非要吃面包就黄油，其他任何食品都拒绝吃；诸如此类，不一而足。妹妹对学校的任何事情都不感兴趣，只是跟随姐姐，模仿姐姐的所作所为。有一天，妹妹对玫瑰色立方体发生兴趣，她兴致勃勃地搭建其木塔，长时间反复做这种练习，完全忘记了姐姐。姐姐对这件事感到非常惊奇，她叫住妹妹并对她说：为什么我在画圆圈，你却在建木塔？从那天起妹妹成长有了个性，开始自己发展，而不再是姐姐的仿制品或镜子。"

这些饶有兴味的事实，即儿童品质的自发发展（以前在个体中并不存在），只是在他们怀着强烈兴趣、长时间地做一种练习的现象出现后才突然发生。彼此没有沟通的人们，在不同地点反复做的实验，证实这样的事实。

例如，达弗蕾丝小姐这样谈及一个4岁女孩的情况，她端着玻璃杯行走，即使杯中只有一半水，也绝对做不到让水不溅出。为此，她逃避做类似练习，因为她知道没有能力完成。有一天，她对使用教具做练习产生浓厚兴趣，这之后，她能驾轻就熟地端水杯走路；现在，由于她的同学都在画水彩画，她乐此不疲地给大家端水，再也没有溅出一滴水。

澳大利亚教师巴顿（Barton）小姐讲述的另一件事也值得高度关注。她有一个学生，是个说话滞后的女孩，只能发出含糊不清的声音。为此其父母带她去看医生，想知道她是否正常；但医生断言女孩完全正常，即使现在还不能正常说话，但迟早会说。有一天，女孩对立体插件产生兴趣，长时间地练习把木质圆柱体从插座的插孔中拔出和插入。她在兴致勃勃地反复练习之后，跑到教师面前说："您快来看！"

当孩子们开始对某件工作感兴趣并能自我发展时，经常发生的现象使他们满心喜悦,仿佛不能自拔。某些心理学家说:"情感色彩"适应获取知识。一位生理学家做过十分精确的比较,可以断言欢乐是内心成长的指数,就像体重是身体成长的指数一样。

孩子们似乎对自己的内心成长有"感觉",成就感使他们长大。他们满心喜悦地表明,他们身上已开始出现高级现象。乔治小姐说:"所有孩子都显现出十分自豪,当我们自己真正创造某些新东西时,我们也会有的那种自豪。当他们学会做一件十分简单的事情时,就会欢欣雀跃,搂着我的脖子,并对我说:'完全是我做的;以前你不可想象我能做这事;我今天比昨天做得好。'"

在这些现象出现后,就确立了实际的纪律,最明显标志是涉及我们称作"尊重他人劳动和重视他人权利"的行为。因为不再发生:一个孩子想夺走另一个孩子手中的教具;即使他也想要,也耐心等待那个孩子练习结束;孩子往往兴致勃勃地观察同伴用一个教具做练习,而那个教具正是他想要的。由此可见,当通过这些内在事实纪律得以确立时,儿童突然能够独立地工作,几乎发展自己的个性;但独立工作并未导致"道德隔绝";相反,孩子们相互尊重、彼此友爱,情感促使人们团结而不是分裂。因此,诞生的这种复杂纪律,本身就包含应伴随集体秩序的情感。

达弗蕾丝小姐说:"圣诞节后再次走进学校,班级发生了很大变化。我未做任何干预,纪律仿佛自然形成了。孩子们显得专心致志地做自己工作,不再干以前干过的所有混乱无序的事情。孩子们自己到橱柜里挑选所有教具,而以前那些教具似乎让他们厌烦。他们拿起平面几何图形插件、大小递减的圆柱体,开始用他们的手指触摸木质教具的轮廓;幼儿主要选扣件框,为了练习扣纽扣和系带子;他们拿起一件又一件的教具,没有丝毫疲劳表现,仿佛对使用新教具感到愉快。在教室里弥漫着工作气氛。以前随意地选择教具的孩子,现在感到教具是某种规则的需要,是个性和内心的规则的需要:他们集中精力努力做这一工作,既准确到位又井然有序,战胜困难使他们心满意足。这种真正一丝不苟的工作,对他们的性格产生直接影响。他们成为自己神经的主人。"

给达弗蕾丝小姐印象最深的，是一个 4 岁半男孩的例子。起初，这个孩子神经质、易冲动，搅得全班不得安宁。"这个孩子的想象力奇特地发展，以致给他一种教具，他并不观察教具的形状，而是把它拟人化，把自己也想象成他人的化身，从而连续不断地同想象的人说话；他不可能把注意力集中在教具上。由于他胡思乱想，不能完成任何准确到位的活动，比如连一个纽扣都扣不上……""……突然在他身上开始出现奇迹"，达弗蕾丝小姐继续说。"我吃惊地证实他发生令人瞩目的变化；他把做一种练习作为自己喜爱的活动，进而选择所有其他练习；他的神经就这样平静下来。"

我从两位女教师在罗马一所富人子弟"儿童之家"所做个体研究中选出两例。那里有两名截然不同的孩子。一个孩子很晚才入学，他已经长大，在另一个环境中已发展。另一个孩子年龄小，属适龄入学。大孩子（5 岁）进过福禄培尔幼儿园，在那儿因为淘气而让人厌烦。"在头几天，对我们是一种痛苦的折磨。因为他想干事，但对什么都不满意。他对什么都说：这就是游戏；他在教室里乱跑，令同学讨厌。终于有一天，他对绘画产生兴趣。"虽然绘画应在感觉练习之后开始，但我们还是给他自由，干他愿意干的事情。女教师正确地认识到，坚持让他做其他练习将徒劳无益。事实上，他已经超过以前教具适应心理需求的年龄段，他第一次被一种像绘画这样的高级练习所吸引。"以前，他无所事事，虽然也拿过活动字母，但从未对任何教具感兴趣；现在，却几乎突然遵守纪律。我们也不知道发生变化的准确时间，但纪律性得到保持和加强，随着孩子对任何一种练习兴趣增强，他也在不断提高。事实上，这个孩子开始对绘画感兴趣，接着自发地拿起木质长杆，随后又用平面几何图形插件练习，逐渐地他对所有感觉练习（曾被女教师所忽视）都产生兴趣。"这也就是说，超龄入学的孩子选择练习的顺序是反向的，他们几乎准确无误地从最困难的练习到基础练习。

另一个 3 岁半男孩也不守纪律。当他刚对立体插件和扣件框感兴趣时，女教师曾对他遵守秩序不抱希望。从那时起他继续做练习，最终停止扰乱同学。

☆　☆　☆

在我们罗马的穷人子弟"儿童之家"（由马盖罗尼小姐领导），可以做更系统的观察。为使这些现象的进程更醒目，我用示意图来表示。

横线 AB 代表平静状态，线上方记录有秩序现象（工作），线下方记录无秩序现象。当一个孩子在受到一件工作的强烈吸引后进入平静状态时，在他身上就会确立一种持久的秩序状态。在这个阶段，可以研究最好的工作条件。

有序工作最初曲线

下图表示有序工作进展情况，上午有序工作的独特类型：

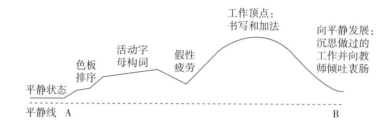

当孩子相当长时间保持平静，其后选择对他来说容易的工作，比如给不同色差的色板排序；他持续做练习，但时间不太长；他转做另一件比较复杂的工作，比如用活动字母构词，并持续练习较长时间（约半小时）。在这个阶段后，孩子停止工作，在室内转来转去，显得不够平静。初看一眼，孩子显出疲劳特征。然而，几分钟后，他就投入非常困难的工作，注意力高度集中地坚持练习，表明他达到其活动的顶点（做加法运算并用笔写出）。完成这件工作后，他十分平静地停止其活动，长时间地凝视并沉思自己的工作成果，然后接近教师并对她述说心里话。孩子的面貌是精力充沛、宽慰和心满意足。

孩子在第一和第二工作阶段之间显现的表面疲劳十分有趣。此时，孩子并不像曲线终点所表示的那样平静、宽慰，相反，他显得骚动不安，乱说乱动，走来走去，但不打扰他人。可以说他在探寻自己兴趣的最大满意度，他在为"伟大工作"做准备。　　　.

　　相反，当周期结束时，孩子心满意足并生机勃勃，他摆脱内在注意力，感受到更高的社会冲动，比如倾诉心里话，同其他人进行亲密的交流。

　　随着时间的推移，在一个遵守纪律的整个班级，类似进程变成一般进程。马盖罗尼小姐概述这一复杂现象：

全班工作曲线

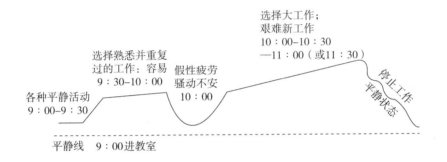

　　在上午直至大约 10 点的前期，孩子们一般选择业已熟悉和容易的工作。

　　在 10 点钟，全班情况大改变；孩子们骚动不安，无所事事，也不挑选教具。给人的印象是全班厌烦，开始纪律涣散。但几分钟后，更好的秩序确立，孩子们全神贯注地工作，他们选择更难的新工作。

　　当孩子们完成这种新工作后，他们变得兴高采烈、彬彬有礼和心如止水。

　　如果在 10 点钟、这个假性疲劳时期，缺乏实践经验的教师把这种暂停或准备伟大工作的现象视为混乱无序状态，进行干预，批评他们，"让他们休息"，诸如此类，不一而足；那么，他们会继续骚动不安，后面的工作也组织不起来。孩子们也不心平如镜，他们会一直处于非正常状态。换言之，如果他们在其周期内被打断，他们将丧失与规范地、完整地进行内心活动有关的所有特征。

☆　☆　☆

个体有序工作的唯一曲线，既不是普遍现象，也不似描述类型那样严格不变。但可以视为在实现的秩序阶段，工作的平均类型。首先，考察尚未形成工作秩序的儿童将饶有兴味。穷人子弟几乎不像富人子弟那样，处于完全的混乱状态。他们或多或少地总受到教具的吸引，从一开始就怀着一定兴趣使用教具。然而，这种兴趣最初是表面的。他们更多地受到好奇心、手里有"漂亮东西"愿望的吸引。确实，他们能摆弄一会儿个别教具，变更和选择教具，但此时还未对它们产生浓厚兴趣。这个时期的特点，在富人子弟班级完全没有，是无序的交替。如下曲线表示这一特征：

个体差异

秩序以前阶段

一个穷人孩子的个体曲线

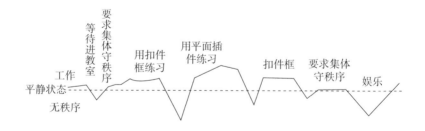

工作的不同曲线可以在平静线下相遇，处于混乱状态。只有教师要求全班学生遵守秩序，这个孩子才平静下来，除非曲线上升到工作。在这种情况下，他持续时间不长，曲线立即下降至平静线下。正如在这个示意图的无规则进程中，显然可以发现一个简单工作时期在困难工作（扣件框、平面插件）时期之前，在二者之间曲线下降至无序状态的幅度最大。

工作曲线
一个赤贫、几乎被父母遗弃并捣乱的孩子
混乱阶段

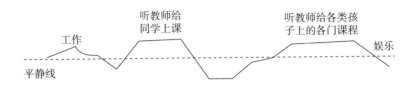

这个孩子实际或仿佛具有向他人学习的倾向；他逃避工作或者刚开始就放弃：仿佛他不能忍受直接上课。如果教师想要教给他某些东西，他做个鬼脸就逃之夭夭。他四处乱跑，打扰同学，似乎很难对付。然而，他却全神贯注地听教师给其他孩子上课。

趋向秩序阶段

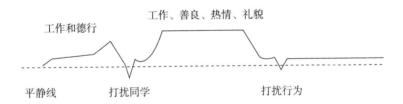

他学会后，就投入工作并能坚持，从曲线上可以见出其进程正常。换言之，一个最初工作，暂停（其间轻微地、短暂地重犯打扰同学的老毛病），接着是伟大工作曲线和最终休息（其间仍犯老毛病）。曲线顶端表示他不仅兴致勃勃工作，而且确立了美德：不仅心平如镜，而且兴高采烈、待人和蔼；在工作最投入时，他往往看看同学，并给他们送去飞吻，却没有中断全神贯注工作。可以说，在他取得成就心满意足时，爱的溪流从其心灵（而以前显得那么粗鲁）深处涌出。

软弱孩子工作曲线

此示意图的多条曲线都在平静线以上，缺乏曲线的统一性，从而也缺乏努力的统一性。在简单工作之后达到工作顶点，在大的冲动消逝后，难度大练习（色板排序）被重复不长时间。休息并不确定，孩子会重新做一件特别简单工作（立体插件）。可以说，其软弱性格表现在内在动力不足、不坚毅。这个孩子为崛起做出许多努力，但他不会奋起直追，也不能下决心停止工作。这个孩子很平静，但其平静状态缺乏动力：他既不安宁，也不从容，还没有强烈情感表现。

进步进程

当全班都遵守秩序后，可以观察儿童内心活动的发展过程。

需要记住发展教具提供循序渐进的练习，即从最基本练习到感觉练习，再到书写、计算和阅读练习。孩子们自由选择他们喜欢的练习。然而，很自然，由于他们开始做的练习都来自教师，他们只选自己了解其使用方法的教具。教师在观察他们时，要发现他们何时成熟能做高级练习，并让他们开始做；或者孩子们在观察比他们先进的其他同学做此种练习后，自己再动手去做。

为了追踪儿童的工作"进步"，我们必须牢记这些条件。

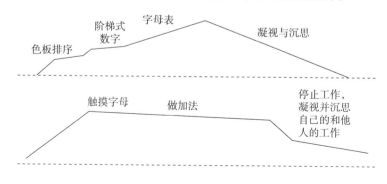

这两条曲线代表与有序工作初期曲线相比的最高发展阶段。不平静阶段趋于在小工作和大工作之间消逝；儿童似乎更加自信，更直接更容易地选择其最高练习。

进而是不间断工作的两个连续阶段：其一可称作小工作阶段，其二可称作大工作阶段。小工作历时较短，而大工作有很长周期。观察儿童自发地努力之后，休息具有宽慰和平静的特征。相反，由于打断儿童的努力，他们总会显得疲惫（骚动不安）或注意力不集中。

在第一条曲线中，初步工作是两件容易的工作，历时不长；再从它们直接过渡到大工作。最终是边休息边思考阶段，儿童停止工作，但长时间凝视并沉思自己完成的工作，直至发现工作到位。或者在凝视并沉思自己工作后，不断地平静地凝视并沉思他人的工作。

在第二条曲线中，有一条明显与平静线平行的线段：儿童持之以恒地工作，几乎始终如一，初步工作和大工作的唯一差异是从事时间不同。凝视与沉思阶段变成"内心工作阶段"，几乎是"吸收"或"内在成熟"的阶段。在此阶段孩子往往观察他人的工作，仿佛自发学习"比较"自己和同学；或者在凝视外部"环境"时，积极发展兴趣：这是发现时期。可以说，孩子在自己工作成果中认识自己，并把自己和同学及环境联系起来。

现在，整个周期"完成"对儿童个性产生深远影响。不仅在完成大工作后，立即全神贯注投入一项内在工作；而且终于养成思考习惯，总能保持心态平和及对环境的持续关注。于是，个性发展到更高层次。在这个阶段，儿童开始变成"自己的主人"，并出现我所说"服从"的独特现象。儿童能够服从，即能控制自己的行动，从而让自己的行动符合他人的意愿。他可以放下被人打断的工作，不会为此造成心慌意乱或疲惫厌烦。此外，工作变成持久的习惯，儿童再也不会懒惰。譬如，当给教师们上示范课时，我们把处于这个发展阶段的孩子招来，他们作为"研究题目"。他们温和地按我们要求去做，让我们量身高、头围等；当我们让他们做练习时，他们不是出于屈从，而是兴致勃勃地去完成，仿佛他们意识到和我们合作。然而，当他们不得不坐在一旁等待时，他们不会无所事事，那一时刻也变得有用，他们仍在工作。消极不活动变得不可容忍。每当我上课时，学童往往用扣件框练习或在地板上用活动字母构词：在等待的那些时刻，他们在那儿可以这样做，一些孩子描画或用水彩画画。

所有这些都是智力活动的表现，属于他们心理机体的部分。

然而，为了让这种习惯延续、个性继续发展，必须让儿童每天完成一件真正的工作。学童的平衡性、适应的"灵活性"，从而进行高级行为，比如"服从"行为的可能性，都源于"努力活动周期完成"和系统地"集中注意力"。

这让人想到天主教为保持精神生活力量的建议：即加强"内心注意"阶段，其后才有可能拥有"道德力量"。道德人格应当从系统"沉思"中获取坚毅的力量，没有这种力量，内在人就会迷失并失去平衡，就不可能把握自己并为崇高目的奋斗。

儿童"总需要"注意力集中和"大工作"阶段，其进一步发展的可能性就源于此。

下图表示儿童发展中的很高阶段：

高级阶段
平均类型

由于起步工作已达较高水平，儿童刚进学校就选择活动字母或书写，接着是"大工作"——阅读。在休息时会选择一种智力活动：看图画书。

所有智力活动的层次都较高；道德修养（服从、始终从容不迫）也是如此。

以平静线作为发展水平线，可看出发展水平已提高。

在一个较高阶段，工作线趋向平直并与平静线平行。

同时，可以确定发展程度和内在发展的平均类型，根据它们研究个体差异。原初类型中，是行为的混乱无序和注意力无法集中。在这种情况下，不存在真正的工作线，从而曲线主要处于平静线以下。在发生始终全神贯注工作的现象的类型中，第一程度的、正常有序工作的平均特征曲线已形成。也就是说，在骚动不安阶段后，儿童在完成起步工作后，是骚动不安阶段；在大工作之后，进入休息状态。

进而区分开第二程度，这里的平均特征，是骚动不安阶段的消逝，大工作终结于沉思：这是发现、普遍化观察、服从的阶段，工作成为习惯。

这之后，出现一种普遍的提高，通过起步工作的提高可以看出；并且养成遵守纪律的习惯。

在这些进程中，工作曲线趋于平直，并且和平静线平行。

发展概述示意图
平均曲线

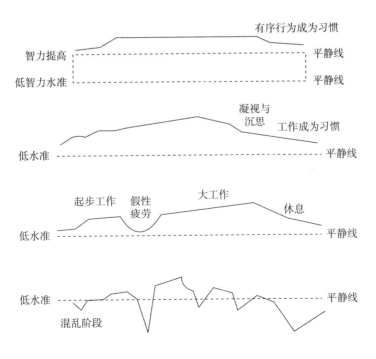

水平的提高和更进步的智力工作有关；线段的变直和内部建构及个性组织的性质有关：其性质可视为道德秩序，比如在服从和各种活动中的从容、遵纪和自律自持。

当工作成为习惯时，智力水平就能迅速提高，组织好的秩序让做好事变成习惯。于是，儿童就能以持续、自然的方式有序地、持之以恒地、守纪律地工作；正如呼吸节奏是持续、平静的工作和身体机体的活力源。

这种个性建构的手段、关键，是符合内心生活自然需求的自由工作。由此可见，自由的智力工作是内在纪律的基础。"儿童之家"的最大成果是培养了遵守纪律的孩子。

这种内心组织使他们成为一种特殊"类型"，其后继续自由练习各种活动需要这种"类型"，而练习的目的是在以后岁月获取文化。

小学阶段是"儿童之家"阶段的继续。在这里，行为举止是习惯，此习惯是对早期工作习惯的补充和融合。因此，向孩子们展示进一步发展的教具足矣，因为他们会用此教具循序渐进地做练习，超越文化知识的不同界限。

随后年龄段显现的差异是由知识兴趣造成的，知识兴趣不再是一种让自己重复练习的刺激，而是一种对自己工作的高级兴趣，趋向完成一项外在活动或在整体上完成一个认识。这样，儿童创造并探寻自身组织的东西；譬如，他们想用几何图形和铁质平面插件的组合来画图。能够全神贯注地做这件工作，直至做完为止。甚至有一个孩子连续七八天做同一项工作。另一个男孩对数的乘方和乘法九九表感兴趣，连续好几天持续做同一工作，直至完全掌握这方面知识。

在由内心组织形成的内在秩序基础上，现在心智缓慢、平稳地构建自己的城堡，出生的活机体正是这样缓慢、平稳地自己成长。

目前，我们只能提供一个根据年龄确定内在发展平均水平的实际可能性的初步意见。这还需要做许多完美的实验，在实验时，同质的儿童、完全适合的环境、有经验的教师，能提供充分的观察材料。这样，学者们就可以开始科学工作，这种工作显现的精确性可能高于今天可以测量身体并得出生长数学平均值的精确性。

然而，必须反思的是，今天能够提供的意见，代表长期、系统化的工作，但如何能够基于更伟大的工作，以找到自然发展的外在物质手段。

这一切让人们认识到科学研究的艰难，但今天仍有许多人相信做随意的、表面的试验，如同比奈（Binet）和西蒙（Simon）所做的试验，就是在搞科学研究！

☆　☆　☆

对儿童的研究不可能如快速照相那样进行，只有用一部"影片"才能表现儿童的性格特征。

为适应心理生活需要而组织的"外在手段"，具有至关重要的意义。因为若不存在确定的、恒定的外在手段，就不能判断个体在形成内在秩序、提高抽象能力、知识发展的程度、遵守纪律上的差异。这些手段就像阶梯引导儿童在心理塑造时提升。

为了在逻辑上确定个体的差异，应当存在一个常项，这是作为每个个性形成基础的外在手段。当外在支持相同，一般来说又符合某年龄段的心理需要，那么内心建构的差异就与个体本身有关。否则，若外在手段不同，不同的反应也可归因于这些手段。

最后，显然，在所有科学研究中都应当确定测量仪器。但每个有待测量的对象都要求自己的独特仪器，而心理测量中的恒定仪器，应当是"教育方法"。

一系列公式，如比奈和西蒙的测验，什么也测量不出，也不能提供根据年龄段确定智力水平的近似看法。由于需要回应的孩子们，他们的反应从何而来？多少来自个体的内在活动，多少来自环境的作用？如果对"源于环境"的部分不了解，如何能确定什么内在心理价值引起反应呢？

我们应当在每个个性中区分开两部分：一部分是自己的、自然、自发的活动，通过这种活动，可以内在地建构并发展自己的个性，从而赋予个性性格特征，并且可以从环境中获取；另一部分是外在手段，应用它可以做这一切。譬如，一位男孩在 4 岁时能识别 64 种颜色，表明他在感受颜色以及心智为色差排序方面具有很强活动能力；但也表明他拥有取得这些成绩的手段；譬如，他拥有 64 块色板，他用色板长时间做练习，并且整个练习阶段完全不受打扰，这些都是掌握颜色知识所不可或缺的条件。

假设：心理事实 P 是两个因素——一个内在因素 I，一个外在因素 E——的总和；

则：$P = I + E$

其中，未知的、不能直接估量的内在因素 I 可用 X 表示，则得出公式：$P = X + E$

如果我们比较两个孩子：一个在上述条件下掌握 64 种颜色；另一个在贫穷环境中生活，那是灰色和棕色为主色调的环境，从而感觉迟钝、注意力不集中等。我们发现他们存在明显心理差异。但这种差异不是内在的，其实很可能发生如下情况：第二个孩子若处于第一个孩子的条件下，他也能识别 64 种颜色。在这种情况下，事实上我们对两种环境做出判断，而不是对两个个体作出判断。

为了判断个体之间的差异，两个孩子必须具有相同的发展手段。这样，如果他们同岁，但不都能识别 64 种颜色，比如一个只识别出 30 种颜色，那么个体心理的真正差异就一目了然。在意大利一位实验心理学大学者建议一种测验方法，为了确定低常儿童（智力发育迟缓、智力低下）的智力水平，让他们在一系列立方体中挑选出最大和最小的。和几乎所有为此目的的测验一样，这种选择完全不受文化和教育的影响；可视为内心活动、自身智力的表现。但如果是用我的方法教育的智障学生接受测验的话，由于他受长期感觉练习的影响，他会挑出最大和最小的立方体，往往比心理学家从特殊学校选出的孩子表现更好，我的智障学生不仅年龄更小，而且智力发育更迟缓。由此可见，这种测验也测验不同教育方法，而因年龄或智力水平不同造成两人心理上的差异，事实上没有被揭示。

人是个性和教育的混合体，人在一生中取得的系列经验也称作教育。在个体那里二者密不可分：没有阅历的智力是一种抽象。这对所有生物体都适用：个体不能脱离环境，对心理生活更是如此，由于作为促进人心理发展的自我经验的手段的环境，是人的基本部分，也就是人类个体本身。但众所周知，心理个体并不是他的环境，而是个体内在生活。

给出公式：$P = X + E$

这里，X 是个体生命固有的内在部分，可以说每个个体都有自己的 X。但为了接近直接认识此部分，必须认识 P 和 E。

一个人进行测验或认为根据心理事实在做"心理测验"，实际上是在测验两个未知数的混合体，其中一个未知数脱离个体，从而导致研究结果无效。

因此，为了根据个别活动研究个体差异，比如对颜色、乐声、字母表的字母的感知，或观察环境及指出错误的能力，或协调运动和语言的能力等，必须首先确定一个恒量：环境提供的发展手段。

这里，教育学和心理学之间的简单、清晰的差异一目了然：教育学通过实验确定发展手段及尊重个体内在自由前提下运用这些手段的方式；心理学研究各类人或个体的平均反应或个别反应。但这二者是一个事实的两方面，即人的发展；个体和环境是同一产物——心理事实——的两个因素 X 和 E。

还有道德性质的个别心理研究，为具有严肃可靠性，就应当建立在长期观察之上，并在内心活动变得有序后；由于在混乱状态下很容易判断错误。在神经病学临床或在犯罪病理学中所说的，为达治疗目的"让患者处于被观察状态"，意味着先把他们置于一种既卫生、又有纪律的特殊环境，继而长期观察处于这种环境下的患者。当观察对象是处于发展中的正常个体时，这样做的价值更广泛、更重大。在这种情况下，不仅必须提供有序外在环境，而且还必须让儿童混沌的内心世界变得有序，这之后再对儿童进行长期观察。

以下，以对我校两名最有趣的学生的观察为例。他们是我主办最后一期国际培训班时进入教师培训学校的。

两个孩子的面貌
在教师培训班作为人类学观察对象期间

女教师学员喧闹起来：有的在观察，也有的在笑。在教室中间放置一个计步器。两个孩子的举止几乎相同。他们安静地坐在一旁，使用扣件框练习，那种教具是他们去相邻教室自发地挑选的。他们听到嘈杂声并不抬头，也没有和教师学员一起笑。他们的习惯是"工作和争分夺秒"。只用一个手势叫他们来测量，他们就奇迹般地服从，立即放下工作，面带微笑地走来，似乎受到吸引。显然，他们感到服从的快乐，由于一种内在魅力源于意识到能工作，源于听到更高召唤能放下喜欢的工作。他们自己准确地站在计步器上准备被测量，当需要他们身体姿势更好时，只要在他们耳边低声说一个词，就能调整到所需最佳姿势，其动作难以察觉。他们能够控制自己想做的运动，能够支配那些运动。他们能够把听到的指令转化为行动，为此他们能服从，这为他们结出一个富有魅力的内在成果。当测量完毕时，他们没有说这说那，等了一会儿，然后聪慧地巡视一眼并面带微笑，这似乎是他们的问候。他们知道怎样做，自发地返回原地，继续使用扣件框练习。过不久，还要他们测量，他们又重复一遍相同活动。

如果我们想到，他们那个年龄（约4岁半）的孩子若放任自流，就会四处乱跑，无意间碰倒东西，有人会成为他们任性的牺牲品，或有人要粗暴地制止他们捣乱。我们应当承认这两个小男孩达到内心完美，他们进入工作成为习惯、服从变成富有魅力成果的发展阶段。

人体测量学的测量表明：一名男孩O，被测的各项均正常（体重、身高、躯干长），另一名男孩A，所测各项均低于正常值。

下面是一位女教师对这两个男孩处于无序状态时行为举止的记录：

O：粗暴，捣乱鬼，不尊重同学，从不专心做事，只看他人做事，然后打断他们。带着嘲讽和玩世不恭的神色听教师讲课。他的父亲说，他在家粗暴、蛮横无理和难以管教。

A：平静。但有监视同学的怪癖，常向教师打同学的小报告——他认为错误或不妥的小动作。

这两个男孩的家境非常贫寒，O几乎被家庭所抛弃。

当他们通过工作变得遵守秩序后，女教师对他们能做出进一步判断：

O：在家里的所有粗暴行为只剩抢夺面包一项。他的父亲很穷，还对孩子漠不关心，常常不给孩子面包。孩子并不屈服，也不哭，而是使用所有能够采用的手段不懈地斗争，直至得到面包。女教师曾问过父亲：为什么不给他面包呢？父亲回答："因为他吃过后，还要。"

在学校，他总在同学之间乱跑，从一堂课跑到另一堂课，打扰他人，乱碰一切，因为他正在用相同手段获取其精神面包。

他是一个有强烈生存欲望的孩子，捍卫自己的生活成为其突出性格特征。

当他的生活有了保障，他不仅变得温和，而且其情感特别温柔和微妙。他就是那个孩子：在学会并完成工作时感到愉快，并亲切地看着周围的同学，还给他们送去飞吻。为此，女教师对他的评语是"工作与美德"，而对进入秩序阶段的其他孩子的评语是"工作"。

在学校未供应热餐时，孩子们从自己家里带午饭，真是千差万别；两三个家境好的孩子有肉、水果等，O就坐在其中一个孩子旁边。带的午餐摆放在餐桌上，O的盘子里只有一块通过斗争得来的面包，他看着旁边孩子用餐，仿佛在估计后者用餐时间，没有欲望的目光，相反，却非常庄重地慢慢咀嚼那块面包，以便不提前吃完，让人感到其他同学仍在吃，而他却没有东西可吃了。因此，他从容不迫地慢慢用餐。

这个孩子的自尊（战胜喉咙受到的诱惑），和自己生命基本需求感同时存在，受这种感受驱使，他不懈斗争以获取"必需"的东西。在他激动不已的脸上显露出亲切表情和不图回报的一片柔情，这是多么美好的情感啊！

给人留下深刻印象的是，这个被普遍认为营养不良的孩子，包括体重的各项人体测量数据均正常。他生活在贫困之中，并被家人抛弃，但他捍卫了自己。他身体的正常状况就得益于英勇不屈的努力。

A：这个孩子总是那么平静；他很快就进入积极、有序、自愿、完善的工作阶段。在普通学校他应属于品学兼优的好学生。他常常不带任何食物就来学校。他的美德有消极的一面，对他构成致命的危险：他长期营养不良却毫无反应；他广泛享用提供给他的心理生活手段，却不会掌握它们。在确立秩序之前和之后，他的美德保持相同性质；他既不激动也不思进取。他的人体测量各项数据都低于正常值，表明他已迈着牺牲者步伐走在人生道路上：他已进入"应由他人拯救"的人们的行列。

他明显的道德特征是"间谍活动"。女教师在观察他时指出，他不像其他孩子那样单纯工作，而是经常跑到她那里询问自己做得是否正确。这不仅涉及他用教具做练习，而且关乎他的所有道德性质的行为。他担心，仿佛想知道自己行为是好还是坏。然后，他小心翼翼，试图把事情做好。至于间谍活动，女教师指出他没有显露对同学的任何敌意；他注意观察他们，然后跑到她那儿说起他们就像在说自己：某人做了某事，是好还是坏？然后，他竭力避免其他孩子所做的"坏事"。

仿佛间谍活动的行为，其实是主导儿童意识的问题——好与坏的问题——的表现。他不多的生活经历不能令他满意，他想汲取所有其他人的经验，以便知道什么事情好、什么事情坏。仿佛他的本性就是做好事不做坏事，这似乎是他的唯一感觉，几乎变成他的唯一渴望。

这个孩子的情况令人想起一种颇为流行的偏见，说"那人太好无法生存"。孩子A似乎受到这一命运的召唤。身体的需要被遗忘，智力生活的需求也被漠视：美德成为他生命的唯一动力。于是，如果社会对这种状况没有觉察，没有对这类儿童的脆弱生命给予特殊保护的话，他们就会一步步走向死亡，像凝视天空的小天使那样夭折。

由马盖罗尼小姐观察的这两个孩子的情况，可以用带表面性的判断表达，这种判断在普通学校可能永远记录在册：粗暴和间谍。

如果我们把将粗暴和间谍翻译成英雄和天使，并能打动两个孩子（通过优秀女教师被理解）周围人们的心灵的东西称作科学的话，我们就可以断言："爱的判断是睿智的判断。"在判断中基督的仁慈彰显。

☆　☆　☆

因此，"心理事实"从一个原则出发，这个原则可以如此表达："儿童活着"，其余一切都源于此。

这一基本生命的事实表现为内在人性的极化：几乎是个结晶点，围绕它形成最终形态，只要存在同质的物质和不受干扰的环境。

最初事实是注意力高度集中地重复做一件工作。

因此，在我的"传记"中，我没有提供分析研究的冗长公式，而只提供一个"心理观察指南"，它以我试图说明的综合概念为基础。谁要没有开始应用这种观察方法，就不会受到指南的任何启示，因为它完全脱离今天与观察学生有关的心理学研究概念。然而，谁如果已经开始应用这种方法，无须任何说明就可理解它。

女教师们还有自己的语言，她们用这种语言相互交流，而不用日常语言，因为日常语言不适合在观念上准确表达她们看到的发展事实。这样，她们从不说：儿童在发展，或儿童在进步；孩子好或孩子坏，等等。她们使用的唯一术语是：儿童遵守秩序，或不遵守秩序。她们期待内在秩序；一切都取决于这一原则是否存在。

这让我们想到更深刻的"生长"概念。说一个生物生长，是非常表面的叙述，由于他确实在生长，但根据内在形成秩序的事实。

正如一个动物的胚胎形成时，它在生长；但谁要对其内部进行观察，就会为比外在"扩展"更神奇的现象所震惊。在胚胎内部发生细胞奇妙聚集的现象：一些细胞彼此重迭呈叶状，即构成肠；一些细胞分裂形成神经系统；一些细胞群分离出来，专门构成肝脏；这样，各个部分越来越有序，细胞的所有独特安排都有极其微妙的差异。其后，机体的功能也基于这种秩序确立的可能性。

至关重要的不是胚胎生长；而是建构秩序。机体由于秩序并伴随秩序才"生长"，同时才有生存的可能。即使一个胚胎在生长，但内在各部分没有很好建构秩序，它也没有生命力。这里，不仅存在内在冲力，而且存在生命的奥秘。让具有自身冲力的生命成为生物的基本条件，全都存在于建构的内在秩序。

现在，在《心理观察指南》中提及的所有现象，恰恰是儿童内心"秩序建构"。

心理观察指南

工作

注意儿童何时开始持之以恒地做一件工作。

做什么工作和持续多长时间（缓慢地完成或重复做相同练习）。

在从事各项工作时的个体差异。

在同一天，相继做哪些工作并且耐心如何。

儿童是否有一个自发工作时期；若有，持续多长时间。

进步的需要如何表现。

在他们进步过程中选择哪些工作并能持之以恒。

尽管环境中的刺激趋于分散其注意力，仍坚持工作。

如果被迫分散注意力后，能继续曾被中断的工作。

举止

注意儿童行为中的有序状态和无序状态。

他们的无秩序行为。

注意在工作现象发展过程中，是否发生行为举止的变化。

注意在建构行为秩序时是否存在：愉快危机，平静状态，亲切表情。

介入同学的发展。

服从

当被呼唤时，是否对要求作出回应。

注意是否、何时开始睿智并努力地介入他人的工作。

注意服从召唤的开始。

注意服从命令的开始。

注意儿童何时表现出自愿并愉快地服从。

注意服从的不同现象和其发展阶段的关系：

    a）和工作发展的关系；

    b）和行为举止变化的关系。

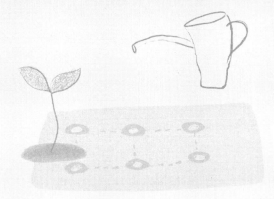

四　教师的准备

　　把儿童的心理生活的发展作为自然现象和实验反应进行观察的可能性，将活动中的学校本身变成某种研究人的心理的科学实验室。或许在不久的将来，学校将成为心理学家最佳实验场所。因此，尽可能完美地准备这样的学校，不仅要准备"教育儿童的最好方法"，而且要为更新科学准备材料。众所周知，今天，自然科学家的科学实验室里需要一个准备用于观察的材料的组织。譬如，为了观察简单细胞运动，需要一些凹形玻璃片用以盛渗出的水滴；需要准备浸泡活细胞的"新鲜溶液"，以便让细胞保持活力；还需要准备培养基等。为此，存在特殊职业，所谓"准备者"职业，他们不是教授的助手和帮手，而是一种职员，一度是高级仆人，后成为高级工人；今天，他们几乎全由大学毕业生充任。事实上，他们的任务非常微妙：他们应当具有生物学、物理学和化学知识，他们的文化准备越接近研究人员，科学发展就越迅速越有保障。

　　想想如下情况非常奇怪：在众多自然科学实验室里，只有"实验心理学"实验室认为能不要准备观察对象的组织。今天，若有人对一位心理学家说设立"准备者"职位，他会理解为"仪器"的准备者，并会几乎按物理实验室类型开始操作。

　　然而，他并没有深入理解实际应准备产生现象的生物。若只观察一个细胞、一个活着的微生物，自然科学家也需要"准备者"。当观察对象是人时，就更需要一个"准备者"！

小学内自我教育

心理学家们相信，他们选好一个词语用以激起"对象"的期待和注意力，并向"对象"说明如何行动以配合实验，这样就准备了"实验对象"。从而，任何人，包括偶然闯入实验室的陌生人，都符合实验的目的。最终，今天的心理学家的行为，就像一个捕捉飞翔蝴蝶的孩子，先观察一会儿，再让它飞一会儿；而不是像一位生物学家，他计划在科学实验室里组织准备工作。

相反，在我们实验中展现的心理发展图景尽管不够完整，但它表明向儿童展示发展手段时必须细致入微，尤其要尊重他们的自由，这是让心理现象被揭示并能成为真正"观察材料"的必要条件。所有这一切，需要一个特殊环境，需要准备富有实践经验的研究队伍，形成一个在复杂性和组织上比普通自然科学实验室更高级的整体。这样的实验室只能是按科学方法指导的最完美的学校，在这里教师类似于"大学毕业的准备者"。

当然，不是所有学校都具有如此崇高的科学理想。但确定无疑的是，各个学校和各位教师都应当沿着实验科学道路前进。儿童心灵的拯救以生活手段和生活自由为基础。这应当成为新一代受到承认的另一种"生存权利"，并应当作为哲学和社会的概念代替今天的"教育义务"，因为后者对国家经济和后代力量都是负担。如果儿童的心理现象在普通学校不能用以充实心理学，那么它们将自消自灭，正如自然美自消自灭一样。

无疑，诞生新学校不应为一门科学服务，而应为活着的人类服务。女教师能用双眼静观众多生命的发展，她们感到欣慰，她们没有让生命参与科学，只让它们封闭在神圣利己主义中，以提高其精神，正如每次都同心灵亲密接触一样。

毫无疑问，应用这种教育方法，应当重新准备教师，教育者的人格及其社会重要性都应当改变。

从最早的组织不力的实验至今，这种新型教师的形象越来越清晰：她不再滔滔不绝，而应学会沉默；她不是授课，而是观察；她没有师道尊严、确信永远正确，而是谦虚谨慎、甘当小学生。

☆　☆　☆

当实证科学进入世界时，大学教授也经历了相同改变。过去教授和今天教授有何差异？过去尊贵的教授身着装饰貂皮的长袍，居高临下地坐在如同国王宝座的讲坛上，他们的话具有权威性，大学生不仅应当相信，而且还要 in verba magistri① 宣誓。相反，今天的教授让学生在高处，自己在低处，以便让学生看清；只有教授站在不铺地毯的地板上，而学生全都坐着；教授穿着灰色布料的衬衣，就像个工人。

大学生们知道，当他们能够"确证"教授所讲内容的真伪，他们就实现了极大的进步；或更进一步，能够继续推动科学发展，那么他们的名字也会列入科学的贡献者或新真理的发现者的名单中。

在这样的新学校，没有师道尊严和森严等级，因此到处是观察应当产生的化学、物理或自然现象的兴趣的浓厚氛围；在这种兴趣面前，其余一切都消逝。就是教室也要按这一目的安排：如果现象需要光，教室内四壁要全装上玻璃；如果需要不透光，那么就把教室装上红布和黑布两层窗帘，拉上窗帘就像个暗室。至关重要的是产生现象：无论是臭味还是香味；无论是电火花还是盖斯勒②管的彩色光；无论是赫尔姆霍兹③的共振器的共鸣还是在震动金属板上尘埃微粒的分布；无论是一片叶子的形状还是一只青蛙的肌肉收缩；无论是研究眼睛的盲点还是心脏跳动的节律；一切千差万别，一切都没有遗漏。渴望和执着的探索者在探索真理。这是新一代对科学的要求。他们不要求教授有演讲艺术、优雅的动作，使枯燥课程变得轻松的诙谐妙语，认真推敲的精彩结束语，即在过去吸引他们注意力的独特艺术的所有要素。现在，不是注意力而是激情更让青年生

---

① 拉丁语，含义是"用教师的话"。

② 盖斯勒（H.W.Geissler, 1815—1879），德国吹玻璃工人。以他的名字命名的盖斯勒管中贮稀薄气体，通电后发光。

③ 赫尔姆霍兹（H.von Helmholtz, 1821—1894），德国物理学家、生理学家，能量守恒定律的发现者。

机勃勃，他们走出大学大教室往往不评论教授的音容笑貌。

这并不是说大学生对教授缺乏尊重和热爱。而是说大学生内心深处感到对伟大科学家和为人类造福者的敬仰，后者既朴素又谦和地站在面前，这种敬仰和以前对着长袍、戴假发的教授的有点儿滑稽的敬畏截然不同。

今天，学校和教师的改革也应当沿这条路走。

当一个基本事实——自然现象——在学校里成为一切的中心，学校就跟上科学的脚步。于是，教师就应当具有科学所需的那些"素质"。

在献身科学的人们中，存在着独立于学科内容的"特征"，无论是物理学家、化学家，还是天文学家、植物学家、动物学家，尽管各门学科内容截然不同，但他们都是实证科学研究者；他们具有和旧时代形而上学家完全不同的特征。这些特征不仅涉及科学内容，而且和科学方法有关。因此，教育学如果想进入科学行列，必须使教育方法具有自己的特征，不应通过内容，而应通过方法，为教师做准备。

最终，教师不仅在文化上突出，更要在品质上出类拔萃。

教师最基本的品质是会"观察"，这一品质至关重要，因为实证科学也被称作"观察的科学"，由于实验与观察相结合，也可改称"实验科学"。显然，为了观察，仅有感觉和知识是不够的，观察是必须通过练习来发展的一种能力。我们若想让一个门外汉用望远镜观察一个星球细部，或用显微镜观察一个细胞的结构，尽管我们费九牛二虎之力说明"应当看"什么，他仍然什么也看不见。那些确信德弗里斯[①]的伟大发现的人们，到他的实验室去看月苋草属不同植物的变化，他往往徒劳无益地解释那些细微却本质的差异，刚刚发芽的植物中间将出现新种。众所周知，为了向公众说明一个新发现，必须提供粗略事实；公众根本不能理解那些细节，而那些细节恰恰是发现的真正本质。因为公众不会观察。

想要观察必须要有"主动性"。这是真正地走上科学之路。因为，假若现象未被看到，就如同它们不存在。相反，科学家的心灵是对观察对象怀有强烈兴趣。谁业已开始观察，就开始有着浓厚兴趣，这种兴趣

---

① 德弗里斯（De Vries，1848—1935），荷兰植物学家和遗传学家。

是创造科学家精神的动力。正如儿童的内在秩序是结晶点，所有心理形态都围绕它形成；同样，对教师来说，对观察现象的兴趣是中心，围绕它形成其整个新人格。

观察的品质包含某些较小品质，比如耐心。和科学家相比，门外汉不仅显得像个盲人，用肉眼看不见，而且借助透镜仍于事无补：他显现出是个没有耐心的人。

天文学家若没有把望远镜对准焦距的话，门外汉不可能等待他对好；当科学家为此目的工作时，他甚至没有发觉是在做一件漫长并需要耐心的工作，而门外汉却如热锅上的蚂蚁坐立不安，焦急地思忖："我在这儿做什么？我不能白白浪费时间。"当使用显微镜的专家等待外行的公众参观，他们会把一长排显微镜对准焦距，因为他们知道参观者想要"立即"并"迅速"地看见，希望看见"许多东西"。

我们可以很好地想象，一位对实验室工作做出贡献的科学家，他兼任各大学客座教授，享有尊严和声誉，还担任其他各种职务，他热情地为一位女士效劳，让她看显微镜下的细胞组织。他会严肃、从容地做如下事情，仿佛世上最自然不过的事：从密封在石蜡内的一片组织上切下一个极薄的剖面；认真清洗载物玻璃片和覆盖玻璃片；再擦净显微镜片，对好焦距以观察，准备讲解。无疑，在这段时间内，这位女士一千次地想要说："请原谅，教授，但，真的……我有事……我很忙……"其后，她观察时什么也未看见，她苦涩地抱怨："我浪费了多少时间！"其实，她无所事事，都在虚度光阴。缺少的不是时间，而是耐心。缺乏耐心的人不会认识事物的价值，只重视自己的冲动和满足。"时间"只根据自己的努力计算。令人满意的东西可能完全虚空、有负面价值，但这无关紧要，价值在于令人满意，如果令人满意，就没有浪费时间。然而，神经的紧张，瞬间对自己的抑制，一段没有立即结果的等待，所有这些都不可容忍，并给人以"浪费时间"的印象。一句民间谚语说："徒劳的等待夺人性命"。这些没有耐心的人们，就像总忙忙碌碌的人们那样，当需要做些事时，却逃之夭夭了。

恰恰真正的教育要战胜这种状态；我们必须把握并超越自己，才能和外部世界联系起来，并重视其价值。没有这种准备，就不可能重视科学从中得出结论的微小事物。

学会正确地关注一件表面上目标微小的工作，这恰恰是想在科学上前进的人们的基点。让我们看看，一位物理学家为使仪器保持水平做了些什么：他非常耐心地拧上一颗螺丝，又拧上一颗螺丝，他很长时间试了又试，为什么？他要保证仪器放置在绝对水平方向。硬金属比较尺安装后，他还要精心确保温度的波动不影响其长度发生无限小的变化，因为它是用于测量的比较尺度。然而，他做的事多么微不足道啊！保持一个尺度。当一位伟大化学家想要找到一种物质能产生反应的最小量，像个少年摆弄小玻璃瓶：他拿起长颈瓶，装上要研究的那种物质，再把它倒空，接着装满水，观察是否反应：发生了反应；于是，再倒空长颈瓶，重新装上水，观察是否仍有反应。这样，他确定了能产生反应的那种物质溶液的浓度。在这种情况下，最小量至关重要。为了找到这种难以察觉的、容易忽视的最小量，伟大人物像个少年那样行事。

这种谦逊态度属于耐心的要素。在所有场合科学家都是谦和的。从外在事实看，他能走下讲坛宝座而站立在小桌旁工作；他能脱下教授长袍而穿上工人的工作服；他能放下宣布权威的、无可辩驳真理的师道尊严，和学生一起探索真理并邀请他们确证真理，旨在让他们不仅学习一种学说，而且受到真理的激励而积极活动；从实验室里看，他全神贯注地做了全部工作。他认为，没有任何事物不值得他全力以赴地投入，聚精会神地观察，占有他全部时间。即使他享有众多社会荣誉，他仍然保持谦虚谨慎的态度。对他来说，谦逊是唯一真正的荣誉，是他伟大的实际源泉。一个微生物，一点儿分泌物，任何微不足道的东西，都会吸引科学家研究，即使他是一位参议员或一位政府部长。辛辛纳图斯的榜样也无法和现代科学家相比。[①] 还因为这些劳动者的功绩远超过辛辛纳图

---

① 辛辛纳图斯（Cincinnato，生于约公元前519，卒年不详），罗马政治家。根据历史传说，公元前458年，他被罗马居民推举为独裁官，让他去援救被敌军围困于阿尔基多斯山上的、由一位执政官率领的军队。他接到此项命令时，还在自己的小农庄上耕作。据说他一天之内打败了敌军，在罗马举行了凯旋式。危机刚一解除，他就解甲归田。

斯，他们把荣耀和安全带给人类。

然而，科学家最伟大的谦逊形式，不仅是在外在表现上的忘我，而且恰恰在内在精神上：诸如钟爱理想，意识中萌发的信念。面对真理，科学家没有任何偏见，时刻准备否定自己以前确信、却与真理相悖的东西。这样，他一步一步地，纠正错误实现净化，让自己的头脑永远保持清醒、永远纯净、朴实，如同其最高追求的真理。

或许不是由于这些原因，今天一位儿科医生的社会尊严和权威远远超过一位学校教师。即使儿科医生仅仅在儿童的患病身体排泄物中探寻病因，而教师却让他们的心灵充满错误。

然而，如果教师在儿童的心灵中探寻真理，那么将会怎样呢？其尊严无与伦比！但为了将自己提升到此高度，必须从谦逊、忘我、耐心开始；一定要摧毁基于虚荣心的傲慢。这之后，她还将具有科学家的精神，她可以对民众说：你们在其他真正科学中看到什么？你们或许看到风中芦苇？身着华美、舒适服装的人们？没有，你们看见了先知，而我不仅仅是先知，我是在沙漠中大声疾呼的人：你们铺平上帝的道路。

☆　☆　☆

教师胜过其他科学家。由于科学家永远处于研究对象之外：电能、化学能、微生物的生命、星球，它们千差万别并远离科学家。但教师的研究对象是人本身：她从儿童心理表现中获取的东西远不止对现象的兴趣，她获取的是自己的揭示，她的情感在和类似自己心灵的其他心灵接触时无比激动。她研究的整个生命，在自己身上就可把握，而不是生命的部分。于是，仅限于为实现（预先确定的）外在目的，在科学家身上出现的耐心美德，诸如谦逊和耐心，在这里可以充满整个心灵。于是，不再是"科学家的耐心"或"科学家的谦和"，而是人类的崇高美德。

科学家精神的弘扬几乎被局限于一根试管，正如透过望远镜圆筒的阳光，现在可以像太阳的光芒撒满地平线。那些所谓的美德是获得真理的必然道路和存在方式，但科学家的欢乐根据获得的不同真理而截然不同：关于物理力的或原生物的真理，还是关乎人的心灵的真理。那个唯一名称似乎不能适应两种形式。人们立即理解，和教师相比，科学家似乎是某种受局限和枯燥无味的职业。虽然科学家精神高尚，正如人类精神崇高，但其范围仅限于自然蛮力或低级生命。

只有当研究对象和学者融为一体时，人类的精神生活才能和科学家的美德融合。于是，科学才能成为智慧的源泉，真正实证科学才能和真正贤哲科学相结合。在科学家美德和贤哲美德之间存在一种一致的实际机制：科学家依靠谦逊和耐心来接触物质本性；贤哲依靠谦逊和耐心来接触万物的精神本性，因此主要是和人的精神本性接触。科学家的美德仅限于和物质的接触；而贤哲的美德更丰富，其牺牲和欢乐是无限的。科学家仅是其观察领域的预言家；而贤哲是精神的预言家，但能比其他人更清晰地洞察世界万物及其规律，并赋予它们精神价值。

现代科学家知道，每种生物都是非凡的，最简单、最原始的生物，最容易揭示自然规律；其后，这些自然规律有助于解释更复杂的生物。就是圣方济各①也知道这点："靠近点儿，哦，姐妹！"他对靠近他陋室窗户的一棵无花果树上歌唱的蝉说道，"在微小的被造物中彰显造物主的力量和德行"。

任何微小的事物都值得科学家细致入微地观察；他计算一个昆虫爪上的关节数量，并知道其易碎翅膀的纹理；在那里他能发现有趣的细节，而一般人却不屑一顾。圣方济各也观察这些细节，但他从中感到精神上的愉悦，并吟诵一首赞美诗："谁？是谁给我轻捷的小脚配上坚固却灵活的骨骼，让我能从树叉间、树枝间跳来跳去？是谁给予我水晶般的眼睛，它们转动自如，巡视前后左右，监视着我的死敌——贪婪的鸢、黑乌鸦、贪吃的母鹅？他给我翅膀，仿佛金、绿、蓝丝线织成的软缎，反射出天空的蔚蓝和花木的五彩缤纷。"

---

① 圣方济各（San Francesco，1181—1226），天主教托钵修会方济各会创始人。1205年放弃财产和家庭，到阿西西城外苏巴奥山林过清贫生活，进行隐修，其"清贫福音"影响深远。

教师的洞察力应当集科学家的精准和贤哲的精神于一身。科学性的准备和神圣性的准备应当共同塑造新心灵，因为教师的素质应兼具实证性、科学性和精神性。

教师要具有实证性和科学性，因为有一个精确任务要完成；她要认真细致地观察，从而和真理发生直接关系；她必须丢掉所有幻想，所有虚无缥缈的东西：准确无误地区分开真与假。她恰恰要像科学家那样，重视物质的任何微小粒子、所有生命的最初、萌芽形式，但要消除视觉错误，剔除所有在探寻真理时出现的混乱、杂质和无关实体。为了具有这样的素质，必须进行长期练习，并在生物科学指导下广泛观察生活。

教师要具有精神性，因为她的素质应当运用于人，因为她观察的特殊对象的特征是精神性。

因此，我凭借科学教导的所有帮助，先让教师观察生物的最简单形式；我培养出一批使用显微镜的专家；我先让教师在植物生理学范围内种植和观察各种植物；我让教师成为昆虫的观察者，我让教师深入研究生物一般规律。然而，我不仅仅让教师掌握理论，而且要求她们自己实践，在实验室里、到大自然中自由驰骋。

"身体儿童"不应当排除在这种复杂的观察之外。相反，对高级任务的最直接、即刻的准备，应当认识儿童从出生到心理生活易受影响（开始心理组织）的年龄段的身体需求。为此，我不仅讲授解剖学、生理学和卫生学的理论课，而且要求教师到儿童中间"实践"，旨在直接追踪儿童的成长，并预见儿童的所有身体需求。由此可见，教师应当根据生物科学方法自己准备，如同学习自然科学和医学的大学生那样，在深入研究关乎一生的独特问题前，在实验室里做最初的实验，以率真和客观的态度亮相。即使我们大学中的那些年轻人，注定要研究博大精深的科学，但他们首先应感到心平气和地准备一个纤毛虫或玫瑰花柄切片，在显微镜下观察时，奇异发现令他们激动不已，唤醒了意识，并吸引他们热情满怀地探索生命的奥秘。同样，迄今我们大家惯于在学校阅读那些沉闷、枯燥的书籍，现在感到自然之书在我们精神面前打开，它有无穷无尽的创造性和奇迹般的内容，并回应我们潜在的、未被理解的渴望。

新型教师的教程也应当是这样的书。这种初级教本有助于培养胜任指导儿童生活使命的教师。

这样准备，会在教师的意识中产生一种人生观，它能促使她"天天向上"，激励她开展一种特殊"活动"，并拥有让她巧妙履行使命的"素质"。她应当成为一种天意的"力量"，一种母性的"力量"。

但所有这一切只是"准备"的一部分。教师不应当这样在生命门前止步，如同那些科学家，他们注定要观察植物和动物，为此他们满足于形态学和生理学能够提供的内容。教师的任务也不像儿科医生，后者止步于"其功能变质的身体"，并满足于病理学。教师应当承认那些科学的方法有局限。当她唱着她的"圣歌"一步步走在生活殿堂的台阶上，那些台阶把她引导到精神神龛，她应当抬头仰望，感到自己是宏伟科学殿堂的众多崇拜者的祭司。

教师的活动天地应当更广阔更伟大：她要去观察"人的内心生活"。仅限于生物奇异性的枯燥领域不能令她满意：人类历史和哲学、宗教的所有精神成果是她不可或缺的精神食粮。艺术、爱情、神圣性的崇高表现是那种生活的独特表现形式，那种生活不仅需要去观察，而且有益于并且就是"自己的生活"；因此不是外在的、冷漠的、乏味的东西；而是她和所有人共有的内在生活，即人类唯一、真正、实际的生活。

科学实验室，也就是教师开始"观察内在生活现象"的自然场所，应当是新型学校。在那里，儿童靠发展教具的帮助，自由自在地活动。当她兴致勃勃地"洞察"儿童的精神现象时，她感受到一种恬静的快乐，观察那些现象的愿望永不满足，她就应当感到"业已出道"。

那时，她开始成为"教师"。

五 环 境

　　除了教师，学校的环境也应当改变。把"发展的教具"引进普通学校并不能导致"整个"外在改革。学校应当成为儿童自由生活的场所。儿童的自由不仅限于内在成长内心的、精神的自由。儿童的整个生物体，从生长生理学部分到机体活动，都应找到"最佳发展条件"。所有这些都包括在生理卫生学为帮助儿童生活而发现的内容。没有任何地方比这类学校更适合进行和普及儿童服装的改革，改革后的服装应当满足各种不同需要，比如整洁，简约并便于各种运动，恰当包装能让他们自己穿。没有任何地方比这里更适合实施和普及有关饮食营养的儿童卫生学。这是一项社会革新事业，它让公众相信采取这些措施可节省资金，向公众证明优雅得体并不多花钱，相反要求简约、朴素、精打细算，因此和所有浪费钱财、表面光鲜、多余累赘的东西不相容。

　　这些原则尤其适用于"儿童之家"，就像我们实验初期在学生父母居住的"经济公寓"里办的学校。

　　一所自由学校的房间应有特殊要求：这里，心理卫生学要产生影响，就像生理卫生学已经产生的影响那样。事实上，按生理卫生学标准，今天的学校修建的教室更大，因为环境空间根据呼吸空气生理需求运用"求体积法"计算出的。根据相同标准，增加了厕所和洗澡间的数量；为此，那里还应装可用水清洗的水泥地板、护壁板；还根据卫生学标准，在学校安装暖气设备，往往提供便餐，花园或宽阔的阳台已被视为保障儿童身体健康不可或缺的条件。宽大的窗户打开迎接充足的阳光，体育馆有宽敞的空间和各种各样、复杂并昂贵的设备及器材。最后，最复杂的是课桌，有时是真正铁质或木质的器械，带有搁脚板，座位和桌面可自动旋转，以避免儿童过多运动或固定不动造成畸形，这种"学校卫生学"的虚假原则造成经济上的灾难。在现代学校，服装和床单等物品的洁白一致，每件物品的可清洗性，表明一个时代的胜利，在这个时代防御细菌仿佛是保护人类生命的唯一关键。

今天，心理卫生学要进入学校大门，想要实施其新标准，在经济上不会比生理卫生学取得初步胜利的花费更多。

虽然它要求教室扩大，但与儿童呼吸无关，因为暖气设备允许开窗，从而不用按"求体积法"进行计算；而要求教室扩大，只和让儿童自由"活动"有关。然而，由于儿童不在教室里散步，那么，只要保证他们在桌椅之间自由活动，适当扩大空间就足矣。如果想要达到"理想"境地，可以说"心理"教室空间应当是"生理"教室的两倍。如果一个大厅的一半多地板空无一物，我们都感到轻松、舒畅；仿佛大厅提供的自由活动的可能性令我们欣慰。这种愉快的感觉比在一间不大不小、摆放家具的房间"尚可呼吸"的感受深刻得多。

的确，少摆放家具是卫生学中复杂的标准：这里，生理卫生学和心理卫生学是统一的。在我们学校，我们建议使用"轻便"家具；因此，这种家具既十分简单又特别经济。如果家具可清洗更好，主要因为儿童"将学习清洗家具"，这是一种既愉快又具有很大教育意义的练习。但家具至关重要的是尽可能"美和艺术"。在此种情况下，美并非"表面浮华"，而是与最大简约性相结合的线条和色彩的优雅及和谐，而简约性是家具的"轻巧性"所要求的。这样的家具，就像现代儿童服装一样，和旧时代相比，更"高雅"、更经济、更简约。

为纪念卡尔洛·奎里埃里·贡扎加侯爵（marchese Carlo Guerrieri Gonzaga），在帕利达诺（Palidano）开办的乡村"儿童之家"里，我们开始研究"艺术"装饰。众所周知，在意大利的每个角落都藏有当地艺术瑰宝，没有一个省在古代不存在优雅、舒适的东西，并且伴随其实用性和艺术性口传下来。今天，在当今"卫生"、粗笨、单调的时尚暴政统治下，几乎所有瑰宝在不断散失，甚至关于它们的记忆都被窒息。由此可见，马利亚·马拉伊妮（Maria Maraini）的计划是天才计划，她对古代乡土艺术做细致入微的研究，在生产"儿童之家"家具时使这种艺术复兴：桌椅、陶瓷餐具柜的形状和颜色，织物的图案，各具特色的装饰花样，都符合古代乡村家庭的风格。这种乡村艺术的复兴，导致重新使用我国最贫穷时代的穷人用具，同时也展示了勤俭节约的风尚。如果制造出如此简单、优雅的家具代替学校的课桌，它们将向我们表明，如何能从丑变美，一定要去掉那些多余材料；因为美并非材料所致，而是灵感的结果。由此可见，我们应当期待这种改革，不是源于物质财富，而是源于精神完美。

如果有一天，意大利各省的乡村艺术都得到类似研究，我们会欣赏各自的独特艺术传统，将会出现能实际应用并提高趣味和移风易俗的"装饰类型"。它们可能引起一种"教育时尚"在世界上诞生，由于一个古老民族对其文明的世俗艺术感，现代人的新生活会从中受到启示，他们似乎被着魔的生理卫生学压得喘不过气来，也就是他们只被同疾病的绝望斗争所激励。

艺术的人性化，会让那些惯于想到死的人们从丑恶和黑暗中解救。事实上，今天，"卫生所"及其可清洗的洁白家具和无装饰的四壁，看起来像一所医院；甚至学校仿佛墓园，那一排排课桌像黑色灵柩台，只因为它们必须漆成墨水色，从而掩饰人们认为"必然"出现的"污迹"，正如人们认为在世界上某些邪恶和罪行必然存在一样；相反，没有人想到要避免！学校教室里全是黑色课桌，光秃秃的墙壁一片灰色，比太平间都简陋。这样的布置，会造成儿童精神营养不良、饿不择食，直至"接受"教师给予他们的难以消化的知识食粮。换言之，从环境中把所有引起分心的东西都去除；这样，教师凭借其演说艺术并靠苦思冥想各种办法的帮助，才让难以抓住的学生注意力集中在他身上。相反，精神学校只对经济加以限制，对环境的美没有限制。其实，只要儿童全神贯注地投入工作，任何装饰都不可能让他们分心；相反，美能让头脑集中，还能让疲劳的头脑得到休息。事实上，教堂——最典型的内心生活的"集中"和休息的场所，要求最有灵感的天才把所有的美聚集一堂。

自然，这话显得有些奇怪，但我们若想到科学的原则，就可以说最适合人生活的地方是一个艺术场所。因此，如果学校希望成为"观察人类生活的实验室"，就应当让美的东西在学校"扎根"。就像一个细菌学实验室，应当配备培养细菌的炉子和营养土壤。

儿童的家具、桌椅和用具应当"轻巧"，不仅让儿童双臂搬动容易，还由于它们易碎而具有教育功能。根据相同的标准，我们给儿童提供瓷盘、玻璃杯、易碎小摆设。事实上，这些物品是儿童粗鲁、错误、"缺少教育"动作的告发者。这样，儿童被引导自己纠错，从而练习不碰撞、不弄倒、不摔坏东西，让自己的动作越来越沉稳，并逐渐成为那些用具的主人和完美的领导者。以相同方式，儿童惯于尽一切可能不弄污物品，它们是那么美和可爱，使儿童的环境充满欢乐气氛。这样，儿童在自我完善中不断进步；或换言之，他们这样完美地协调自愿的动作。以同样的方法，让儿童体味恬静和音乐的乐趣；他们尽力不产生不和谐音，现在他们受到教育的耳朵已经厌恶那些噪音。

相反，当儿童在普通学校一百次地故意碰撞铁质课桌（搬运工的双臂都难以搬动）；在黑色课桌上洒下上千个墨水污迹；让铁盘百次落地而从不碎；他们就深陷错误的泥沼却毫无察觉，而外部环境用以"掩盖错误"，因此使用靡菲斯特①的虚伪伎俩鼓励他们犯错。

自由运动

儿童需要"活动"，现在已成为大家普遍接受的卫生原则。甚至，当谈及"自由的儿童"时，主要包含"自由活动"的概念，也就是说自由地跑跑跳跳。现在，没有一位母亲会拒绝儿科医生的建议：让孩子到花园里、草地上，在户外自由地活动。

---

① 靡菲斯特（Mefistofe），欧洲中世纪浮士德传说中的魔鬼。

当人们谈到学校儿童的自由时，立即想到那个生理卫生学的概念。我们想象自由的儿童玩命地跳到课桌上，或在屋里疯跑并撞上墙壁。仿佛儿童的"活动自由"应包含"大空间"观念，从而认为儿童禁闭在房间狭小空间里，必然引发暴力和障碍之间的斗争，混乱无序和正确及工作水火不相容。

但按"心理卫生学"标准，"活动自由"并不局限于"身体运动的自由"这如此原始的概念。事实上，我们可以用小狗小猫来比照儿童：小狗小猫应当自由自在地跑跑跳跳，它们能够这样做，正如它们往往这样做，在公园里或在草地上，和孩子们一起并像孩子们一样。但如果我们想用相同的运动自由概念来指导鸟儿的生活，我们要为鸟儿做些事情；我们竭力在鸟笼中放置树枝或横杆供鸟儿的爪子抓，它们不是铺开供爬行动物在地上行走那样，而是环绕一个连杆，适合鸟儿跳动。我们知道只让鸟儿在广阔无垠的平原上"自由活动"，那只鸟儿太不幸了。

我们怎么从未想到，为了让爬行动物和鸟儿"自由活动"，应当为爬行动物和鸟儿准备截然不同的环境；那么，我们把儿童和猫狗的自由形式视同一律难道不是大错特错吗？即使儿童自己，若放任自流让他们活动，他们往往显出不耐烦，很容易抗议、哭泣；孩子若大一点儿，就要发明点儿东西，从而隐藏无法忍受的厌烦和屈辱：做那些为走而走、为跑而跑的练习。大些的孩子不断探寻这一切的目的；小些的孩子则"任性胡闹"。因此，让儿童放任自流地活动，很难成功实现崇高目的；只是有利于一般营养的吸收，也就是益于身体生长，但对发展无任何帮助。儿童做"粗野"动作，他们胡蹦乱跳，走路摇摇晃晃，极易跌倒，让物品发出噪音。显而易见，儿童不像自由的小猫，动作那样优雅，富有魅力，在跑动和轻捷跳跃中趋向完善运动，这是自然赋予它的本能。在儿童的运动本能中，可以说不存在优雅，也没有完善动作的自然动力。或许可以得出结论：对小猫而言已足够的运动，对儿童则根本不够。如果儿童本性和小猫的不同，那么自由的形式也应当不同。

如果儿童在运动中没有"智力目的"，就会缺乏向导；于是，运动就会使其疲劳。许多人被迫去做"没有目的的运动"，他们感到空虚，甚至可怕。为惩罚奴隶而发明的残酷刑罚之一，是让他们在地上挖深坑，然后再让他们重新填平，连续地这样做，也就是让他们做无目的的工作。

对疲劳所做实验表明，带有智力目的的劳动，比不带智力目的的等量劳动疲劳程度低得多。以致，今天的精神病学，建议不用"户外活动"而用"户外劳动"，来治疗神经衰弱症病人。

一种"促使复原"的劳动，不是"智力努力"的结果，而是心理肌肉组织协调的诱因。这种劳动不是制造物品的劳动，而可以说是保持物品的劳动，诸如：给小桌清除灰尘或擦洗洁净、扫地、布置或收拾餐桌、给皮鞋打油，折叠地毯。这都是些仆人为保存其主人物品所做的活儿；和工人的劳动相距甚远，因为后者的劳动需要智力努力，并且生产出那些物品。这是两种性质截然不同的劳动。前种劳动是简单劳动，是一种协调活动，仅比散步或跳跃所需活动高出一点儿的活动，因为只简单地给予那些简单运动一个目的。相反，"生产性"劳动需要前期智力准备工作，包括一系列非常复杂动作的协调，需要进行多种感觉练习。

前种工作适合于年幼儿童，他们应当"活动以学习协调自己的动作"。

所谓实际生活练习构成这种工作，这些练习符合"运动自由"的心理原则。只要准备一个"适合的环境"就足矣，就像在鸟笼中准备下树枝，然后让儿童自由地发挥活动和模仿的本能。周围的设施和物品应和儿童的身体及力量成比例：他们可以移动的轻巧家具，手臂可以够到的低矮橱柜，容易锁上和打开的锁，推拉流畅的抽屉，易于开关的轻便门，墙上伸手可及的挂衣架，小手可以握住的刷子，可放在手心里的小香皂，用其微薄之力可倾水的小脸盆，光滑、轻巧的短柄扫帚，容易穿、脱的衣服，这些就是激励儿童自发活动的环境。在这样的环境里，儿童不知疲倦地逐步完善其动作，并掌握人活动的优雅及灵巧，就像小猫仅靠本能的指引，掌握优雅和灵活的动作一样。

这是为儿童自由活动而开辟的场所，有助于儿童像人那样活动和成才。儿童从那些练习中，获取的不是运动本身，而是形成其复杂个性的强大协同因素。孩子的社会情感在与其他自由活动的孩子的关系中形成，后者是适合保护和帮助他们成长的某种家务的合作者；儿童的尊严感源于在他们保护并驾驭的环境中学会充实自己；所有这些都是伴随"自由运动"的人类协同因素。儿童意识到自己个性的发展路径，这是他们持之以恒地投入那些工作、孜孜不倦地练习、完成后极度愉快的动因。毫无疑问，在这种环境中，儿童塑造自己并强化其内心生活，正如其身体沐浴在新鲜空气中，四肢在绿色草地上活动，会使其身体组织发育成长并日益强壮。

六　注　意　力

　　当我们把儿童置于内在成长的环境中，我们期待的现象是：他突然将注意力集中于某个教具，并按此教具设定的目的使用它，还无数次地重复做相同练习。有的孩子重复做 20 次，有的重复做 40 次，有的重复做 100 次；这是我们期待的第一个现象，它是那些与内在成长有关的行为的开端。

　　显然，一种原始的、内在冲动，促使儿童表现出这种活动现象，它几乎是一种内心饥渴的模糊感觉；其后，正是为满足这种饥渴的冲动，引导其意识趋向那个确定对象，并逐步引导儿童反复做一种原始却复杂的智力练习，在练习时需要比较、判断、决定行动和纠正错误。当儿童专心致志地用立体插件教具做练习时，他们把 10 个圆柱体在插座的各自插孔插入并拔出，连续练习 30 次或 40 次；如果犯有错误，就会出现问题，他们就着手解决，从而兴趣越来越浓厚，他们就更愿意继续练习；这样，他们就延长促进内在发展的心理活动复杂练习的时间。

　　可能由于内心感觉到这种发展，练习才变得有趣和愉快，相同工作才得以持续进行。正如为了解渴，仅仅看见水或只喝一口是不够的，而要喝个够，恰恰达到机体所需要的水量；同样，为了解除心理饥渴，"飞快地看一眼教具"是不够的，或"听他人描述"就更不够；必须拥有它们、并长期使用它们，而时间长短取决于内在生活的需求。

　　这一事实作为全部心理建构的基础，是教育的唯一秘诀。外在教具是精神进行训练的健身房；这样的"内在"练习本身最初就是行动的目的。于是，立体插件教具的目的不是让儿童掌握物体规模大小的知识，平面插件教具的目的不是让他们掌握形状的概念，这些教具的目的，正如所有其他教具的目的一样，让儿童自发训练自己的活动。这样，发生的必然结果是：儿童获得清晰的认识，并且记忆认识的牢固和注意力的集中及强度有关。恰恰是对规模大小、形状、颜色等的感觉认识，使得类似练习在一个日益广泛和更高领域中可能继续进行。

迄今为止所有心理学家都赞成如下说法：注意力不集中是三四岁幼童的性格特征。他们容易受到所有东西吸引，总从一物转向另一物，从而不会只关注一物。一般说来，儿童难以集中注意力，构成对他们进行教育的障碍。威廉·詹姆斯① 说："我们都认清所有儿童注意力的极端波动性，这种波动性使得我们给他们上第一堂课非常困难"；"注意力的反射性和被动性，使得儿童似乎不属于自身，而是属于偶然吸引他们的任何东西，这是教育工作者应当努力取胜的第一战役"；"继续恢复趋向消逝的飘忽不定注意力的能力，确实是判断、性格和意志的根基，能够提高并完善这种能力的教育，是最杰出的教育"。(詹姆斯:《心理学原理》)

由此可见，一个人若随意行动，从来不能集中那种探寻注意力，总要从一物转向另一物。

事实上，在我们的实验中，幼童的注意力并不是靠一个"导师"人为地保持，而是靠一"物"吸引并保持其注意力的，此物仿佛符合某种内在冲动。显然，儿童对其发展不可或缺的东西产生冲动。在类似情况下，一个新生儿吸吮乳汁时完成复杂却协调的运动，是受首要的、无意识的营养需求制约的，并非实现某种目的、有意识的、确定的活动。

新生儿的口腔运动，不可能成为实现某个目的、有意识的、确定的活动，正如儿童精神的最初运动一样。

---

① 威廉·詹姆斯 (W.James，1842—1910)，美国心理学家、哲学家。

由此可见，首先应当出现的外在刺激恰恰是精神的乳房和乳汁，只有这时才会产生那种奇异现象：孩子的小脸显露出注意力高度集中。

这是一个 3 岁男孩，他可以连续 50 次重复相同练习；许多人在他身旁走动，有人在弹钢琴，有些孩子在合唱；但都不能分散他的高度集中的注意力。同样，一个吃奶的婴儿抱住母亲的乳房不放，不因外面发生的事情而停止，他不会分心，除非吃饱为止。

只有自然才能创造这样的奇迹。

因此，如果心理表现植根于自然的话，为了理解和依从自然，必须在其最简单的初期研究它，因为只有初期才能揭示真理，并成为解释以后更复杂表现的指南。确实，许多心理学家都这样做，但他们在应用实验心理学的分析方法时，并没有从生物科学得以获取生命知识的那点出发，也就是必须观察自由的生物。如果法布尔① 没有让昆虫成为自然表现的主人、自己做昆虫的仆人，没有因他出现干扰昆虫功能的情况下观察它们，仅仅捉住它们，运到他的实验室并用它们做实验，他就不可能揭示昆虫奇异的生活。

如果细菌学家没有作为一种研究方法，在营养物质和温度条件等方面创造和细菌生长相似的自然环境，旨在"让那些细菌自由地生存"，并且展现它们的特性；如果他们仅限于在显微镜下观察一种疾病的病菌，那么，今天就不会存在拯救无数病人生命和预防诸多民族染上流行病的科学。

生存的自由，这是构成观察生物任何方法的基础。

自由是研究儿童注意现象的实验条件。只需想想如下情况足矣：由于儿童的注意现象主要是感觉的，从而伴随强有力的、感官的生理"调节作用"。而在生理上幼儿这种调节作用不完整，这就需要遵循自然进行组织。如果一种教具不能成为促进协调作用不断发展的刺激，它就不仅不能在心理上吸引注意力，还会在生理上引起疲劳、甚至损害眼睛或

---

① 法布尔（J.H.Fabre，1823—1915），法国昆虫学家，以研究昆虫解剖学及行为而著名。

耳朵的调节机制。然而，儿童自己选择教具，并且注意力高度集中地使用它们，正如肌肉收缩所显现那样，使他们的面部表情丰富，显然感到愉快，而愉快是机体健康活动的指数；愉快总伴随有益于身体结构的练习。

注意力还要求准备与（应唤起对自己注意）外部对象有关的涉及观念形成的中心，也就是需要一种内在的、心理的"调节作用"。当外在刺激作用时，大脑神经中枢应通过内部通道兴奋起来。这样，譬如，某人在等待一个人，他看到那人从远处走来，这不仅仅因为那个人出现在其视觉中，还由于那个人是其"盼望"的。那个仍在远处的人唤起注意力，因为大脑神经中枢已经被那一目标刺激得兴奋起来。与此类似的情况，一位猎人能觉察到森林中野兽最细微的声音。最终，两种力量对脑细胞产生作用，就像一扇关闭的门，外在的感觉力量在敲门，而内在力量在说：开门。如果内在力量不打开门，外在刺激敲门也是枉费心机。于是，即使最强有力的刺激也可能无人注意而匆匆走过。一个心不在焉的人可能一脚迈入深谷。专心致志工作的人可能对街上演奏的音乐充耳不闻。

与注意并存的中心事实，具有至关重要的心理学和哲学的价值，在教育学上也具有最大实践价值。教师的整个艺术，本质上在于吸引儿童注意力，让他们期待教师讲课，当教师"敲门"时，让其内在力量积极合作，立即"开门"。由于完全未知和难以理解的东西不可能唤起任何兴趣，于是小学教育艺术的基础是逐渐地引导儿童从已知到未知，从易到难。由于"已知"已预先存在，它引起"期待"并给"新未知"开门；由于"容易东西"已经存在，它为深入学习开辟了新路，并让注意力处于期待状态。

换言之，根据教育学观点，应当尽可能"准备好帮忙"——注意力并存物的合作。这一切都取决于在已知、未知和类似之间操作游刃有余。于是，优秀教师就像一位伟大的军事战略家，在作战室桌子上准备战役计划。军事战略家能够指挥千军万马，并能做到指到哪儿打到哪儿。

此外，这曾是长期统治心理学的唯物主义原则。在斯宾塞①看来，头脑起初就像冷漠的泥巴，外在印象"像雨滴落在"上面，留下或深或浅的痕迹。根据他和英国经验论者的看法，"经验"是构成心智的要素，甚至在其最高级活动中都如此。人是由经验造就的，因此，在教育中，只要修建适合经验的古堡，就可以塑造人。这种唯物主义观念和（当从一系列分析到一系列综合）有机化学奇迹般进步而形成的观念性质相同。于是，有人相信可以人工合成白蛋白，因为白蛋白是细胞的有机基础，而人卵是一个细胞，从而有一天可能在化学家的工作台上制造人本身。这样，人是自身创造者的观念立即在物质领域遭受失败，但在教育学的实践概念中，心理 homunculus ②的概念仍存在。

没有任何化学合成能将没有物质的活力、潜在生命力，以及导致一个细胞创造人的神秘因素（它们从表面看简单地就像一个有核原生质凝块），放进细胞内。

儿童注意力难以集中的现象似乎告诉我们，心理人也受自己创造的类似规律制约。

唯灵论心理学现代学派，詹姆斯属于此学派，承认在注意力的并存物中存在与主体本性有关的事实、一种精神力量、"生命的神秘因素"之一：

> 您那高超的智慧，
>
> 您那渴望的爱情，
>
> 来自何方，无人知晓，
>
> 您像酿蜜的蜜蜂，
>
> 整日辛勤劳作。
>
> 　　　　　　　　但丁

人对外部事物具有一种特殊能力，这属于其本性的一部分，并决定其性格特征。内在活动如同原因那样起作用，不是作为外在因素的结果

---

① 斯宾塞（H.Spencer，1820—1903），英国哲学家、社会学家、早期进化论者。

② 拉丁文，含义是"无价值的人"，一般指身体、智力和道德诸方面。

起反应并存在。我们的注意力不会被所有事物毫无差异地吸引，而是被我们的趣味"所喜爱的"东西所吸引。对我们内在生活有益的东西引起我们的兴趣。我们的内在世界是在对外在世界选择基础上被创造的，为了并根据我们内在活动进行选择。画家主要看见世界的丰富色彩，音乐家被各种声音所吸引。是我们注意的方式揭示我们自身，通过我们的能力向外在世界表现我们；不是我们的注意力创造我们。个性特征、内在形态、个体差异证实，即使生活在同一环境中，个体只从环境中获取自己所需要的东西。每个人都通过"经验"同外在世界建立关系，这些经验并不构成混乱，而是受个体内在能力制约。

如果对于指导心理形态的自然力量有怀疑的话，那么我们对幼童实验取得的经验可能成为某种"决定性证明"。没有一位教师能够用其计谋实现那样的注意现象：它们显然具有内在根源。三四岁幼童专心致志的能力，只有天才人物才能具有。这些孩子仿佛再现了具有非凡注意力的奇才的童年。正像阿基米德[①]在画几何图形时被罗马士兵残杀，叙拉古城被攻破的声音没有影响他专心致志研究。或者像牛顿，全神贯注地研究竟忘记吃饭。或如同阿尔菲耶里[②]，他在写一首诗歌时，没有听到窗外结婚队伍的喧闹声。

任何"有趣"的教师都不可能唤起天才人物高度集中的注意力，即使教学艺术高超也不能，正如任何被动经验的积累不可能成为心理能力的积淀。

如果一种精神力量对儿童起作用的话，并由于它能够打开其注意力的大门，那么，我们必然面对的问题，是自由的问题，而不是建构儿童心智的教育艺术问题。用外在事物向儿童提供符合其内在需要的营养，学会最完美地尊重儿童发展的自由，这是在逻辑上有待深化、建构一种新教育学的基础。

---

① 阿基米德（Archimedc，约公元前287—约前212），古希腊数学家、科学家和发明家，理论力学的创始人，从实验观测推导数学定律的先驱。生于西西里岛叙拉古城（古希腊殖民城市，现称锡拉库萨）。

② 阿尔菲耶里（Vittorio Alfieri，1749—1803），意大利悲剧诗人。

　　这不再是 19 世纪化学家应创造 humunculus 的问题，而是第欧根尼①去寻找真正的人的问题。一种科学应当通过试验确定儿童的基本心理需求所不可或缺的东西。于是，我们将参与儿童的众多复杂生命现象的发展，在这些生命现象中，智力、意志、性格一起发展，正如营养合理的儿童，其脑、胃和肌肉一起发展一样。

　　伴随最初内在练习，在儿童头脑中确立最早有序认识，已知开始在儿童头脑中存在，在本能兴趣之外，提供了智力兴趣的最初胚芽。这种情况发生后，开始确立与注意相类似的机制状态，今天的教育学家把它视为教学艺术的基础。从某种观点看，从已知到未知、从简单到复杂、从易到难的过渡一再发生；但带有特殊的性质。

　　从已知到无知的过程，不像教师试图做的那样，从一物到另一物；教师那样做，并没有促使从一个中心发展观念，仅仅把观念连成一串，没有预定目标地让儿童心智随意漫游，虽然那一串观念与他们相连。与此相反，在儿童心智中已确立已知，如同观念复杂体系，这样的体系通过一系列心理过程由儿童自己积极建构，这些心理过程本身就代表内在成形、精神成长。

　　为了促使这样的过程发生，我们应当向儿童提供系统的、复杂的、符合其自然本能的教具。例如，用我们的感觉教具，提供给儿童一系列能够引起其对颜色、形状、声音、触觉和气压等性质的本能注意；儿童用每种教具持续做富有特色的练习，开始组织其心理个性，但同时获得对事物的清晰、有序的认识。

　　现在，由于所有外在教具都具有形状、大小、颜色、光滑度、重量、硬度等，再不会与心智无关了！在儿童的意识中存在某种东西，让他们准备心存期待，促使他们兴致勃勃地接受那些教具。

　　当儿童通过指引其注意力集中于外在事物的原始冲动而获得认识

---

①　第欧根尼（Diogene，约公元前 400—前 325），古希腊犬儒学派的主要代表。该学派强调禁欲主义的自我满足，放弃舒适环境。传说他曾在白天打着点起的灯笼寻找诚实的人。

小学内自我教育

时，他们就已经同世界建立其他关系、产生其他形式的兴趣，它们再不仅仅是那种和原始本能有关的原始形式兴趣，而是基于智力收获并具有认识能力的兴趣。

确实，所有新收获都以个体心理需求为深刻基础，但添加了智力因素，冲动就转化为一种有意识的、自觉的探寻。

陈旧的教育学概念承认，要引起儿童对未知的兴趣，必须将未知和已知联系起来，因为只有如此，他们才能对教师想给予的新知识有兴趣，但今天我们做过实验之后，认为这只抓住复杂现象的细枝末节。

为了让已知代表对未知的兴趣的新源泉，兴趣本身必须根据自然倾向获得：于是，以前的认识总将儿童的兴趣引向更复杂并具有更高意义的对象。因此，这样形成的文化保证这种教育现象连续不断发生的可能性。

其后，这种文化本身就在头脑中形成某种秩序：当教师在授课时简单明了地说：这是长的，这是短的，这是红的，这是黄的，等等，她用一个词固定了感觉的清晰秩序，并进行了分类和"编目"。每种印象彼此截然不同，在头脑中具有自己确定位置，可以用词语表示；现在，正如在一座组织井然的图书馆的藏书一样，购进的新书不会杂乱无章地乱扔，或与原有藏书相混，而是一次次地置于确定位置，放在以前同类图书之旁。

这样，头脑不仅自身具有扩大认识的推进力，而且确立一种秩序，这种秩序随着新教具不断丰富而得以巩固；当它成长并强化时，就保持其"平衡"。那种在事物间进行比较、判断和选择的连续练习，使内在收获间建立逻辑关系，从而让推理变得特别容易和准确，理解得更快。任何地方只要井然有序和生机勃勃，"事半功倍"的规律就可真正实现。

这种内在整理如同生理适应，由于练习是自发的事实才成立：个性的自由发展，其成长及自身不断组织，是由内在状态决定的，正如在胚胎体内，不断发育的心脏在肺和膈之间形成纵膈空间，它由于肺部膨胀具有上凸状。

教师指导这些现象；但在这样做时，竭力避免让儿童注意力转向她

自己，因为整个未来取决于儿童的专心致志。教师的艺术在于理解自然现象并不要干扰它们。

关于新生儿的营养及精神的最初协调活动，我们业已清晰证明的东西，在人生的各个时期都将重复出现，并伴随现象不断复杂而引起的必然变化。

我们继续以身体营养为例，可以考虑成长的孩子长出了牙，产生了胃液，从而逐渐地需要更复杂膳食，直至凭借现代烹饪和厨艺的所有复杂形式的帮助，长大成人；但为了保持身体健康，他只应吃那些符合其机体内在需求的食物。如果进食过量或不足，吃了不适合或有毒的食物，他就会营养不良、自己中毒并"患病"。正是对儿童在哺乳期和婴儿期的营养的研究，也为成人创立了营养卫生学，它指出了在儿童卫生学鲜为人知时代里所有人所处的危险。

在精神生活中存在一种特别一致性：成人拥有比儿童无限复杂的生活；但对成人来说，在其自然需求和维持精神的方式之间存在关系。对人来说，内在生活的规则总是健康问题。

我们再来讨论注意问题。这种本性与刺激之间的一致（这是生命的基础）的原始事实，无论怎样变化，在大孩子中也应存在；并成为教育的基础。

"实践家"提出异议：必须让儿童习惯任何东西，包括他们不喜欢的东西，因为实际生活恰恰需要做出那些努力。

异议建立在一种偏见之上，类似于过去家庭好父亲常说的"孩子们应当习惯吃一切食物"；这样就使道德教育脱离正轨，导致致命的混乱！这种观念今天已经过时，父亲若还处于那种认识水平，当孩子在中午拒绝吃他讨厌的菜时，就会把那盘菜放一整天，让那盘菜越来越凉、更难以下咽。直至饥饿"摧毁"孩子的意志，去除了任性：冷菜被狼吞虎咽了。那个父亲这样想，我的孩子在生活中会遇到各种各样的情况，他应当做好准备以任何东西充饥；他将既不贪吃也不任性。在那些年代也禁止儿童吃糖（儿童的机体需要糖，因为肌肉在发育时消耗大量糖）和甜食，为使他们克服贪吃。在那些年代，还有纠正坏孩子的简单易行的惩罚办法：“不吃晚饭就让他们睡觉”。

今天，坚持让儿童集中注意力于其不感兴趣东西的人，其所作所为大同小异，还说这是生活的需要。说到心理营养，即使儿童饥饿，也会拒绝吃那些"既难吃又冰凉的菜"，因为那些菜不好消化，又难以下咽，从而儿童受损害、会更虚弱。

这样做，不可能培养儿童的坚毅精神，以应对生活的各种可能困难。中午只喝凉汤、晚上不吃饭的孩子身体发育差，对环境中病菌的抵抗力弱，很容易病倒；从道德上看，他拥有许多未曾满足的欲望，并感到满足这些欲望就实现其最大自由，待长大成人后，将会饮食无度。相反，今天的儿童营养均衡合理，身体健壮，成为有节制的人，他进食为了健康生活，他反对酗酒、有害食品和饮食无度。现代人会运用各种手段预防传染病；他们自觉地努力，向体育运动的艰难困苦挑战，并期待完成伟大的事业，比如发现南北极和登上险峻的山峰。

这样，善于进行艰苦卓绝斗争并不断提升精神境界的人，肯定是意志坚定、精神平衡和当机立断的人。

人的内在生活越是正常发展，根据自然规律自己组织并形成个性，他就越具有坚强的意志和平衡的心智。一个人若为斗争做好准备，无需从出生后做斗争，但必须意志坚强；没有一个英雄在完成英雄壮举前就成为英雄的。生活将让我们面对的考验是不可预见的、意外的，无人能够直接地准备应对考验；只有坚毅、刚强的人能够准备应对一切。

当一个生物处于进化过程中，为了保证其正常发展，必须满足现在的特殊需要。胎儿必须用血来滋养，而新生儿需要奶。在子宫中生活的胎儿，若缺少含白蛋白物质和氧的血液时，或者含有害物质的血液进入其组织，这个生命就不可能正常发育，随后的任何治疗都不可能让这个先天贫弱的胎儿强壮起来并长成健康的人。若婴儿缺少足够的奶，人生开始时期的营养不良能够造成永久性的低等状态。婴儿总躺着吃奶，长时间安稳地沉睡，那是在"准备走路"。婴儿开始长牙，那是准备吃奶。正如在鸟巢里的小鸟，不是通过飞为飞翔做准备，而是在那个为其提供营养的温暖的壳内保持不动，间接地为飞翔生活做准备。

　　鸟儿雄伟的飞翔，野兽的凶猛，夜鹰的歌唱，蝴蝶翅膀的五彩美丽花纹，诸如此类对自然现象的等待，是在巢里、洞里秘密地或在茧壳里一动不动地做准备。万能的自然对形成中的万物只要求宁静。其余一切都由大自然馈赠。

　　现在，儿童的精神同样应找到一个温暖的巢，在那儿保证其营养，然后我们应当"等待"发展露面。

　　由此可见，向儿童提供与其精神形成倾向一致的教具是必要的，目的在于获取一种预先确定的结果：以最小的代价尽可能地充分发展人的潜在力量。

七 意 志

当儿童在众多教具中选择自己更喜欢的教具时，他们去橱柜中取出，后又放回原处，或自愿让给同学；当他期待使用的一件教具在其他同学手中，必须等他人用完放下；当他长时间地全神贯注做同一练习并纠正发展教具揭示出的错误；当他在做肃静练习时，要抑制其所有冲动和运动，在听到点名后起立，准确控制运动不让脚步有声、不碰撞桌椅；他就完成了许多"意志"行为。可以说，他做的意志练习是持续的；甚至在其才能中真正起作用并突出的是意志，意志是建立在注意力持续集中的内在基本事实上的。

我们来分析意志的某些协同因素。

意志的外在表现全在运动之中：无论人做出什么行为，行走、劳动、说或写、活动眼睛看或闭上眼睛不看，他都要"通过运动"来完成。自愿的行为也可以是阻止运动发生的行为：抑制愤怒引起的盲目冲动；抑制驱使自己从他人手中抢夺喜欢的教具的冲动；这些都是意志事实。由此可见，意志不是导致运动的简单冲动，而是对运动的更高级指导。

若没有完成的行动，就不会有意志的表现。谁若想完成一件善举，但后来未做；谁若想将功补过，但未付诸行动；谁若想出门、探访或写信，但只停留在想法上，并没有完成意志行动。想和愿望是不够的，关键在于行动。"地狱之路由良好愿望铺垫。"

小学内自我教育

　　意志的生命就是行动的生命。现在，我们所有行动都代表冲动和抑制之间的合力，这种合力在行为的重复中几乎可以成为习惯的和无意识的。譬如，整体构成"一个有良好教养的人"的那些习惯性行为就属于此种情况。我们会因一时冲动去探访朋友，但我们认识到可能会打扰人家，因为那天不是接待日，于是我们便回心转意了。我们舒适地坐在客厅的角落里，但此时进来一位尊贵人物，我们立即起立；虽然那位女士并不讨人喜欢，但我们同样向她鞠躬并施吻手礼。我们邻居吃的甜食正好是我们爱吃的，但我们注意不让人家看出来。我们身体的所有动作不是由冲动或疲劳决定的，而是我们认为礼貌、庄重的行为的正确重复。没有冲动，我们绝对不可能参加社会活动；另一方面，没有抑制，我们就不会纠正、指导和利用冲动。

　　两种对立动因之间的相互平衡，是长期练习和我们自身古老习惯的结果；在做这些习惯性动作时，我们不再有任何努力的感觉；也不再需要理性和认识的帮助：这些动作几乎成为反射性的。但我们讨论的行为和反射性行为相距甚远，不是本能，而是习惯产生这些反射性行为。我们清楚地知道，没有通过习惯接受教育的人，只通过认识某些规则而急匆匆地受教育，往往会犯下愚蠢之极和思想涣散的错误，因为此人应当"即时创造"意志行为所需的所有适应作用，并且即时让这些适应作用接受意识用直接监控来指导。这种持续的努力绝对不可能和举止文雅、仪态端庄的"习惯"竞争。意志在意识之外或其边缘存储持续努力，或任凭意识本身为获取新收获和接受后续考验而清除障碍。因此，我们不再把那些（可以说）意识明显干预的习惯视为意志的证据，为使那些习惯动作遵循外在礼貌的完美规则，意识对它们既担忧又监控。于是，一个举止文雅、富有教养的人，仅是一个自在的人，一个"心智健康"的人。

　　事实上，只有疾病才能瓦解在适应基础上形成的个性，疾病可以使一个社会人放弃某些行为方式。众所周知，一个刚刚显出妄想狂症状的神经衰弱患者，初看仿佛一个缺乏"良好教养"的人。

　　相反，那种有"良好教养"、举止得体的人，只是一个正常人。我们不敢把这种人称作"有意志的人：这种人的意识在接受考验时才显露，在意识边缘存储的机制不再具有真正的"意志价值"。

　　然而，儿童是初出茅庐，其个性和上述人截然不同，和成人相比，他还是不平衡的机体，几乎总成为自己冲动的俘虏，有时成为顽固抑制的猎物。两种对立的意志活动尚未协调以构建新个性。在心理胚芽中两要素仍是分离的。至关重要的是，发生那种"协调"、那种"适应"，并对潜意识起支持作用。因此，必须尽早开始积极练习，这是达到那种发展程度所不可或缺的。练习的目的当然不是把儿童教育成早熟的小"绅士"，其目的是让儿童训练其意志力，并让冲动和抑制立即相互接触。这种"建构"本身必不可少，不是通过这种建构外在地实现目的。

　　为了实现目的，只有一个方法：孩子在其他孩子中间活动，在其生活习惯中，仿佛练体操那样训练意志。全神贯注于一件工作的孩子，会抑制所有与该工作无关的运动；在其力所能及肌肉协调中进行选择，并能长时间地练习，从而开始确立那种选择。这和儿童受不协调冲动驱使做无序运动截然不同。当他开始尊重他人劳动；不从他人手中夺取自己想要的东西，而是耐心等待他人用完；走路不再冲撞同学，不踩他们的脚，不把桌子碰翻；这表明他正在构建自己的意志，让冲动和抑制趋于平衡。这恰恰让儿童为习惯社会生活做准备。若让孩子们一个挨一个不动地坐着，永远不会实现这一目的。那样做，"孩子之间的关系"不可能建立，幼儿社会生活不可能产生。

　　在自由的关系中，在实际练习中，让限制自己适应他人的限制，可以组织起社会"习惯"。靠倾听应当如何做的描述，肯定不能产生意志机制；为让孩子举止优雅，仅灌输"礼貌观念"和"权利与义务观念"是不够的。如果这样做足矣，那么只需向一位全神贯注的学生细致描述弹钢琴所需的指法，他就可以起身坐在钢琴旁演奏贝多芬的奏鸣曲了。在所有活动中，需要"培养和锻炼"；通过训练才能获得意志力。

　　在教育中，尽早组织益于建构个性的所有机制，具有重大价值。正如运动、儿童体操必不可少，因为大家知道不活动的肌肉不可能完成肌肉系统能完成的各种运动。与此类似，为让内在生活积极活跃，对应的

小学内自我教育

"体操"也不可或缺。

没有经过训练的机体很容易出现缺陷；谁肌肉无力，就趋向不活动，这样，当需要采取行动以脱离危险时，就会束手无策。同样，谁的"意志薄弱"，"意志低下"或"丧失意志"，能很容易地适应那种学校，在那里孩子们呆坐着听讲或假装听讲。许多这种孩子最终因神经疾病进入诊疗所，学校给他们的评语是"表现好，学习无成效"。对这些孩子，某些教师仅限于说"很听话"，这样说想避免任何干预，从而让他们不受打扰深陷衰弱之中，就像任凭流沙把他们吞没。而那些好冲动的孩子，他们作为麻烦制造者而引人注目，被宣判为"坏孩子"。如果问他们坏在哪儿，回答几乎总是："他们总坐不住"。"对同学不尊重"也是这些淘气包的特点，但不尊重的根由总是：他们千方百计地不让同学安静，想拉他们入伙。此外，还有抑制力强的孩子；他们胆小腼腆，有时似乎不能下定回答问题的决心，或受到一些外在激励后，勉强回答，但声音极其微弱，接着就哭起来。

对这三种意志不坚强的孩子，必不可缺的体操就是自由活动。其他孩子持续、有趣的运动，是对意志薄弱孩子的最好激励；构成有序练习的运动，起着抑制冲动的作用；而抑制力过强的孩子在摆脱警戒羁绊后，能够自己暗地里行动，即让所有从外部造成抑制的原因远离自己，能在两种对立意志行为中找到平衡。这条拯救之路适用于所有人：弱者在这里变坚强，强者在这里变完美。

冲动和抑制之间的不平衡，不仅是病理学中一个相当熟悉、有趣的事实，而且在正常人中间也常遇到，虽然程度要小，但就像在外在社会关系中遇到的教育缺陷一样常见。

冲动使罪犯做出危害他人的行为。正常人应当为自己带来痛苦后果的、突发神经的轻率行动而懊悔！多数情况下，容易冲动的正常人只危害自己，断送自己的事业，空有天才难成大业。他意识到自己的奴役地位而备受折磨，就像遭受本来可以避免的一场灾难一样。

从病理学上看，成为自己抑制力牺牲品的人，是最不幸的病人。他静止不动、沉默寡言，但其内心却渴望活动；没有找到出路的、成百上千次的冲动，在折磨追求艺术、渴望工作的灵魂。为求得医生帮助，或求得高尚心灵的安慰，他多想倾诉自己的不幸，但最终沉默不语。可怕的噩梦让他难以开口，他就像一个被活埋的人。然而，有多少正常人也遭受类似折磨。在人生的幸运时刻，他们本应站出来，表现自己的价值，但他们却畏缩不前。他们无数次地想敞开心扉、倾诉衷肠以扭转困难局面，但他们的心扉紧闭，三缄其口。他们满怀热情地切望对高尚者倾诉，以求得后者的理解、启示和安慰，但当他们面对这样的人时，却连一句话也说不出。高尚者鼓励他们，询问他们，促使他们说话，但他们的唯一回应是内心的苦闷，在意识深处冲动说道：说吧！说吧！但抑制却毫不留情，就像不可战胜的强大物质力量。

在意志的教育中，通过自由练习让冲动和抑制保持平衡，从而治愈那些人的病患，只需治疗在意志不断形成的时期进行。

☆　☆　☆

在潜意识里，作为机制确立的这种平衡，使得社会人的行为举止"正确"，但并不造就"有意志的人"。上文说过，意识保持自由是由于其他意志收获。一位富有教养的贵妇人，可以是一个"没有意志"和"没有个性"的人，虽然她已确立对外在事物的、机械化意志的最严格机制。

存在一种基本意志行为，不仅人与人之间的表面关系，而且社会结构本身都建立在此基础之上，这就是带有"持续性"特征的行为。社会结构建立在如下事实上：人能够持续地劳动，并能在一定平均限度内生产，一个民族的经济平衡就基于此。作为人类繁衍基础的社会关系，是建立在由婚姻维系的双亲持续结合之上。家庭和生产劳动，是社会的两大支柱；它们依靠最伟大的意志品质：持之以恒。

这种品质是内在个性持续一贯的决定性因素。缺少这种品质，生命就会沦为支离破碎的片断、一片混乱；就像分离成单个细胞的身体，不是通过自己物质变化而持续存在的机体。这种基本品质，当它影响个体情感和思想方向，也就是整个个性时，我们就称之为"性格"。一个有性格的人，就是一个坚持不懈的人，一个忠实于自己诺言、信仰和情感的人。

于是，各种恒久性的整体具有巨大社会价值因素：坚持不懈地劳动。

堕落者，在产生犯罪冲动之前，在表现出情感的变化无常之前，在背叛自己的诺言之前，在破坏所有使人高尚的信念之前，他就有了注定成为堕落者和社会渣滓的印记：懒惰，不能持之以恒地工作。一位忠厚老实、行为端正的人刚刚患上精神疾病，在表现出行为的无序冲动、神志昏迷之前，总有先兆：再也不能专心致志地工作。平民百姓正确地认为，勤劳的姑娘会成为贤惠的妻子；一个被公认正直的小伙，如果是个优秀的劳动者，将能成为姑娘可以依靠的好丈夫。这种"好"不在于能力，而在于持之以恒，在于坚持不懈。事实上，一个冒牌艺术家能很巧妙地制作一些小工艺品，但没有"工作的意愿"，他就不会成为一个理想的未婚夫。众所周知，他不仅不能在经济上创业、隆昌，而且是一个令人怀疑的、危险的对象，他可能变为一个坏丈夫、一个坏父亲、一个坏公民。相反，一个辛勤"劳动"的卑微手工业者，肯定具有能保障生活幸福和安定的所有因素。无疑，这是伟大罗马颂词——"她在家纺毛线"——的意义所在，即她是一位有自己性格的人，配做世界征服者的伴侣。

现在，幼童持之以恒地工作，这是其心理生活的第一个建构行为，其后在这个行为基础上确立内在秩序、平衡和个性成长，几乎像在一次光辉启示中告知我们，人的价值得以获得的途径是什么。那个全神贯注、持续做自己练习的幼童，显然在塑造坚定不移的人、有性格的人、一个将具有所有人类价值的人，实现那个基本和唯一品质表现：持之以恒地工作。无论儿童选择什么工作，只要能够坚持不懈，就没有区别。由于具有价值的并不是工作本身，而是作为塑造内在人的手段的工作。

有人打断专心致志工作的儿童，想让他们停下、转学某些更有用的东西，比如让他们停止学算术、转学地理或其他，认为指导儿童学习文化最重要，这就把手段和目的混为一谈，并为了虚荣毁了人。需要指导的不是人的文化，而是人本身。

☆　☆　☆

如果坚持不懈是意志真正的基础，那么我们承认决定是典型的"意志行为"。我们必须做出决定，以完成任何一件有意识的行为。决定总是选择的结果。假若我们有多顶帽子，当我们出门时应当决定戴哪顶帽子：褐色的和灰色的可能毫无差别，但我们必须选择其中一顶。为了做出选择，我们要有自己的动因，无论是偏爱灰色的还是褐色的；但最终一个动因占优势，就做出了选择。显然，戴帽出门的习惯使选择变得容易，我们几乎没有察觉哪个动因影响并主导我们。这是瞬间决定的问题，没有任何努力的印象。我们关于适合上午戴、下午戴或看戏戴、锻炼戴的帽子的知识，使我们完全免除内心斗争。

然而，如果我们要花钱买礼物，情况就截然不同。在可供选择的众多物品中，我们到底应买什么？如果我们对这些物品没有"清晰的认识"，我们的任务将变得令人头疼。我们若想选一件艺术品，但我们对艺术一窍不通，我们就怕上当受骗或当众出丑；我们若对使用价值一无所知，就不可能认识买花边还是买银杯合适。于是，我们需要他人就我们不了解的所有细节对我们详细说明，我们就去征求建议。但这并不是说我们遵照他人建议。说实话，建议只涉及我们无知，我们想要的是对"知识"的说明，而不是意志的激励。意志是留给我们自己的、珍贵东西。它与决定不可或缺的知识的性质截然不同。在倾听一人或多人的"建议"后，我们做出的选择带有"我们的"印记，那是我们自己的决定。

一位女主人为客人准备午宴的选择性质相同；但她对烹调知识了如指掌，并有高雅鉴赏力，无需他人帮助就高兴地自己做出决定。

但谁不知道，在任何情况下，这种决定都是内心工作，要做真正的努力；以致缺乏意志的人竭力避免做决定，仿佛那是一件令人痛苦的事情。如果可能，女主人让厨师决定午宴的菜单；或让女裁缝为她选一件衣服，女裁缝绞尽脑汁，在决定选择衣服的各种动因中找出主要的。女裁缝发现做出决定需要很长时间，就在一定时刻顺口说："请选这件，对您合适。"女主人接受建议，与其说是喜欢那件衣服，不如说为逃避决定的痛苦。我们的一生就是不断做出决定的一生。当我们出门时，在锁上门后，我们对这一动作有清晰认识，房门安全有保障，才决定迈步前行。

在这种练习中，我们越是"强大"，我们越能独立、不依赖他人。清晰的头脑和做出决定的习惯性机制，给我们以自由感。我们被巨大锁链锁住，处于最羞辱的、被奴役状态，绝没有能力自己决定，从而需要求助于他人。怕"犯错误"，感觉在黑暗中，怕承担犯错误的后果（我们肯定认识不到），让我们跟在别人后面，就像被链子拴着的狗。最终我们会越陷越深：没有他人的"建议"，我们甚至不会寄一封信，不会买一块手绢。

然而，当这种意识中真正出现"斗争"，必须立即做出决定时，这个意志软弱者"迟疑不决"，不得不屈从于另一个意志坚强者。于是，屈从变成噩梦，自己却毫无觉察。他已经向前迈出了一步，下面就是万丈深渊，在那儿"软弱者"将死无葬身之地。可见，年轻人越是屈从，没有自己的意志，就越容易坠入世界布满的危险陷阱。

让人奋起抵抗的不是道德看法，而是对意志力的锻炼。这种训练就存在于生活实际。一位家庭主妇对家务劳动尽心尽力，习惯决定日常大小事情，在出现道德斗争的情况下，有更大取胜的可能，同另一位尚无子女、懒做家务、无聊沮丧生活的妇女相比，后者习惯于把丈夫的意志当成自己的意志。即使这两位妇女的道德看法一致。前者若成了寡妇，可能自己精通业务，并能使丈夫管理的企业兴隆；而后者在类似情况下，将需要"保护"，并面临丧失一切的危险。为了在道德上得救，首先必须独立自主，因为在危难时刻，只能靠自己。力量不可能立刻获得。知道在世界上必须斗争的人，会在力量和技巧上做好拳击和决斗的准备；他不会赤手空拳地站在那里，因为他知道否则会落败，或者像个人影"依附他人",屈从在一生中一步步地保护他的人。在现实生活中,这是不可能的。但丁《地狱篇》中的佛兰切丝卡①如是说:但仅在一瞬间我们被打败。②

若欲望不是为征服,就不应当像一枚炸弹投向另一枚即将爆炸的道德炸弹;而应投向古堡坚固的外墙,那古堡在悠远年代就开始一块石头、一块石头地打好地基,从而坚不可摧。持之以恒的工作,清晰的头脑,习惯于筛分在意识中争斗的动因,直至生活中最细小行为,对任何小事立即做出决断,逐步把握自己的行为,在不断重复的行为中逐渐增强指导自己成长的能力,这些就是垒起个性坚固堡垒的一块块石头。这座堡垒可以让道德女神居住,就像让一位公主居住一样,她生活在筑有城齿的塔楼和带护城河的中世纪古堡里,也就是处于持续的"保护"行为中,她总备有"武装",但她完全有可能沦为"夫人"、"古堡女主人"。如果为道德"修建房屋",还必须锻炼身体,比如节制饮酒,因为酒是能够削弱我们的外界最大毒素;要在户外活动,因为这有益于物质交换,从而让我们摆脱毒害我们的自己产生的毒素,那么催人生机勃勃的意志的持续训练不是更不可或缺吗?

我们的幼童在构建自己的意志,当他们通过自我教育进程,启动比较和判断的复杂内在活动,并用这种方式获得有序的、清晰的智力时。那种智力是某类能为决定做准备的"知识",能让他们自主、不被他人的建议左右;以后他们对日常生活的任何行动做出决定,决定采取行动还是放弃行动;决定跟随歌曲节奏手舞足蹈;决定抑制任何运动冲动以自愿保持肃静。那种建构他们个性的持续工作,全由决定驱使:这就代替初期混沌状态,那时的行为受冲动驱使。一种自愿的生活在他们那里不断发展,而疑虑和胆怯同初期心智混乱一起消逝。

---

① 佛兰切丝卡(Francesca da Rimini),是拉韦纳僭主老奎多·达·波连塔之女。1275年后,嫁与里米尼僭主之子简乔托。简乔托是一个瘸子,相貌丑陋。这实际上是一桩政治婚姻。简乔托之弟保罗相貌英俊,与佛兰切丝卡相爱。后被简乔托发现,将二人一并杀死。

② 但丁:《神曲·地狱篇》,第5首。

小学内自我教育

儿童意志的发展将不可能，如果不让其心智的有序性和清晰性成熟，而是妄图用混乱观念和背诵大量课文为发展设置障碍；其后阻止儿童自己做出决定，总由成人在一切事情上为他们做主。这样做的教师振振有辞地说："孩子不应有自己的意志"；还教育他们"我小草想要，从无此事"。实际上，她们阻止儿童意志的发展。于是，孩子们感到一种力量抑制其所有行为，他们"变得胆怯"，没有勇气采取任何行动，若没有他们完全依赖者的帮助和认同。"这些樱桃是什么颜色？"一位女士有一次问一个知道樱桃是红色的孩子。但孩子胆怯、慌张，对是否应当回答犹豫不决，就低声说："我去问问老师。"

为决定做准备的意志机制是意志的最重要机制之一，它自身具有价值，应当确立并加强。病理学向我们说明，它独立于意志的其他因素，并把它作为支撑人格大穹顶的砥柱展示在我们眼前。所谓的"怀疑狂"是精神变态频繁出现的退化形式，但在此之前可能出现某些烦恼症，不可遏止地驱使犯下不道德或有害的行为。然而，可以出现一种简单的、纯真的怀疑狂，仅限于自己无力决定，引起极度苦闷，却丝毫没有损害道德，甚至行事严守道德、谨小慎微。在精神疾病治疗所里，我遇到一位典型的具有道德基础的"怀疑狂"患者。这个病人到各家收集垃圾，他怀疑某些有用之物被不经意地扔进垃圾桶，他怕被怀疑占有那些有用东西。为此，这个可怜人在带着垃圾离开住宅楼之前，重新爬楼梯，挨家挨户地敲门，问是否把好东西扔掉了。在他确信没有好东西后，又返回来重新敲门，如此多次重复。他徒劳地求助于医生，请后者帮助增强自己的意志。我们对他一再重复垃圾桶里没有有用东西，他完全可以放心，不用担忧，继续干自己的工作。他眼里闪出希望之光，"我可以放心了！"他反复说着这句话走了。过一会儿，他又返回并问："我真的可以放心了？"我们徒劳地向他保证："对，对，放心吧！放心吧！"他的妻子把他拉走，但从窗户我们看到病人在街上站住，和妻子拉扯，又气喘吁吁地跑回来；他又出现在门口，问道："我可以放心了？"

但有多少次，正常人自身带有这种怀疑狂的"病毒"啊！一个人要出去，他锁上门，又推一推；但刚走两步就产生怀疑：我锁上门了吗？

他知道锁上了，他清楚地记得还推过，但一种不可抗拒的力量驱使他返回以查看房门是否锁上。还有些孩子，在晚上上床以前，总看看床下是否有猫一类的动物。他们什么也没有看见，明白床下没有动物。但过了一会儿，他们又从床上下来，再看看是否真无动物。这些"病毒"就像结核杆菌在一些淋巴腺内聚集，导致整个机体虚弱。但这一切被掩盖，无人注意，如同用脂粉可以一时掩盖苍白面色。

意志在一个行为中得以表现，从而身体应当服从意志。只要考虑到这一点，足以理解构建性训练对发展意志机制是不可或缺的。

在意志的形成和意志的物质工具——横纹肌——运动协调之间存在惊人类似性。显而易见，为了培养我们的运动才能，练习是绝对必要的。众所周知，人们没有经过训练，就不可能跳舞；没有手的动作训练，就不可能弹钢琴；但在此之前，从幼儿时期就应当练习做到运动的基本协调，也就是步法和握住的基本协调。但我们尚未清晰地认识到，类似循序渐进的准备对培养意志的必要性。

在肌肉组织的纯粹生理功能中，我们受意志支配的肌肉并不按相同方向运动，而按两种对立方向运动：有的肌肉趋于双臂伸展，有的趋于双臂紧靠躯体；有的趋于蹲下，有的趋于站起；总之，它们的作用具有"对抗性"。我们身体的每个运动都是对抗性肌肉协调的结果，在某种"合作"中，时而这些肌肉时而那些肌肉起主导作用，由于合作才产生不同动作：雄健有力的、优美舒展的、雅致大气的动作。这样，我们能够让身体具有高雅的姿势，能够随着音乐节奏翩翩起舞或表演体操动作。

为了让对抗性肌肉之间紧密协调，必须进行动作训练。然而，训练动作只能在自然协调发生后才能进行。那时，才能"激起"某些独特动作，诸如体育动作和舞蹈动作。但运动主体必须不断重复那些独特动作，直至他们能够协调新动作。不仅优雅、灵巧的动作，而且具有力度的动作，运动主体都要不断地练习。确实，意志在所有动作中都起作用，运动主体想要从事体育，想要跳舞，想要训练防身，准备比赛摔跤，等等，但为了实现愿望，他必须预先重复做练习，从而把意志行动最终想瞬间发布指令的工具准备好。运动总是受意志支配的，无论是实现"肌肉协调"的最初运动，还是随后适合引起运动新协调（灵巧）的练习，说到底，意志像一位指挥官，让其工具如同一支组织严密、纪律严明、机动灵活的部队那样作战。随着从属的肌肉的完善并从而更符合服从意志的必要条件，意志行为的"力量"逐渐增强。

的确，为了培养儿童的服从意志的运动，无人认为必须首先让儿童绝对静止，把他们的四肢打上石膏（我不说折断），等待以后肌肉萎缩并几乎瘫痪。当他们达到这种程度，我们对他们讲述小丑、杂技演员、摔跤世界冠军的绝妙故事，就足以用榜样的力量激励他们，并在心中产生仿效那些榜样的强烈愿望？显然，这是最不可思议的荒谬想法。

然而，我们却做着类似的荒唐事。为了培养儿童的"意志"，我们想先消灭它，或如我们所说"粉碎它"；从而阻碍意志的任何因素的发展，我们完全代替了儿童。用我们的意志让儿童静止不动，或按我们的意志行动；由我们为他们选择并决定。在做完这些后，我们乐于教导他们："有志者事竟成。"我们把英雄人物、意志巨人的历史，作为寓言故事供儿童想象，我们幻想他们记住那些壮举，就会产生强烈的效仿愿望并创造奇迹。

当我还是个小女孩并上初级小学时，我有一位特别热情的女老师，她非常爱我们。自然，她让我们像囚徒一样在座位上一动不动，虽然她脸色苍白、精疲力竭，仍然喋喋不休地说。她执着地要我们铭记杰出女性的生平，尤其是"女英雄"的历史，以激励我们去效仿她们；她让我们学习了许许多多传记，她以某种方式让我们了解成为名人的所有可能性，还让我们确信并非不可能成为名人，因为历史上涌现出那么多的名人。伴随这些故事的规劝总是："你也应当为成为名人而努力；难道你不想闻名天下吗？"有一天，我带着厌烦的口吻回答："哦，不！我绝不想成名，我关爱未来的孩子，让他们名垂史册。"

☆　　☆　　☆

在最近几届教育学和心理学的国际研讨会上，全世界的教育工作者在报告中一致抱怨青年"缺少个性"，认为这是种族的极大危险。但并非"种族"缺少个性；是学校在摧残身体，削弱灵魂。需要一种解放行动：让人的潜在力量得到发展。

其后，应用自己坚强意志的方式是一个更高层次的问题，但此问题只能有一个基础：存在意志，意志发展并变得坚强。为让儿童崇尚坚强意志，我们给他们举的例子是阿尔菲耶里。他很晚才开始自学，做出巨大努力以克服起初的厌烦情绪。他先是上流社会人士，开始学习拉丁文语法，直至成为文学家，后靠惊人天赋，成为我国最伟大诗人之一。用以说明他巨大变化的话语，恰恰所有意大利儿童听他们老师不断重复："我有决心，我下定决心，我的决心坚如磐石。"

然而，在做出伟大"决定"之前，阿尔菲耶里只不过是一位任性的上流社会妇女的猎物，他爱上那位贵妇。阿尔菲耶里感到若继续做情欲的奴隶，就会葬送自己的前程。一种内在冲动催他上进，他感到自己有成为伟大人物的内在素质，浑身充满有待发挥的无限潜力；他想利用这些力量，回应内心的召唤，并全力以赴地努力。然而，此时他收到那位贵妇的散发香气的短函，邀请他到剧院包厢内看戏，那个晚上他又虚度了。那位贵妇对他的诱惑力远超过他想抵抗的意志力；在包厢里看着索然无味的戏剧，给他带来极大痛苦，他甚至憎恨起那位富有魅力的夫人。

他的决定是具体的。他想在自己和她之间设立不可逾越的障碍，于是他剪掉漂亮的发辫。那发辫使他的头俊秀，还是绅士的象征；没有了发辫，他就不能出门，否则会遭到羞辱。以后，他又让人用绳子把他绑在安乐椅上，这样度过了几天，他几乎连一封情书都看不了，这令他烦躁不安。只是由于他确实不能活动，又想到会成为笑料（头上无发辫），锁住他的身和心，抑制住投入心爱女人怀抱的冲动。

他就是这样做到"我有决心，我下定决心，我的决心坚如磐石"，并使自己有待发扬光大的精神得以解放。正是这样，他才从碌碌无为和葬送前程的深渊中解救出来，并辛勤工作、名垂史册。

我们希望通过意志教育，让我们的儿童取得类似结果。我们希望，他们学会从葬送人的虚荣心中解救出来，全神贯注地工作，使内心生活充实，去从事伟大的事业：我们希望他们勤奋工作、名垂千古。

为了实现这一充满爱的热切愿望，我们想让儿童在我们的身后成长。然而，儿童自身没有拯救自己的力量？儿童用全部心灵爱我们，他们怀着满腔热情跟随我们；但他们自身就具有指导内在生活的因素，那就是自己发展的力量。由于这种力量，儿童去触摸所有东西以便认识它们，而我们却对他们说："不要碰。"他们迈步走动为了身体能保持平衡，而我们却对他们说："不要动。"他们向我们提问以做到心明眼亮，而我们却回答说："不要烦人。"我们用少量乏味的玩具把他们拴在我们身边，让他们寸步不离、俯首帖耳，就像阿尔菲耶里被拴在剧院的包厢里一样。他们可能会思忖，我们如此深爱的女老师为什么想要毁灭我们？为什么她想用任性压制我们？由于任性，她不允许我们发展身上的潜在力量，并把我们拴在空洞、乏味的东西上，难道仅仅因为我们爱她？

于是，儿童为了拯救自己，应当像阿尔菲耶里一样坚强，但他们往往做不到。

我们没有发觉，儿童是被压迫者，并且我们正在毁灭他们，其后我们要求他们在一瞬间从萌芽长成大树，凭借我们无所不能的行动。我们希望他们长大成人，但却不让他们成长。

为数不少的人在阅读阿尔菲耶里的历史时会想，他们希望自己的子女更有出息，他们希望不必设置具体障碍，诸如剪去发辫、用绳把身体捆绑在椅子上，以对抗诱惑；而希望一种精神力量就足以对付诱惑。正如我们一位伟大诗人，歌颂罗马的卢克莱契亚[①]，又责怪她自杀，因为如果她有更多美德，她就应当遭受凌辱而"痛苦地死去"。

现在，那位胸怀精神理想的父亲，可能不再问自己做了什么，为让

---

① 卢克莱契亚（Lucrezia），传说中的古罗马烈女，贵族科拉提努斯美丽、贤惠的妻子，后被罗马暴君塔尔奎尼乌斯之子奸污。她要求父亲和丈夫为其报仇，随即自杀。被激怒的罗马民众奋起造反驱逐暴君。据传这一事件发生在公元前 509 年，标志着罗马共和国的诞生。

自己的儿子变得坚强并提升到接受精神帮助的高度。他很可能是这样一位父亲，其各种关心都在摧毁儿子的意志，都在使儿子屈从于他的意志。血肉之躯的父亲不能让精神提升：那是人从心灵深处在寂静中发出的神秘之声。噪音刺耳因其反对自然规律，就像那个妄图让一个生命屈从自己的父亲的声音，它破坏了"寂静"，正是在"寂静"——和平与自由——中，神圣事业得以完成。没有"意志坚定"的人，一切都将枉然。

据说，以前一位神甫把一个想进加尔默罗会的姑娘引荐给圣泰蕾莎①，他认为，这位姑娘具有天使般的品质。圣泰蕾莎接受她为新修女时，回答道："您看，我的神父，主把虔诚给予这个女孩，但她现在却没有判断力，以后也不会有；她将成为我们永久的负担。"

某些人认为圣女贞德②是天主启示的简单工具，但当代一位大神学家，在封圣所需程序中研究其个性，说道："谁都不要再自欺欺人了：圣女贞德不是超自然力量的盲目、被动的工具。法兰西的解放者拥有其全部个性：她独立自主地做出决定并采取行动，就是最好的证明。"

我确信，教育工作者的事业，首先在于捍卫并指导儿童的力量，不要干扰其发展；然后，让未来的成人同精神接触，精神蕴藏在他们身上并应为他们服务。

---

① 圣泰蕾莎（S.Teresa，1515—1582），西班牙修女，1562年她重整加尔默罗会会规，恢复该会的原始纪律并要求会员冥思。她的改革称作"赤脚运动"。

② 圣女贞德（Giovanna d'Arco，1412—1431），欧洲战争史上最富传奇色彩的人物之一。法国民族英雄，曾率领军队把法国从英格兰的统治下解放出来。1920年被罗马教廷封为圣女。

八　智　力

现在考察我们想要实现的儿童自由的"关键"是什么，即促进儿童接受教育所需机制的关键是什么。

"自由活动"的儿童，在活动中完善自己，其活动必有一个"智力目的"。"自由发展其内在个性"的儿童，能持之以恒地做一件工作，并在这一基本现象基础上塑造自己，他们受智力目的的制约和指导。若没有这种智力目的，儿童不可能坚持不懈地练习，塑造自己和不断进步。当我们逐渐地不再对被束缚的儿童发号施令，让他们摆脱我们个人影响，并想要给予他们适合的环境，让他们同各种"发展手段"相接触，我们就会让他们对"自己的智力"有信心。于是，他们的运动活动就会演变成具体行动：他们洗手洗脸，打扫房间，擦拭家具，脱换衣服，叠起地毯，布置餐桌，种植花草，照看小动物。他们选择有益于发展的工作，并持之以恒地投入，被一种感觉教具的兴趣吸引和指导，这种教具引导他们区分不同事物，进行推理和纠正错误。以这种方式获得的收获，不仅是"内在塑造的动因"，而且是不断前进的推动力。这样，他们从简单事物过渡到日益复杂的事物，通过头脑那不断形成的内在秩序和获得的能力，除了成为文化的主人外，还不断形成自己的性格。

因此，我们让儿童自己发展，就是让他们的智力得到发展。不是如人们通常认为的那样，让他们发展"其本能"，其含义恰恰是指动物的本能。我们惯于把儿童归入猫狗或家畜的行列，一个"自由的孩子"，

小学内自我教育

总让我们想到一条狂吠、活蹦乱跳和偷吃美食的狗。我们惯于把按兽类对待的儿童的造反行为、潜在抗议、失望沮丧，视为"邪恶本能"的表现。或许为让他们摆脱如此屈辱的窘境，应当虚构出辩护词：为了提高他们的地位，我们先把他们比作植物和花朵，接着竭力尽可能实际那样对待他们，如同植物一样保持身体"不动"，甚至不允许他们有植物的感觉，让他们沦为奴隶。然而，他们永远不会长成我们所期待的"散发出伊甸园芳香"的奇花异草；相反，他们"衰退"的迹象逐渐显露，他们身上的"人类本质"遭受凌辱，直至死亡。

然而，我们若让儿童"像人那样自由"，把他们放在智力的健身房，他们就会成为截然不同的类型。

恰恰需要根据这种类型构建新观念，讨论"自由"的问题。

智力自由应当是问题的关键，我确信，也是解决人类的社会自由问题的关键。近年来，人们非常肤浅地讨论"思想自由"。对儿童也有类似的偏见，人们相信"任凭他们自由思想"，就能获得人的"自由"；但他们有能力"思想"吗？如此"自由"的时代难道不是大脑神经衰弱的时代吗？难道不是一个讨论制定给文盲以社会权利的法律的时代吗？

现在，我们举个例子：如果我们让一个病人在疾病和健康之间选择，这样能使他自由选择吗？如果我们把一些真、假纸币给一个没有文化的农民，并且让他自由选择，如果他选择假币，他不自由，因为他受到欺骗，如果他选择真币，他同样不自由，因为他只是运气好。只有当他拥有的充分知识，不仅用以区分真币和假币，而且用以思考真币和假币的社会效用，他才是自由的。正是这种"内在塑造"让人自由，无须得到"社会认可"，即无须外在地获得自由。如果人的自由不是如此简单的问题，否则通过一条法律：允许盲人看见东西、聋人听到声音，我们就能让那些不幸的人们恢复正常人的状态。

我们真诚期望，终有一天应当承认，人的基本权利，是摆脱任何障碍和奴役、从环境中自由获取发展所需手段的"自由塑造"的权利。说到底，也是在教育中解决关乎"个性"社会问题的基本途径。

现在，儿童给我们的启示，即"智力"是揭示他们成长秘密的关键，是他们内在建构的手段。

因此，智力卫生学就具有至关重要的意义。当人们承认智力是儿童成长的手段和生活的支柱，它就再不能"用以"实现令人怀疑的目的，也再不能不加辨别地被窒息或压制。

在不久的将来，儿童的智力肯定会成为我们细致入微和想方设法关注的对象，而今天我们应用昂贵和费力的手段关注儿童的身体及其附属物，诸如牙齿、指甲和头发。如果我们想一想，一位非常了解其孩子头发的危险及补救药剂的母亲，会毫无察觉地压制和奴役孩子的智力，如果今天生命大厦的多余饰物和基础之间的冲突状况没有改变，我们就应当立即承认，通向文明的新道路应当相当漫长。

☆　☆　☆

什么是智力呢？我们不用上升到哲学家们给出的定义，我们只需考察促使心智形成并同环境相联系的所有反射、联想及再造的活动。贝恩[①]认为，对"差异"的意识是所有智力练习的开端；心智迈出的第一步是"区分差异"。其对外部世界认识功能的"基础"是"感觉"。收集事实材料并将它们加以区分是智力形成的开始。

让我们更精确、更清晰地分析智力。

向我们展示的、作为智力发展指数的第一个特征涉及时间。平民百姓很好地把握这个最初特征："快"成为聪明的同义词。对一个刺激飞快做出反应，观念联想快捷，能快速做出判断，这都是智力最明显的外在表现。这种"快捷"无疑和收集环境印象、建构意象、内心收获的外现能力有关。所有这一切都可以通过类似心智"体操"的练习实现快捷：收集大量感觉材料，连续不断地让它们相结合，从中做出判断，养成自由表达判断的习惯。正如心理学家所说，这一切使得传导通道和联

---

① 贝恩（A.Bain，1818—1903），英国哲学家。他对心理过程的研究促进了心理学的发展。

想通道更加畅通，"反应的时间"更短。正如在受智力支配的肌肉运动中，重复做动作不仅使动作更完美，而且使动作更快捷。上学的聪明孩子不仅善于理解，而且理解快捷。相反，如果某个孩子学习相同东西却花更多时间，比如用了两年而不是一年，我们就说他发育迟缓。人们说"快捷"的孩子"不让任何东西逃脱"；他注意力总高度集中，随时准备接受各种刺激。就像极其灵敏的天平对任何微小重量变化都有反应，他的敏感大脑对任何微弱的呼唤都能回应。其次，他的联想同样快捷，人们说"他理解快如闪电"，以形容其思维精准。

现在，让智力机制"运转"的练习，只能是一种"自我练习"。另一个人代替我们练习，让我们获得技能，那是不可能的。

感觉练习唤醒并加强我们孩子们的中心活动。当感觉和刺激孤立时，儿童在自己的意识中有清晰的感知；当他们感觉到热、冷、粗糙、光滑、重、轻，当单独的乐音或噪音传入他们耳中；当在一片寂静中闭上双眼等待一个细微呼唤，外部世界仿佛叩响他们心灵的大门，并唤醒他们心灵的活动。其后，当众多感觉在丰富多彩环境中汇总时，它们将和谐地相互影响，并强化被唤醒的活动。例如：一个聚精会神画画的孩子，听着悦耳的乐曲，会找到更美的色彩；另一个孩子静观学校赏心悦目的环境和盛开的百花，会唱出美妙动听的歌曲。

我们的儿童在开始自我教育进程后，表现出的第一个特征是其反应更胸有成竹、更快捷：以前可能未被察觉或未引起注意的感觉刺激，现在被强烈地感知了。他们认识了事物与事物之间的关系，从而所犯错误能够很容易被发现、判断和纠正。通过感觉体操，儿童恰恰做这种原始、基本的智力练习，这种智力练习唤醒中枢神经机制并促其运转。

从外在表现看，我们的孩子活跃、快捷，对极微弱的呼唤反应敏感，随时准备朝我们快速跑来，他们注意力高度集中于自己的每个动作及可能遇到的外在事物；和他们相比，普通学校的孩子迟钝，后者的动作粗俗，对刺激的反应冷漠，不能自发地联想；这让我们想到今天的文明和古代文明的比较。和我们相比，古代的文明环境节奏缓慢，我们已会节省时间。过去乘马车出行，现在人们坐汽车，甚至坐飞机；过去人们很难远距离说话，现在用电话通话；过去人们一个一个地被杀，现在是成千上万人被杀。确实，这让我们认识到，我们的文明不是基于对"生命和心灵的尊重"，而是基于对"时间的珍重"。仅仅在其外在部分上，文明走过其进程。文明变得更快捷，它让机器运转起来。

然而，人类没有做好相应准备以跟上文明步伐：个体尚未系统地加速；这个急速变化环境中的儿童，不是新型的人，并非更积极、更敏捷、更聪明。改变的人性尚未提升到应对万物、利用征服外部环境为人造福。迟钝的人在这种文明中也节省时间和金钱；但他们的精神被诈取、受压迫。

如果人类不奋起改造自己，和自己创造的新世界和谐相处，将面临危险：终有一天，被新世界粉身碎骨。

☆　☆　☆

我们的孩子反应快速，只是智力的外在表现。快速反应不仅和练习有关，而且和逐渐形成的内在秩序有关：这种重新整理的深层工作，具有智力形成的最确切意义。其后，秩序是反应快速的真正关键。在混乱的心智中，辨别一个感觉如同能够推理一样困难。在一切事物中，包括社会事物，正是组织和秩序促使快速发展。

"会区分"是智力的特征：区分就是排序，在生活中，区分为"创造"做准备。通过秩序创造得以扩展。在《创世记》中也有这种思想。上帝没有准备好就不开始创造；这种准备就是在混沌中确立秩序："上帝就把光明和黑暗分开。并说：天下的水应该汇聚在一起，使陆地显露出来。"在意识中可以存在丰富多彩的内容；但当存在心智混乱时，就不会出现智力。智力出现恰恰如同出现能清晰辨别事物的一种光："应该有光！"

于是，可以理直气壮地说，帮助发展智力就是帮助意识的意象排序。

我们应当思考 3 岁孩子的心智状态，他已经看见了世界。由于他看到许多东西而感到疲劳，进而昏昏欲睡。没有人想到，走路对他来说就是工作；当他的感官尚未适应，他必须不断纠正感官的错误，当眼睛不能准确估量大小时，就要用手去核实。此时，看和听都很劳累。因此，在刺激过多的地方，孩子感到压抑，往往会大哭或昏睡。

3岁孩子的心智异常混乱。

他就像一个收藏了大量图书的人，杂乱无章地堆放那些书，自言自语道："我怎么办？"当他把那些书编目上架，就可以断言："我拥有一座图书馆。"

通过我们所谓的"感觉练习"，我们让儿童可以区分和分类。实际上，我们的教具分析并代表事物的属性：大小、形状、颜色、表面光滑或粗糙、重量、温度、味道、噪声、洪声。它们是事物的性质，而不是事物本身，尽管这些性质彼此分离，但它们都由事物代表。其后，长、短、厚、薄、大、小、红、黄、绿、热、冷、重、轻、粗糙、光滑、芳香、噪声、洪声，这些特性和一系列按序排列的"事物"一一对应。这种按序排列对于秩序来说至关重要。事实上，事物的性质不仅在质上不同，而且在量上也不同。可能高一些或低一些，厚一些或薄一些；声音有不同的调性；颜色有不同的饱和度；形状之间可能有程度不同的相似之处；粗糙或光滑的状态也不是绝对的。

感觉教具用来区分这些事物的性质及其程度。首先，通过成对教具和立体插件教具的大量练习，让儿童证实两个刺激的同一性。

当授课唤起儿童对同一种外在事物的注意时，就确证了差异性：明、暗、长、短。

最后，儿童开始区分各种属性的不同程度，把同一种教具排序，正如相同色调、不同饱和度的色板，发出八度音的乐钟，或代表长度的十进位教具，代表厚度的百进位教具，等等。

正如我们亲眼所见，这些练习对儿童具有巨大吸引力，他们连续不断地反复做。女教师用一个词确认每个收获；这样，就完成了分类，甚至有了分类卡片，即根据名称能够让人想起属性及其意象的表格。

现在，由于我们除根据事物属性来区分事物外，没有其他可能性，从而对这些属性的分类本身就包含所有事物的基本秩序。现在，世界对儿童来说不再是混沌。他们的心智有点儿类似于图书馆井然有序的书架，或一座藏品丰富的博物馆陈列架，所有展品分门别类，各就各位。他们学习的成果不再被"贮藏"，而是被"安放"。这种原始秩序从不会被打乱，只能用新材料加以丰富。

这样，儿童在获得区分事物的能力同时，就奠定了智力的基础。无需重复这种秩序成为儿童探寻环境中事物的内在动力；他们现在去"识别"环绕自己的事物。当他们惊喜地发现天空蔚蓝、手背光滑、窗户长方形时，其实他们并没有发现天空、手和窗户，而是发现各自在心智秩序中的位置。这就决定了内在个性的稳定平衡，这种平衡带来平静、力量和获取新知的可能。如同协调其功能的肌肉，使身体保持平衡，让身体驾轻就熟地完成所有动作，既稳健又安全。这种秩序益于节省力量和时间；正如一座井然有序的博物馆使得探寻者能够节省时间和精力。这样，儿童就能从事大量工作而不觉疲劳，能在更短时间内对刺激做出反应。

☆　☆　☆

在心智业已存在的稳固秩序基础上，将外在事物加以区分、分类和编目，这就是智力，同时也是文化。还是一种共识；如果一个文人根据作品风格可以识别出作者，或一个时代文学作品的特征时，就可以说他"精通文学"。同样，如果某人根据一幅画儿用色方式判断出画家，根据浅浮雕的碎片判断出作品的时代，就可以说他"精通艺术"。科学家也属于相同类型。他们会观察事物，能够发现其最微小部分的价值；从而能够明确感知事物特性之间差异，并能够将这些差异分类。科学家根据其心智秩序区分事物。一株花草、一种微生物、一种动物或动物残骸，对他们都不是谜，虽然他们并不认识这些东西。可以说化学家、物理学家、地质学家、考古学家也是如此。

并非事物直接知识的积累造就文学家、科学家、智者；而是应当接纳知识积累的头脑中形成的秩序。相反，未受教育者只有对事物的直接认识，可能是一位深夜读书的夫人，或许是一位在花园里度过一生的园丁，实际上他只区分园中的植物。这些未受教育者的认识不仅杂乱无章，而且只限于他们直接接触的事物。相反，科学家的认识是无限的，因为他们能够对事物的属性进行分类，能够识别所有事物的种类、彼此关系和各自起源；事物本身不可能自己显露这些深刻的事实。

现在，我们的儿童如同那些艺术"鉴赏家"，如同那些"科学家"，他们根据属性识别外部世界中的事物，并对它们进行分类；从而他们对所有事物都敏感，每一事物对他们都具有价值。相反，未受教育的儿童对事物视而不见、听而不闻；正如无知者从艺术品旁匆匆走过，或古典音乐从耳边飘过，他无动于衷——既不了解，也不会欣赏。

现在通用的那些教学方法和我们的教学方法背道而驰。那些教学法首先取消儿童的自发活动，将事物及其所有属性直接地介绍给他们，要求他们对每个事物都注意，希望无需指导和秩序，他们的头脑就能从这一切事物中抽象出各个属性。这样，那些教学法就在被动者那里制造了人为混乱，比大自然可能提供混乱更有局限。

今天通用的"直观"教学法在于介绍一个教具并指出其所有属性，即描述该教具，这只是通常的"感官"记忆法的变种：不同的是不描述现场不在的东西，只描述现时展示的东西，不靠想象来重新构建，而是由感官来参与。这样做旨在事物本身的不同性质被更好地记住。被动的心智只接受展示事物的意象，并且把它们杂乱无章地"贮藏"。事实上，每一事物都有无限属性，正如在直观课中通常发生那样，教具本身的起源和目的都寓于这些属性之中，那么头脑就只能在世界里漫游。比如，我在一所幼儿园听过一节关于咖啡的直观课，女教师一边描述咖啡豆，一边让儿童观察其大小、颜色、形状、香味、味道和温度；接着，女教师又讲到咖啡树，甚至咖啡树漂洋过海运到欧洲的方法；最后点燃酒精灯，烧开水，磨咖啡豆，制作咖啡饮料：结果儿童的心智迷失在无限的空间，但女教师仍然没有讲完这个题目。因为她还能讲咖啡的兴奋作用，从咖啡中可以提取咖啡因，诸如此类，不一而足。这样的分析就像一滴油污四处蔓延直至弥散，无论以何种方式都不可能应用。如果我们问孩子："咖啡是什么？"他可能回答："说来话长，我记不起了。"一种模糊概念（当然不能说如此复杂）充塞头脑并使其疲劳，永远不能转化为能动的类似联想。儿童做出努力至多能回忆起咖啡的历史。他们的头脑若能联想，也只能是相近的、低级的联想：从讲述漂洋过海的女教师，联想到家里每天放置盛咖啡的杯子的餐桌；也就是说，当懒惰的头脑被一系列被动联想"牵着鼻子走"时，只能胡思乱想。

儿童的头脑沉湎于这种空想，不会出现任何内在活动，更不会形成个体差异。应用直观方法教育的儿童，永远都是纯粹接受型的生物，或说得更准确些，是一些仓库，设想那里可能有地方以贮存常新的货物。

从而，没有出现任何旨在识别其性质的、面向事物的活动，这种活动可以让儿童本身形成事物的观念。在他们的头脑中，也不可能根据相似性质把其他事物和最初事物联系起来。由于其他事物和最初事物应当在何处相似？在用途上吗？

当我们根据相似性把不同事物的意象联系起来时，应当从整体上抽取出这些事物的共性。譬如，如果我们说两块长方形小板相似，我们已经从它们众多性质，诸如木质、上漆、光滑、有色、温度相同等事实中，抽取出涉及它们形状的性质。它们是在形状上相似。这能让人们想起一系列的事物：桌面、窗户，等等，但为了能够联想，头脑必须首先会从那些事物的众多属性中抽象出长方形形状。头脑的这方面探寻工作必须积极，头脑分析事物，从中抽象出一种特定属性，并在这种属性的指导下，用相同连接方法把许多事物联系起来，同时进行综合。如果不具备从事物众多属性中选择单一属性的能力，那就不可能根据共性进行联想、综合和全部高级智力工作。此外，这才是实际的智力工作，因为智力的性质不似"拍摄"事物，然后把其照片一张张地放在相册中，或者如用瓷砖铺地面，一块块地排列整齐、严丝合缝。这种简单的"贮藏"工作是对智力本性的践踏。智力具有整理、辨识的独特功能，能够区分和抽象事物的重要特性，并且在这些重要特性基础上，智力建构自己的内在结构。

现在，在接受的教育帮助下，我们的儿童的头脑已具有条理性，能对事物的属性进行分类，他们不仅能根据自己分析的所有属性来观察事物，而且还能区分出相同、差异和相似；通过这种工作，从与单独考察的、一组感觉对象对应的各种性质中、抽取出一种性质就更容易、更自发。换言之，对儿童来说，识别一个事物的不同性质更容易，正如指出某些事物形状相似或颜色相似；因为"形状"和"颜色"已经被精确分类，从而可以根据共性联想起一系列事物。对属性进行分类，如同磁石对确定性质具有吸引力；具有那些确定性质的事物受到吸引并相互结合。这就是根据共性产生的联想，几乎是一种机械化联想。我们的一个孩子可能会说：书是菱形的；这一判断将是相当复杂智力工作的结果，如果他的头脑中没有形成菱形的清晰概念，他没有受到环境中具有此种性质的所有事物的吸引的话。于是，白色纸张上印上黑色字母，白色受到已将颜色系统化的孩子的头脑的吸引，经过其头脑整体综合后，他就能够说：书是由白纸印刷而成的。

个性的差异正是在这种积极工作中得以显现。可以吸引相似事物的属性是什么呢？如何选择能作为基础进行联想的重要特性？一个孩子发现窗帘是浅绿色的；另一个孩子却发现那个窗帘的布料轻柔；一个孩子对手的肤白有印象；另一个孩子却被手背皮肤光洁吸引。对一个孩子来说，窗户是长方形的；对另一个孩子来说，窗户玻璃透明能看到蔚蓝天空。儿童对主要特征的选择，成为一种"自然选择"，和他们天生的气质有关。

相反，一位科学家选择对自己的联想最有用的特征。一位人类学家可能选择头形以区分人种，而另一位人类学家可能选择肤色；这没有什么不同。两位人类学家都可以对人类外在特征有精确认识，但至关重要的是找到一个可以作为分类基础的特征，也就是以这一特征为基础，给众多特征按相似性排序。从事普通职业的人们会从功利观点、而非科学观点考察人类：帽子制造商从众多人的特征中抽取头的大小；一位演说家从其言词可能打动人心的观点看待人。然而，这种选择是旨在实现某种目的的必要步骤，为了走出空泛进入实际，为了走出浮想联翩进入实际行动。

被创造的和存在的万物的特点是都有局限。我们心理感觉机制就建立在选择基础上。感官做什么用？如果不是只对某种颤动（不对其他颤动）做出回应？这样，眼睛只限于看到光，耳朵只限于听到声音。为了形成心智的内容，第一步必须是收集有限材料。然而，心智还限制感官的可能收集，以内在选择活动为基础发展心智。于是，注意力只集中在特定事物上，而不是所有事物上；意志在众多可能行动中只选择实际应完成的行动。

高级智力活动也按这一方向完成。通过类似注意力和内在意志的行动，智力抽象出事物的主要特征，进而联想并形成其意象。智力"忽略"大量类似压舱物的东西，它们只能使智力内容变得混乱无形。每一高级心智都能把本质的东西同表面的东西区分开，并摒弃表面的东西，从而能够发挥其富有特色的清晰、精致和生动的创造性。智力能够抽象出对创造性生活有用的东西，并能够在宇宙中找到保持其健康的手段。没有这种独特活动，智力就不可能建构；它就会是从此物到彼物的漂浮的注意力，就会是不能决断以采取任何行动的意志。

詹姆斯说："可以假设上帝同时关照世界的所有最微小部分，又没有损害其活动。但人类的注意力若这样分散，我们就将简单、空泛地静观万物，不会找到采取某些特殊行动的时机。"

生活的一个奇妙现象，就是若没有确定限度就将一事无成。和形状及大小不定的矿物相反，任何生物都有"形态"和"规模"，生物的这种神秘现象在心理生命中也反复出现。心理生命的发展，其自我创造，只是日益精确的限定，不断进步的"集中"：就是这样，从原始的混沌出发，我们逐渐地"塑造"自己独特内在形态。

形成一个事物的概念，进行判断和推理，这些可能性都以此为基础。当我们认识圆柱的所有属性后，就能抽象出一般事实——圆柱是支撑物，这一综合观念是建立在选择的性质基础上的。这样，在我们做出的判断——圆柱是圆柱体——中，我们是从许多其他性质中抽象出一种性质，那些性质诸如圆柱是凉的、硬的、碳酸钙成分，等等。只有这种

小学内自我教育

选择能力才能进行推理。例如，在证明毕达哥拉斯① 定理时，孩子们摆弄铁质平面插件，他们应当从确证长方形和菱形的面积相等、正方形和同一菱形的面积相等这一点出发。证实这一事实才可能进行如下推理：因此，正方形和长方形面积相等。如果这个属性没有确定，那么思维就不可能得出结论。头脑成功地发现两个类似图形具有共同属性。正是这种发现能推导出一系列结论，通过这些结论，最终能够证明毕达哥拉斯定理。

☆　☆　☆

现在，对于意志，决定是以个体本人能进行的、推动力和抑制力的系统练习为前提，直至形成了习惯。对于智力，同样个体必须在外在手段的指导和帮助下，自己练习联想和选择的活动，直至最终消除一些观念选择另一些观念，初步形成具有个性特点的、"典型"的思维习惯。由于在心智可以建构的所有内在活动深层，正如注意力现象所显露那样，存在着个人倾向、"天性"。

毫无疑问，懂得和掌握他人推理和自己能"推理"截然不同；向一位艺术家学习，按他对色彩、和谐和形式的偏好观察外部世界，和以制约自己艺术创造的审美取向实际地观察外部世界，真是判若云泥。在学习"他人东西"者的头脑中，就像小商贩肩上装东西的口袋里，欧几里得② 的问题答案，拉斐尔③ 作品的形象，地理及历史的知识，文体学的规则，不分主次和轻重、杂乱无章地放在一起。相反，一个利用这一切为自己生活服务的人，就像一个人得益于小商贩口袋里的相同东西，获

---

① 毕达哥拉斯（Pitagora，约公元前580—约前500），古希腊哲学家、数学家和毕达哥拉斯教团创始人。毕达哥拉斯定理亦称勾股定理，就是直角三角形斜边上的正方形面积等于直角边上正方形面积的和。

② 欧几里得（Euclide，活动时期为公元前3世纪），古希腊数学家，被誉为几何学之父。

③ 拉斐尔（S.Raffaello，1483—1520），意大利画家和建筑师。

得自己的幸福、慰藉和舒适。但是，那些东西不再无序无目的地堆放在封闭的口袋里，而是井然有序地放置在宽敞、干净的大房间里。"建构"的头脑能够容纳更多知识，远超过口袋里杂乱装下的东西；在这样的头脑内，正如在大房间里，东西彼此分开，和谐地放置，其用途一目了然。

在他人企图用滔滔不绝解释迫使我们"理解"，和靠我们自己"理解"简直判若天渊。前种情况如同在松软的蜡上压印一个形象，随后去掉、用其他形象代替；后种情况就像一位艺术家在大理石上雕刻出艺术形象。"靠自己理解"者有一种意外的印象：他感到自己的意识获得解放，光芒照亮其心灵。可见，理解并非无关紧要：它是某些事物的开端，有时是我们更新生活的起点。对人类来说，智力兴奋比任何其他兴奋更有价值。有众多新发现者肯定享受人间最大快乐；即使单纯"理解"者也能高尚地享受，他能俯视并战胜极端痛苦状态。事实上，一个遭受灾难者，如果能够做到知己知彼，或明白自己痛苦的原因，就会感到宽慰，感受到"得到拯救"。在他突然陷入的混沌黑暗之中，射入一道明亮的智力之光，使他感到欣慰。最为困难的是，在黑暗时刻能找到脱险的道路。我们想一想：一条狗会在主人的坟墓前痛苦地死去，而一位母亲却能在自己独生子的坟墓前勇敢地活下去；这立即说明"理性"造成二者的巨大差异。狗不可能拥有理性；它必然死亡，因为没有任何智力之光射入黑暗迷雾，让它战胜极度沮丧和痛苦。

然而，对普遍正义的向往，对逝者的深情怀念（让他们和我们同在），拯救了人类。不是只能拯救动物的遗忘，而是智力和宇宙建立的关系能让痛苦的灵魂平静。这样的安慰不会来自一位教授乏味的讲课，也不会来自铭记一位对我们心灵状态感到反感的科学家的理论。当人们说"变得理智"、"从原则中汲取力量"时，意思就是：不断探索的智力自由地完成建构和拯救的工作。

现在，如果智力在"理解"中能够拯救我们——战胜死亡的危险，那么它能给人类带来多大慰藉和欢乐啊！

当人们说到"茅塞顿开"，是指一种创造性现象，不是被外在粗暴强加的印象搞得筋疲力尽。茅塞顿开是伴随极度兴奋的积极理解，因此"感到"是"内在大事"。

我曾经认识一位失去母亲的女孩，她受到学校枯燥教学的压抑，几乎不能学习和不能理解讲课内容。这种缺乏情感的孤独生活加重头脑的疲劳。她的父亲带她到乡间，过了几年小野人般的生活，然后让她返城，请了几位"教授"来家给她单独授课。女孩学习仍然既疲劳又被动。她的父亲经常问她："你的头脑开窍了吗？"女孩总回答："我不知道；什么是开窍？"由于我生活中的奇妙巧合，这个女孩托付给我照管。那时我还是医学院的大学生，我尝试做最初的教育实验，这里我不想赘言，虽然值得关注。有一天，我们在一起，她在学有机化学，突然停下，两眼炯炯有神地看着我，说："看，现在，现在，我懂了！"然后，她站起身，边跑边大声喊"爸爸，爸爸，我的头脑开窍了！"当时我并不知道这个女孩的经历，我既惊奇又激动。她紧握父亲的双手，反复对他说："现在我可以对你说，对，对，以前我不知道什么意思：我的头脑开窍了！"父女的欢乐，他们在那一时刻的心心相印，让我想到：当我们让智力受奴役时，我们就失去生活的欢乐和源泉。

事实上，对我们自由的孩子们来说，每个智力收获都是欢乐的源泉。他们在享受这种欢乐后，就轻视其他低级欢乐——甜点、玩具和虚荣。

正由于这一点，他们在静观他们的人们面前变得高尚。

他们的欢乐是一种高尚的欢乐，是一种将人和动物区分开的欢乐，甚至是一种能把人从痛苦和黑暗中拯救出来的欢乐。

当人们指责我们的方法，想为儿童"欢乐"服务。这种指责是不道德的，不是冒犯该方法，而是冒犯儿童。因为在这种指责中，主要是对儿童的诽谤，把他们视为畜类；认为他们的"欢乐"只是贪食美味、懒惰或更糟糕的恶习。然而，这些恶习绝不可能让儿童数小时、数天、甚至数年持续"欢乐"。只有当儿童把握"人的欢乐"，欢乐才能持久而富有活力，那种喜悦让人记起那个女孩，她飞快地奔向父亲，告诉父亲她终于走出让她备受折磨的黑暗迷雾。

今天只是发现真理的天才的智慧之光的那些"临界点",不是代表心理生活的自然现象吗?天才的表现不能是因非凡个性而脱险的"强壮生命"的表现吗?因此,这种非凡个性不是恰恰能独自揭示人的真正本性吗?于是,这种类型普遍,所有人都或多或少显现出此"类型"的特征。儿童走的"积极塑造个性"的"道路"就是天才的道路。他们的特点是注意力高度集中,全神贯注工作、不受环境刺激干扰,在强度和持续时间上与内在事实的发展相一致。正如在天才那里,那种全神贯注不会没有结果,而是智力提高和内在快速发展的源泉,尤其是实施的"外在活动"的源泉。

因此,可以说天才是挣脱羁绊、保持自由的人,他在众人眼前展示他所获得的人性旗帜。

那些挣脱自己时代羁绊的人们的所有表现,几乎都能在我们的孩子们身上找到。例如,今天大部分人不了解崇高的"内心服从",只有僧侣例外,他们把它视作理论,并只以圣徒榜样来沉思;那些构建强大内在生活必不可缺的手段,属于宗教信徒的自我修养,他们要系统地"沉思"。除了宗教信徒,无人遵从默祷的仪式。我们刚刚学会在智力上区分沉思和"学习",例如,我们知道,连续不断地阅读大量书籍,会消耗体力和脑力;而学会背诵一首诗,就是说多次重复,直至铭记在心。所有这些都不是"沉思"。

一人背诵但丁的一首诗,另一人沉思《福音书》的一节,这是在做截然不同的两件事。但丁的诗歌一时"装饰"头脑,只留下印象,但没有留下自己的痕迹。而被沉思的《福音书》那一节,将发挥改造和塑造人的作用。沉思者让自己的头脑尽可能摆脱任何其他意象,全神贯注于沉思的对象,并让所有内在活动,或如僧侣所说"心灵的全部力量",都汇集于这一点。

人们从沉思中期待的是"力量的内在硕果":心灵更强健,更凝聚,更积极;其后,心灵能对已经发芽的种子产生影响,促使它长出茎叶、开花、结果。

现在,我们的孩子们选择遵从天性发展的方式就是"沉思"。因为

小学内自我教育

其他方式不可能让他们长时间地关注一个事物，并从中逐渐获得内心的成熟。儿童持之以恒地关注一个对象的目的，显然不是"学习"：他们是出于内在生活的需要，才坚持不懈地关注，内心生活应当凭借其手段不断建构和发展。儿童以这种方式开始并继续其"成长"。这是一种才能，逐渐使他们的智力变得井然有序和丰富多彩。当他们沉思时，就走上了前途无量的进步之路。

通过对事物的沉思练习之后，我们的孩子们才能喜欢肃静，其后，发生给人深刻印象的现象，当他们活动时竭力不发出声音，不做出不雅的动作，因为他们正在愉快地品味精神"集中"的丰硕果实。

这样，他们的个性得以巩固和强化。练习是为实现此目的的手段，它可以逐步地完善儿童感知外在世界的精确性，他们在一种持续的、自发的活动中观察、推理和纠正感觉错误。是他们在活动，他们选择事物，持之以恒地做一件工作，是他们在环境中探寻全神贯注的可能性。每一个人都根据内在动力而行动。他们不受教师的干扰，不受显然比他们权威的人士的干扰，后者用引以自豪的丰富知识压迫刚刚开始生活的可怜儿童，没有给予他们光明，而是让黑暗的迷雾笼罩他们，不是让他们生龙活虎，而是让他们死气沉沉，但仍和他们和平相处，后者表面上威严如教皇，但实际上是奴仆。正如在一所理想化的修道院，谦恭、质朴和勤奋构成那里的环境，在这样的环境中，那些沉思者终有一天感到自己具有敏锐洞察力、直觉力，从而准备接受真理。

沿着相同道路，可以实现另一目的，在修士般宁静、简朴和谦恭的氛围中，精神准备在人生的起点接受信仰。

多年前，我就有印象：我们的孩子们揭示了生活的普遍原则，而以前我们只能在同社会的知识精英和精神领袖相处时才能发现。因此，他们同时也揭示了一种尚未认识的压迫形式，这种压迫形式让人类难以负重，并使人类内在生活变形。我和一位聪慧的女士就这种感受谈了很长时间，她对我的"理论"很感兴趣，并热切希望我写一篇哲学论文；但她的头脑尚不适应仅是实验事实的东西。我听到她议论孩子们，她极不耐烦地说："我懂得，我相当懂得这些孩子们，在智力上他们有天赋，在美德上他们是天使。"我一再坚持，她终于前来看看，她紧握我的手，注视着我的脸，对我说："你想过没有，你难道不会随时死去？因此请你立即写，尽可能快地写，就像写一份遗嘱，简单地描述事实，千万不要把这个秘密带进坟墓！"

然而，我一直很健康。

☆　☆　☆

如果我们观察天才人物的智力工作，我们应当把开辟新思维道路的发现归功于他们。他们带来幸福和社会进步的新形式，我们应当确信在这些新形式中没有什么奇特的、让一般人难以接受的东西。贝恩说："天才具有非凡的根据相似联想的能力。"恰恰在发现的"中心"，只有精确的观察和极其简单的推理，在发现被天才完成后，所有人都认为自己也能做到。一般说来，是收集"显著性"，但一般人却视而不见。

可以说，天才具有在自己意识中孤立一个事实并将它和其他事实区分开的能力，正如在一间黑暗房间里，只有一束光落在钻石上。其后，那一思想冲击整个意识，并能为全人类构建某些伟大、珍贵的东西。

然而，占优势的不是奇特的东西，而是强化普通事物；是在同质领域中分离，而不是事物的内在价值，决定神奇的现象。可能在成千上万混沌的意识中，那块宝石就埋在一大堆笨重的废物中，甚至不可能把它们区分开；同时，懒惰继续让新事物穿过那宽阔的快倒塌的墙。在真理被发现之后，许多人发觉自己也能容纳那真理；在此种情况下，不是真理本身有价值，而是那位能够认识真理并将真理付诸实践的人才有价值。

多数情况是，发现的真理并非早已存在于混沌意识中，即使最简单的新的光芒，似乎也没有找到渗透意识的道路。

新真理作为外在、虚假的东西被摒弃；为了让"新奇"能进入头脑，需要很长时间，需要智力确立秩序并腾出空间。但终有一天，它会像钻石一样晶莹剔透。不是人的"天性"，而是人的"错误"让头脑厌恶"新奇"。由于这些错误，人们不仅不能"创造"，而且自身拒绝"接受"。从而，经常发生如下情况：拯救人类的先驱者，却遭到某种无意识的忘恩负义（内在黑暗的结果）的迫害。

哥伦布是怎样推理的呢？他想："如果地球真是圆的，那么从一点出发，一直走下去，应当回到出发点。"这是智力劳动的成果，让人们认识了一个新世界。

新大陆恰在哥伦布的航线上，从而他没有遇到死亡，这种命运得益于环境。有时，环境以惊人的方式奖励此种"小推理"。

确实，这一奇迹不仅是人的智力伟大工作的结果，而且是人的英雄气概的产物，这二者成就了他的伟业。哥伦布的巨大困难在于，他拥有这种认识，但要努力坚持让他人也相信并给他提供船只和水手，以帮助他完成伟业。产生作用的不是哥伦布的认识，而是他的信念。

那种简单、符合逻辑的推理，在哥伦布心中燃起比智力更具价值的火焰，使得一个出身卑微、几乎无文化的个人能够把一个世界送给王后。

据说，伏打①的妻子生病发高烧，伏打按当时的疗法，准备有名的剥皮青蛙做汤。那是个雨天，他把死青蛙挂在窗户的铁棍上，看到它们的腿在收缩。"如果死肌肉收缩，说明有外力的作用。"这就是"天才的""伟大发现者的"简单推理。为了探寻这种力，伏打利用其装置，能通过地线得到电流，那电仿佛有形，成为引起无限进步的"星星之火"。他提升了微小事实——死青蛙肌肉收缩——的价值，只是单纯考察，没有附加想象，并且专注于由此产生的问题：肌肉为什么收缩呢？这就是文明人类取得伟大成果所走的道路。

伽利略的发现与此类似。他站在比萨主教堂的地面上，观察着吊灯左右摇摆。他发现吊灯摇摆的时间相同：摆动的等时性成为所有人掌握计量时间的一个原理，对天文学家来说，也是计量诸世界的一个原理。

牛顿的故事更简单：当他躺在苹果树下时苹果落地，他想："为什么

---

① 伏打（A.Volta，1745—1827），意大利物理学家，发明了电池。

这个苹果落地呢?"从这样一个简单的原始问题,诞生了物体重力理论和万有引力理论。

我们研究帕潘[①]的生平时感到很惊奇:他的文化素养使他成为那个时代最为渊博的人,他是医生,又是物理学家,还是数学家。英国和德国的各大学纷纷邀他讲学并授予他荣誉称号。但是,他造福于人类,从而很伟大,仅仅因为锅里的开水把锅盖顶起,而他全神贯注地观察。"水蒸气是可以推动活塞的力量,正如推动锅盖,因此能够成为机器的动力。"帕潘的著名水锅是人类历史上的某种魔杖,从此以后人们不用过于劳累地劳动和旅行。还有多少类似神奇故事啊!多少让整个世界出现奇迹的伟大发现源于不足挂齿的小事啊!

这些神奇故事类似于生物的起源:生物产生于两个难以觉察的微小细胞,它们的结合不可原谅地创造许多非常复杂生命。

准确地感知,再把被感知的事物逻辑地联系起来,这就是高级智力工作。但这种工作需要注意力高度集中,从而头脑对一个对象持之以恒地沉思,这也是天才的个性特征;从这里产生活动丰富的内在生活,就像有发育能力的细胞是内在存在的结果。可以说这样的精神状态不仅在形式上,而且在"力量"上都与众不同。正是强健的生命中产生两个智力的星星之火,并让它们神奇无比。如果不是来自坚强、独立、能够持之以恒地工作、英勇无畏地行动的个性,那两个小小的智力火花就不被关注并自生自灭。由此可见,这一切让人们的精神强健,让他们沿着天才的足迹前进。

由于涉及智力本身,它应当完成的只是不大的工作,但这一工作要求清晰、摆脱无用的烦琐和玄虚。简单性引导发现;简单性就像真理是朴素的。只需要少而精;但这种少而精应建构强大整体,其余都是毫无价值的东西。

无用的东西越多,头脑遇到的阻力越大,智力之光变灰暗,力量被瓦

---

① 帕潘(Denis Papin,1647—1714),法国医生和物理学家。发明高压锅,首次提出由汽缸和活塞组成蒸汽机的设想。

解，以致人们不仅很难、而且不能推理和行动，甚至不能感知、观察实在。

☆　☆　☆

我们快速考察那些集体智力错误将饶有兴味，那些错误阻碍促使造福于人类简单新发现；甚至长期否定明显事实的存在，仅仅因为那些事实尚未被认识。

让我们研究一会儿疟疾的发现史。这一发现归功于英国人罗斯[1] 和意大利人格拉西[2]，前者通过鸟，后者通过人，发现疟原虫是疟疾病源，而疟原虫由按蚊接种到（易受侵害的）动物和人身上。让我们考察这一发现之前科学的状况。1880 年拉韦朗[3] 描写了一种动物型微生物靠消耗人体红血球生存，并造成人体的周期性发烧。进一步研究证实并准确叙述这一事实，而疟原虫也被普遍认识。众所周知，动物型微生物异于植物型微生物，在发生裂变（一个微生物分裂成众多和原来一样的微生物）的生命周期之后，出现雌雄两性形式，这两种形式彼此分离，不能再裂变，但应当融为一体；于是，微生物又开始裂变循环直至出现两性形式。

拉韦朗发现，在一些疟疾热自愈者的血中有大量微生物，它们不具有疟原虫的圆形，而是呈半月形和放射状。他把它们解释成疟原虫的变种，由于"形式改变"和"不能引起疟疾"，他认为它们是"退化的"微生物，这是因以前"劳累过度"而发生变形和失去功能。这样的形式被称作拉韦朗"退化形式"。1900 年发现疟疾的传播方式[4] 后，拉韦朗"退化形式"被认为是再生循环的两性个体，这种两性个体在人血中不可能结合，只能在蚊子体内产生新疟原虫。人们可以思考：拉韦朗为

[1] 罗斯（Sir.R.Ross，1857—1932），英国细菌学家，因对疟疾的研究而获得 1902 年诺贝尔生物学或医学奖金。
[2] 格拉西（G.B.Grassi，1854—1925），意大利医生，研究疟疾病并确定传播因素。
[3] 拉韦朗（A.Laveran，1845—1922），法国医生、病理学家、寄生虫学家。
[4] 疟原虫在蚊体内发育成孢子体经蚊的唾液传入人体。换言之，疟原虫在蚊体内进行有性生殖，通过蚊的唾液腺，叮咬人时进入人体，在人体内进行无性生殖。

什么没有简单地识别两性形式呢？他为什么从未在疟原虫（动物型微生物）中探寻结合期？如果他预先想到原生动物的完整循环，那么他就会识别并认识到了。与此相反，显然莫雷尔①的人类退化理论激活他的想象力；从遥远的理论跳跃到对疟原虫的解释，仿佛是天才之举。可以说这种天才之举、想象的归纳，妨碍拉韦朗发现真理。在这类错误中不难发现骄傲自大和草率轻浮。

然而，让我们更为震惊的是：为什么全世界成百上千的学者闭着眼睛接受拉韦朗的谬误呢？竟然没有一人独自考察原生动物的循环，为何没有一人想独立地开始研究这一现象？这种懒惰的思维形式是什么？为什么会在人身上发生？所有追随者都没有用眼睛注视疟原虫的两性形式问题，由于这个问题尚未解决，他们就把它束之高阁。他们肯定没有认识到，如果这个问题妨碍他们思维，科学的名誉和进步、人类幸福将受到影响，而问题在呼吁他们："你们快解决我吧！"

他们争先恐后地走得更远，对拉韦朗头脑的天才创造欢呼雀跃；还拾人牙慧地说：它们都是退化的形式。徒劳无益的理论只能吸引一群毫无觉察就放弃自己个性的人们。

生物学的另一发现是，肯定血液循环系统是脉管的封闭系统，被覆上皮组织不能被植物微生物这样不锐利的固体穿透，更不能被比微生物颇大却松软的圆形原生动物穿透。这个业已证明并广为人知的事实，不能不给学者们的头脑提出一个问题：疟疾的原生动物是如何进入循环的血液中呢？然而，从希波克拉底②、老普林尼③、塞尔苏斯④、加伦⑤的时代

---

① 莫雷尔（B.A.Morel，1809—1873），生于奥地利的法国生理学家。他将精神发育不全视为精神衰退过程的结果。

② 希波克拉底（Ippocrate，公元前460？—前377），古希腊医生，在西方被誉为医学之父。

③ 老普林尼（Plinio，23—79），古罗马作家和学者，代表作为37卷的《博物志》。

④ 塞尔苏斯（Celso，全盛于1世纪），公认的最伟大的罗马医学作家，被尊为罗马的"希波克拉底"。

⑤ 加伦（Galeno，129—199），古希腊医师、哲学家、语言学家。被视为希波克拉底之后最著名的医生。

起，人们就一直在说疟疾热病是由沼泽地的"有毒环境"、从早到晚的恶劣空气造成的。直至发现疟疾病源前几年，人们仍在种植蓝桉树，确信这种树木可以过滤和净化空气。为什么从未有人提问：疟原虫如何从空气进入循环的血液中呢？那些专门从事脑力劳动的人们的头脑为何如此麻木？因为他们的头脑冲塞着毫无个性的知识垃圾。

直至罗斯发现是按蚊叮咬鸟儿致使患上疟疾，形势才发生变化。

这样，最终基本推理导致认识了真理："如果鸟儿是因按蚊叮咬而患上疟疾，那么人也应当如此。"

简单的推理如同一支利箭，最终发现真理。人们再也不会感到不可思议：疟疾流行地区空气清新、土壤肥沃；只要不被蚊虫叮咬，从早到晚呼吸那里的空气，身体可健壮如牛；那些受疟疾贫血症折磨的农民，只要用蚊帐保护，就可以得救并恢复健康。但在最初惊奇之后，人们根据事实确信了真理，所有的聪明人都在抱怨：为什么以前我们没有发现呢？原生动物的循环不是众所周知吗？大家不是反复说血液循环系统是微生物不能穿透的封闭系统吗？想到吸血昆虫传播疟疾不是自然而然的吗？

多少学者感到荣誉和他们擦肩而过，他们就像以马忤斯[①]的朝圣者那样，耶稣被他们认出之前就走了，他们彼此一再说："在路上，他和我们说话、给我们讲解《圣经》的时候，我们的心岂不是火热的吗？"

许多人应当这样想：我们勤奋工作，却妨碍了我们思维；而只有一件事不可或缺：我们要谦恭、质朴，却要独立自主。相反，我们的头脑一片漆黑，让我们能够视物的光线不能照耀我们的头脑。

让我们考察更可笑的事实。从古希腊文明时代，我们就凭经验认识到"从天上"可以坠落"石头"。在最古老的中国编年史中记录过陨石的坠落。在中世纪和近代，更加频繁地传布关于陨石坠落的消息。甚至

---

① 以马忤斯（Emmaus），村名，在耶路撒冷西北约 25 里处。据《路加福音》第 24 章记载，耶稣复活的当天，有两个门徒伤心地回以马忤斯去，路上耶稣与他们同行，向他们讲耶稣复活的道理，但他们并未认出耶稣。

历史上记载了奇特的类似现象：1492 年坠落的陨星被德国的马克西米连一世① 用作基督教世界对土耳其开战的口实。直至 18 世纪此现象仍未被科学家们承认。最大的陨星之一，1751 年坠落在阿格拉姆②，大约重 40 公斤，被存放在维也纳的宫廷矿物陈列室。这就是德国博学者施图茨（Stütz）在 1790 年提及的那事："那些自然史的门外汉竟然相信铁从天而降，就连德国的开明聪慧之士也相信在 1751 年发生过此事，足见当时人们对自然史和物理学的普遍无知；在我们时代再也不能原谅类似的天方夜谭。"

就在 1790 年，一颗重 10 公斤的陨星坠落在加斯科涅③ 地区。一份由 300 名目击者签名的正式报告寄往巴黎科学院，而得到的回答是："收到如此荒谬绝伦的正式报告令人发笑。"④

几年后，当科学声学的奠基人、维腾贝尔格的克拉德尼⑤ 开始确信陨星现象，他被控告"是个对法律一无所知的人，从不思考对道德世界造成多大危害的人"；一位博学者公开声明："我就是看见铁从天而降，落在他的脚上，我也不相信这是真的。"

这比圣托马斯⑥的怀疑更严重，他说："我若未摸到，我就不相信。"相反，现在存在重 10 公斤、重 40 公斤的铁块，人们可以触摸到，但这位博学者却说："即使我摸到，我也不信。"

由此可见，为了相信而看见还不够；必须为了看见而相信。是信念导致看见；而不是看见产生信念。当《福音书》中那个盲人焦急地呼喊"请让我看见"时，他要求的是"信念"，由于他知道可以有眼，却看

---

① 马克西米连一世（Massimiliano Ⅰ, 1459—1519），神圣罗马帝国皇帝、德意志国王。
② 阿格拉姆（Agram），在克罗地亚的萨格勒布。
③ 加斯科涅（Guascogna），法国西南部地区。
④ 但一位伟大的物理学家没有感到可笑，他写道："看到市政当局用文件确信那是平民的流言蜚语，看到显然不可能的事实的真正证据，真令人痛心。"——原注
⑤ 克拉德尼（E.Chladni, 1756—1824），德国物理学家。
⑥ 圣托马斯（San Tommaso, 1225—1274），即托马斯·阿奎那，中世纪著名哲学家、神学家。代表作有《神学大全》和《反异教大全》。

不见。

心理学很少考察对明显东西没有感知的现象，那一现象更不会视为教育学的标准。但是许多类似事实众所周知，即使是在低级心理领域。例如，如果缺乏注意力的内在协同，刺激对感官的作用徒劳。此类上千次经验就导致共同认识。为了让我们看见，把对象置于我们眼前还不够，我们的注意力必须集中于这个对象；为接受刺激的影响而做好内在准备是必不可少的。

在更高的、纯粹精神的领域里，也发生类似事情。一种理念不可能胜利地进入意识，如果信念没有做好期待它的准备。没有这种准备，理念再猛烈、粗暴地叩门，并高声叫喊，也不可能进门。意识领域不仅必须自由，而且还要"期待"。头脑混乱的迷失者不可能接受突至未充分准备领域的真理。

这一事实不仅和不太重要的其他心理事实相似，比如感官感知和注意力有关的事实；而且还和在宗教领域众所周知的精神事实相似。如果没有信念，解释或展示一个奇特事实都将徒劳无益；不是明显事实，而是信念让人接受真理。如果内在活动没有打开接受的大门，作为手段的感觉本身毫无作为。在《福音书》中叙述耶稣的惊人奇迹时，总是这样结束："亲眼目睹的许多人深信不疑。"邀请出席喜筵的比喻（那些对自己的事务操心的人不可能回应这个比喻），似乎暗指一个和智力事实相似的事实：那些复杂观念的"先入之见"妨碍明显新真理的出现和渗透。因此，先驱者必须"预备主的道，修直他的路"。为此，救世主，如同新观念，受到"单纯者"的欢迎，被没有"先入之见"沉重包袱并保持精神自然本性（纯洁并永远期待）的人们所接受。

当哈维① 在1628年发现血液循环时，生理学还几乎不为人知；医学正处于经验主义盛行时期。众所周知，巴黎医学院尽管做了实验，却拒绝相信血液循环，还迫害并诽谤哈维。迪亚弗雷斯（Dyafoirns）说："儿子让我高兴、并以我为榜样的是，他总坚信我们古人的意见，从来

---

① 哈维（W.Harvey，1578—1657），英国医生和解剖学家，血液循环的发现者。

不想理解和倾听我们世纪的所谓发现和经验，尤其是血液循环。"

☆　☆　☆

给人深刻印象的人类文献之一是对脊椎动物胚胎发育的生动的发现历史。1700 年，先成论在众多生殖学说中最盛行。换言之，人们相信在胚胎中已经完全形成小机体，其后它们应当展开并增加无限小的、彼此包容的各部分。这适用于一切生物——动物、植物和人类。这样的理论凭借自己逻辑发展，导致另一更宽泛的"相互包容"理论的产生。换言之，由于所有生物机体都应当是先成的，则必然从创世纪起就都存在，并且一个机体包含或保存在另一个机体内。全人类应早就存在于夏娃的卵巢。1690 年卢温欧克（Leuwenhoek）在显微镜下发现精子，他认识到每个男性细胞完整地包含一个微小的小人；那时他就想到，不是夏娃而是亚当包含了整个人类。这样，18 世纪的两种针锋相对理论——卵巢派和精子派——让各自支持者誓不两立。这种争论似乎不会得出可能结果。著名科学家和哲学家也卷入这场争论，比如斯帕兰札尼①和莱布尼茨②，他们把生殖原理应用于灵魂。莱布尼茨说："我这样认为，如果灵魂存在于精液中，总有一天会成为人的灵魂；这些灵魂一直存在于从亚当以来、即从万物初始以来的其先辈中。"③哈勒④是个卵巢派，作为生理学家他享有盛誉。他在其名著《生理学基础》中，坚决捍卫以下原则："无任何物是后生的！动物身上无任何部分是在其他部分之前创造的，所有存在物都是同时创造的"。换言之，没有重新创造的东西，动物的任何部分都不在其他部分之前创造的，一切都同时被创造。根据圣经宇宙学，他对应当包容在夏娃卵巢内的人类总数进行了计算，得出

---

① 斯帕兰札尼（L.Spallanzani，1729—1799），意大利生理学家，对微生物及感觉、消化、呼吸、繁殖等方面的研究做出贡献。

② 莱布尼茨（G.W.Leibnitz，1646—1716），德国自然科学家、数学家、哲学家。

③ 引自哈克尔的《人类学》。——原注

④ 哈勒（A.Haller，1708—1777），瑞士生理学家、生物学家、实验生理学之父。

结果是 2000 亿。当 1759 年沃尔夫①在其著作《生殖理论》中进行某些著名研究时，当时的思想状况就是这样。沃尔夫在那部著作中，凭借实验和在显微镜下对鸡胚胎观察的权威结果，坚持新的机体不是先成的，而是完全由自身创造的，从乌有开始，即和所有原始细胞一样，从一个简单、微小细胞开始。他描述了个体真正演化的简单过程：从单细胞开始，通过分裂，形成两个细胞，接着四个、八个……细胞。这样产生的细胞分裂成两片或三片"原初叶状突褶"，其后所有器官都源于这些叶状突褶，首先是消化道。沃尔夫说："这种论断不是想象出的理论，而是对凭借最可靠观察收集的事实的描述。"

与他同时代的所有科学家都懂得并会使用显微镜，因此他们都有可能观察一个卵、一个鸡胚胎；他们对个体起源问题并非漠不关心，相反此问题激活其丰富的想象力，并把他们分成誓不两立的宗派，就如同思想战役上的敌手。如果不是如参孙②那样，情愿和非利士人同归于尽的话，怎么会有人尝试实验和观察？至少设想在他所看到和所描述的东西内可能存在某些真理，并且还能继续扩大，这种设想应当鼓舞某些人勇于踏上一条通向未来发现的、真正伟大、光荣的道路。然而，没有人这样做。浓雾笼罩人们头脑，让其一团漆黑，真理之光未能穿透那迷雾。从而，阻碍了胚胎学的任何进步。

50 年过去了，贫困并受迫害的沃尔夫被迫离开自己祖国，客死圣彼得堡，此时潘德尔（Pander）和贝尔③正在科学领域重新面对"胎盘生叶"理论。于是，科学界发现了真理，并接受了明显事实，开始了给

---

① 沃尔夫（K.F.Wolff, 1723—1794），德国生物学家、现代胚胎学创始人。

② 参孙（Sansone，公元前 12 世纪），古代以色列人的英雄。据《圣经》记载，非利士人抓住参孙，剃去他的双眼，把他关在监狱中推磨。有一次，非利士人聚众祭神、欢宴作乐时，把他从监狱中提出来，羞辱他取乐，参孙要求靠在房子的柱子上。他祈求上帝给他力量，然后双手各抱一根柱子，高喊"我情愿和非利士人同死"，尽力屈身，房子倒塌，他和 3000 多个非利士人同归于尽。

③ 贝尔（Ernesto von Baer, 1792—1876），爱沙尼亚胚胎学家，地理学、人种学及自然人类学的先驱。

19 世纪增辉的胚胎学研究。

为什么要经过 50 年人们才看见明显的事实？在这 50 年中到底发生了什么？沃尔夫的工作被埋没，不为人知，没有产生任何影响。事实恰恰是，以后人们看见以前不可能看见的东西。人们发生了某种"内在成熟"，从而打开人们精神视野，人们才看见了。当精神视野封闭时，明显事实也无所作为。50 年前同坚不可摧的堡垒做面对面的斗争，只能以失败告终。但时光已流逝，不仅没有任何斗争，而且旧理论重新出现，并很容易地受到普遍欢迎。

如果涉及大众的内在成熟，此事还可以讨论；但对个体而言无可争议。为使人看见明显事实的斗争是艰难困苦的。然而，当内在成熟已实现，我们将注意到目光锐利者热情洋溢并硕果累累，就如同乐土的葡萄园。

当 1859 年达尔文在其著作《物种起源》中阐述进化论时，直觉到将对他那时代的思想产生巨大影响，因为他在其日记中写道："我的理论将导致一种哲学。"他的"生存斗争"和"物种自然选择"的观点受到当时思想界的广泛欢迎，并且普及了拉马克①的通过适应环境偶然形成新性状的原理，并让这些原理随自身一起发展，几乎把它们融合在自身内容中。这些原理在否定创造及其目的性的同时，也不言自明地否定了灵魂的不朽性。人们想到能够发生一场革命：灵魂曾经是许多世纪以来生存的目的，现在生存的基本信念崩溃了，意识的生命本身也受到冲击。可以设想，当时人们急切地在被摧毁的理论中探寻矛盾之处，除非本能地保存那些在种族中扎根的古老信仰。

还是让我们考察令几代大学生难忘并激动不已的两条革命原则。一条原则是："没有器官就没有功能。"另一条同样点燃起好学青年激情的原则是："没有功能就没有器官。"这怎么可能！没有器官就没有功能，若没有器官，甚至功能都不能存在；相反，没有器官的功能能够具有创造力而存在吗？在任何理论中都不会存在如此明显、确凿的矛盾。

---

① 拉马克（J.B.Lamarck，1744—1829），法国生物学家、进化论者。

小学内自我教育

　　我们不能说，达尔文主义和拉马克原理被匆忙、草率地研究，并和一系列形形色色哲学理论相混合。因为达尔文主义作为胜利的思想一览众山小，就像白天的阳光和夜晚的黑暗那样对比强烈。学者们仰视它，并希望用它构建新道德和新意识；因此，那两个原则并非被漠不关心、心不在焉地研究。并且，它们一起渗透意识中，为了自己利益各自激发热情：在这种获胜的矛盾中，妄图摧毁一个世界，创造另一个世界。

　　于是，思想的最终结论是："我们是真正的畜类，在动物之间没有本质差异；我们是猴子，我们更悠远的祖先是蚯蚓。"教授们激情满怀地在大学讲坛上不断分析人类心理，为了证明我们和动物没有什么不同。为此他们赢得大学生多少雷鸣般的掌声啊！精神病学教授用活体解剖方法取出鸽子和猴子的大脑，给它们治疗后在国际心理学大会上展示。教授们集中精力研究它们的心理反应，观察它们的身体动作、感觉活动等等。大家都确信，没有大脑的动物能够揭示人类心理学的奥秘！

　　如果我们想到这是一个实证主义者的时代，即"没有亲手触摸就不相信"的人们的时代，我们就会产生深刻印象：智力如精神一样面临危险。智力可能浑浑噩噩，可能包容矛盾、"过错"，却浑然不知；仅仅由于一不小心犯的过失，就能陷入神志昏迷，走上道德的歧路。可见，智力和精神一样有自救"之路"，为了不丧失，它必须得到支持，它所需要的支持不是感官的。正如精神，智力必须不断地净化。正如多比雅①的鱼，净化了盲目使之复明。

　　今天的卫生学建议"自己关照"身体，为此我们花费很多时间洗净和磨光指甲，这一原则应当扩展到内在人，以便保持身体健康和内心健康。

　　"智力教育"应当实现这一目的。智力教育把智力从疾病和死亡的危险中拯救出来：是"净化智力过失"。精疲力竭地学习知识，不是智力教育。我们知道，在我们时代有不少精神错乱者和疯人；就在那些视

---

① 多比雅（Toria），《旧约伪经》中的人物，他受尽苦难，双眼被鸟粪弄瞎。他因笃信上帝，受大天使拉斐尔帮助，用鱼的胆汁使眼复明。

为健康的人们之中，也可能爆发疯狂的严重后果，让整个人类受到毁灭的威胁。

不要关注"让儿童学习知识"，而要关注智慧之光永远照亮他们的内心。对此我们不可掉以轻心。为此，即使像古代供奉女灶神的贞女那样献身，我们也在所不辞。

九　想　象

科学的创造性想象基于真实

如果一个世纪前，有人对坐公共马车旅行和使用油灯的人们说，有一天纽约市夜间将灯火通明；人们在大洋里呼救，他们的呼救信号传播很远并能被理解；人比雄鹰飞得高飞得快；我们善良的先辈们会面带微笑，根本不相信这天方夜谭。他们的想象力还没有达到理解这一切的高度。对他们来说，现代人几乎是另一种人。

现代人的想象是建立在科学的实证研究上，而旧时代人却让自己的头脑在虚幻世界里漫游。

仅仅这一事实就改变了世界。

当人们在纯粹思辨中迷失方向，他们的环境都是永不变化的；当他们的想象能够从和现实接触出发，思想就开始从事伟大的事业；由于这些事业，外部世界不断改变。

几乎可以说，人类的思想具有某种神奇的力量——创造的力量。

我们这样想象上帝的思想：创造的万物就是具有能够实现特性的上帝意愿。上帝想：要有光，按创造顺序，生物就出现。

现代人应用实证科学方法，似乎找到思维追随神性的秘密踪迹；给他们以天性的启示，和《圣经》所言一致："我们要照着我们的形象，按着我们的样式造人"。

这样，人类的智慧说："要有光！"一瞬间神奇之光被创造并照遍世界。"让人类在空中翱翔，并比所有飞鸟都飞得高！"这就实现了。"让海上遇难者的呼救声神奇地、不发声地传到远方！"这又实现了。"让物产丰富、植物品种繁多，从而我们大家都有丰富多彩的生活资料。"这也实现了。

想象自创世纪起，即首先把握真正存在物时，就在创造了。那时，想象才能创造出奇迹。

就像藏在将要高飞的雄鹰翅膀下的小鸟，当它被带到高空时，就脱离雄鹰开始靠自己翅膀飞翔，飞得比原先更高。人起初依靠自然，在严酷思辨中依赖自然，后同自然一起高飞，才开始探寻真理。从而脱离自然，从而人的想象超过自然本身。以这种方式，人类似乎反映了神性：人类以伟大的力量创造出的奇迹，是旧时代的人们和胸无大志的燕雀无法理解的。

"原罪"讲述一个想代替上帝、脱离上帝、想自己行动并创造的人的永恒故事。结果，他却陷入无能为力、备受奴役、深感不幸的惨境。

脱离真实，独立思考的大脑只能异想天开。思维创造力是根据现实思维的手段。如果把手段当做目的，那么思维创造力就将丧失。

这种智慧之罪让人们记起了原罪，它就把手段和目的相混，并作为遍及心理生活的"习惯力量"的各种形式反复出现。这样，在人的许多活动中，人类把更简单、更容易、更好理解的手段与目的相混。例如，当营养变成贪吃的借口，胃口就成为目的本身时，不仅不会增进健康和益于排毒，反而会中毒并有损健康。同样，在物种繁殖上，性生活成为目的本身，不仅不会优化生命，反而会造成生命退化和不生育现象。如果人类仅将思维的创造活动局限于自身，并没有把这种活动建立在真理之上，人类就用智力犯下相同罪行：创造了一个错误百出的虚无世界，再也不可能如上帝那样，用精神产品进行实际创造。

因此，对我们来说，实证科学代表"思想赎救"，对思想原罪的解脱，对精神力量自然规律的回归。科学家如同圣经人物，在埃及受奴役之后，拥有在乐土探索的权利，他们带着一大串葡萄回乡，葡萄串硕大无比，两个人搬动都费力，老百姓都看惊呆了。

同样，今天的科学家也进入真理的乐土，那里隐藏着探索自然的奥秘，他们向公众揭示那些奥秘，就是带给公众令人惊奇的硕果。这种奥秘很简单：是基于谨慎、耐心的精确观察方法。所有人都可能发现奥秘，因为那些美德和他们精神生活的深层、"隐秘"需要相一致。

人们可能会问：为什么只有探索者才能进入乐土，而民众却要待在外面，被动地享受那些硕果呢？

因为实证科学的方法是仅仅属于少数选民的专利和特权吗？这种实证科学的方法使人类走上认识真理、把握现实的道路，从而也使人类走上根据现实构建自己想象的道路。

这种标志解救智力的方法，应当是塑造整个新人类的方法——新一代的培养方法。

在《圣经》故事中，探险者就是使者、存在整个民族都应进入的乐土的见证人。同样，在这里，所有人都应当接受科学方法；让每个儿童都能直接实验、观察并和现实接触。这样，想象的翅膀就会从更高起点上开始，智力将走上创造的自然之路。

艺术的想象也基于真实

智力工作不仅限于精确观察和伟大科学发现得以实现的简单的逻辑推理；还有更崇高的工作，在这种崇高工作面前，无人敢说："我也会做。"而在某些科学发现面前有人常常这样说。

但丁、弥尔顿[①]、歌德、拉斐尔、瓦格纳是人类智慧的杰出代表、旷世奇才，他们不可能靠简单的观察和推理成就伟业。但每人都有自己独特的艺术想象，都有用自己头脑创造美的本能；这种本能充分发展，便诞生无数艺术瑰宝，像金树叶一样散落在有文明生活的地方、在和平中智力有时间成熟的地方。在每一个保留古代民族踪迹的地方，人们都

---

① 弥尔顿（J.Milton，1608—1674），英国伟大诗人，代表作为《失乐园》。

能看到具有当地风格的艺术品、文物、民歌和民间音乐。这种人类精神的形式多样的艺术创造包裹着人类，并保护其精神需求，就像彩虹色贝壳包裹着软体。

除了观察物质实在的工作之外，还有一种创造性工作，使人类超凡脱俗，进入更高境界，每个人都在自己的有限范围内进入此境界。

然而，无人敢说人类从虚无中创造了艺术品。被称作创造的东西，其实是一种构成，一种头脑基于原始材料的建构，那些原始材料是感官从环境中收集的。古代格言概括了这一基本原则："智力中没有什么不先存在于感觉。"我们不会"想象"那些没有实际进入我们感官的事物。要表述那些超越我们认识惯常局限的事实，我们的语言很贫乏。米开朗琪罗的想象力只能把上帝画成一位长着白胡须的威严老人。当人们想象地狱中的永恒惩罚时，就说到火；相反，把天堂想象成光芒四射的地方。天生的盲人和聋人，对他们从未感知的东西没有确切观念。众所周知，天生的盲人通过同声音比较来想象颜色，例如把红色想象成小号的声音，把蔚蓝色想象成小提琴奏出的美妙旋律。聋人读到关于美妙音乐的描述时，就想象出一幅具有古典美的图画。诗人和艺术家的气质是感觉特别敏感。并非所有感觉都等量地为个体想象提供一种类型，而往往是某些感觉占优势。音乐家听觉敏感，倾向于用听到的声音来描绘世界：在寂静森林中夜莺的鸣叫，偏僻乡村的嗒嗒雨滴声，都能成为伟大作曲家灵感的源泉，某些作曲家描绘乡村时，只关注其宁静和音响。相反，另一些艺术家视觉灵敏，他们对事物的形状和色彩印象深刻。或者那些触觉及肌肉感觉占优势者，其想象描绘的内容主要是运动、柔韧性和柔软及粗糙等触觉印象。

有些人具有非感觉印象，他们的精神生活特别活跃。他们具有内心印象，不能视为想象的结果，而是作为简单感知的现实。不仅正常主体的内省断言它们是现实，而且关于内在个性的结论也这样说。圣泰蕾莎说道："上帝赐予的启示，与丰富灵魂的巨大精神恩惠截然不同；它们总伴随光明、洞察力和智慧。"然而，如果他们想要描述那些不是通过感觉获得的印象，仍不得不借用感觉语言。至福的莱蒙道·达·卡普阿

（Beato Raimondo da Capua）说道："我听到一个不在空气中的声音，句句话语打动我的心灵，而不是耳朵。然而，与来自外部的声音相比，我更清晰地理解其含义。我不可能重新发出这种声音，如果说那种声音没有响动的话。这种声音形成话语，对我的心灵述说。"《圣泰蕾莎传》里充斥类似的描写。在这些描述中，她尝试用不恰当的感官语言来理解不是亲眼目睹、而是心灵看到的东西。

　　凡人也可能产生类似内在印象，并且显然不构成神圣性。这种内在印象和疯人幻觉之间的差异非常明显。疯人的大脑皮层受到刺激，就会再现靠感觉记忆存储的旧日意象，并带着外在感觉特征外现于外部世界（意象正是从外部世界中获取的）。从而，幻觉者坚信亲眼目睹了自己的幻影，实际听到迫害他的声音；他已经完全陷入病态。整个人显现出肌体衰竭、心理崩溃的迹象。

　　因此，除极少的直接内在印象（不能实现神圣性）外，那些可能成为某些专家，如神学家或英国心理研究学会会员研究对象的印象，不会进入教育学概念，有待我们考察的只是建构智力活动的材料，即感觉材料。

　　想象只能有感觉基础。

　　准备精确地感知事物性质的所有细微差异的感觉教育，以"观察"进入我们感官的事物和现象为基础。这样，感觉教育有助于从外部世界收集想象的材料。

　　想象的创造不靠感觉漫游的支持，即它并不在光、色、声及印象的意象中随意玄想；而是和现实紧密结合的完整构建。它和外部世界形式联系越紧密，其内在创造价值越高。即使人们在想象一个虚幻的超人世界时，想象也必须限制在能联想现实的范围内。人在创造，但根据非凡创造的模式，人在人体上和精神上投入这种创造。

　　在杰出的文学作品中，比如在《神曲》中，我们欣赏最伟大诗人脑海里浮现的内容，用实际、感觉的事物通过比较来说明想象事物：

　　　　犹如两只被情欲召来的鸽子，

　　　　心甘情愿地展翅翱翔天际，

随后飞回到甜蜜的窝里；

这一对脱离了狄多所在的那个行列，

透过那黝暗的气流飞到我们面前。

(《地狱篇》，第五首)

犹如一个人吁吁气喘，

逃出大海，游到岸边，

掉过头去，凝视那巨浪冲天，

我也正是这样惊魂未定，

我转过身去，回顾那关隘似的森林，

正是这关隘从未让人从那里逃生。

(《地狱篇》，第一首)

正如小绵羊走出羊圈，

先是一只，随后则是两两三三，

其他小羊则是怯生生地低垂双眼和嘴脸；

头一只羊怎样做，后面的羊就跟着学，

它们紧随在它身后，驯顺温和，

一旦它停步不前，它们也跟着做，尽管不知为何。

这时，我看到那群幸运的鬼魂的头一批也是如此，

他们移动身子，向前迈进，

面容谦卑，步履庄重。

(《炼狱篇》，第三首)

犹如通过透明而洁净的玻璃，

或是通过清澈而平静的水面，

那清水并非深沉到看不见水底，

反映出我们面容的轮廓，

显得如此模糊不清，却也如雪白额上的珍珠，

在我们的眼球中并非显得那么不清楚；

我看到有许多面庞正是这样，它们都准备好和我谈论。

（《天堂篇》，第三首）①

但丁的比喻层出不穷并有如神助；而每一个伟大的作家、演说家都把想象硕果和观察现实紧密结合；于是，我们称他们是天才，富于"想象"，动人心弦，他们的思想清晰而活跃。

"正如一群没有捕到一只野兔的猎狗，耷拉着脑袋，夹着尾巴，快快不乐地回到主子身旁；同样，在那个混乱的夜晚，一伙强盗返回堂罗德里格的小宫殿。"（曼佐尼②：《约婚夫妇》）

想象限于实际的形象；这种尺度和这种形式赋予头脑创造力。想象力强者必然拥有一个感觉观察材料丰富的宝库，观察越准确和完美，创造的形式越丰富多彩。疯人也说幻想之事，但我们不能说他们想象力丰富。在思想的狂乱和想象的"形象"之间有着不可逾越的深渊。疯人不可能准确感知实际事物，也不可能运用智力进行有机建构。而想象力强者把思想和形象融为一炉，作为形式二者紧密结合。

富于想象的叙述的价值在于其中的意象是原创的，作者把实际意象和创造意象相结合，并靠自己的技巧对它们产生准确的、和谐的联想。如果他鹦鹉学舌，套用他人的想象，那将一文不值。由此可见，每位艺术家都应是观察家；对大众的智力同样如此，为了提高想象力，每个人都必须首先和现实相结合。

对艺术来说，同样适用这一原则。艺术家"想象"起形象；他不是模仿，而是"创造"。但这种艺术创造恰恰是深入观察现实后的智力劳动果实。画家、雕刻家的视觉对环境的形状和色彩特别敏感，擅长感知环境的和谐与对比；艺术家不断提高自己的观察力，并走

---

① 以上四首诗歌译文采用黄文捷译的《神曲》（花城出版社 2000 年 7 月版）。

② 曼佐尼（A.Manzoni，1785—1873），意大利文学家，代表作为历史小说《约婚夫妇》。

向完美，终于创造出传世杰作。不朽的希腊艺术是典型的基于观察的艺术。由于时兴袒胸露背的服装，希腊艺术家能够广泛地静观人体；靠眼睛的非凡敏感性，他们能将美的人体和比例不和谐的人体区分开来，在天才灵感的驱动下，从头脑存储的感觉材料中选择个体美，并将它们融合构思，最终创造理想的人体形象。当艺术家在创造时，不像在镶嵌画中那样，把各个部分拼凑在一起构成整体形象；而是突发艺术灵感，在自身看到其天才创造的新形象；但积累的细节素材不断地丰富它，就像胎儿（新人）在母体中通过血液才获取营养一样。

拉斐尔常常在罗马美女如云的台伯河外街区漫步，他为了寻找圣母的模特儿。在那儿他结识了福尔纳利娜（Fornarina）和其他模特儿。然而，他在画圣母像时，却再造了一个"心中的形象"。人们说，米开朗琪罗常常通宵达旦地仰望夜空。有人问他在看什么，他说："我看见一座穹顶。"正是根据他奇迹般创造的这种形式，他设计了举世闻名的罗马圣彼得大教堂的穹顶。如果建筑学研究没有为米开朗琪罗准备素材，那么他的头脑也不会诞生那种形式。

任何天才都不能创造绝对新奇的东西。想想那些艺术中怪诞、沉闷的形式足矣，它们就像人的幻想无法超凡脱俗一样。我感到不可思议，长着翅膀的天使形象仍然存在，并且没有人去加以纠正。为了表现比人更轻捷的、无体重的形象，给壮汉背上装配生着沉重羽毛的巨大翅膀。在同一种生物身上融合自然性质相似的东西，比如毛发和羽毛；让人像昆虫一样长着六肢：双手、双腿和两只翅膀；从而这"怪异构想"仍在绘画和雕刻中出现，这不是艺术观念的体现，而是语言贫乏的表现。其实，我们说天使"飞翔"，由于我们的语言是人类的、尘世的，此外我们不可能发现天使的特征。只有少数艺术家在圣母领报图中，把天使表现为闪光、纤细、瞬间即逝的形象。

艺术越接近真实就越完美。

譬如，在客厅里有人称赞我们，如果根据我们真实特征，并且没有夸大其词，我们会感到心满意足，因为赞扬符合实际，我们应当得出结

论：此人观察过我们，并且是真诚地欣赏我们。于是，我们认为此人睿
智并谦恭；我们会热情地回礼。然而，我们若不具有他赞美的优点，或
者他改变或夸大我们的长处，我们会反感地想到："多么粗俗的家伙！"
我们将感到和他更加疏远。

但丁超凡的十四行诗定会打动贝雅特丽切的心，并留下美好印象：

　　　如此优雅，而又那样的纯然
　　　我的爱人啊，在问候别人时就是这样，
　　　令所有的言语惊悚，使所有的噪音哑然，
　　　也让所有其他人的眼睛无法凝神去看。

　　　她飘然走过，感受着人们的惊叹，
　　　素雅的衣袂，带起丝绢轻轻淡淡，
　　　就好像，她是那样一个
　　　为了奇迹的出现从天国走到凡间。

　　　她展示着欣喜，向着凝神注视的人送去，
　　　凭借着那双清澈的眸子，显示着心底的甘甜，
　　　不明此情此景的人，理解这事情，万难。

　　　从她的唇边，走出来的是
　　　那沉浸在爱的美妙之中的灵魂，
　　　走过来却只是说，"我不过一缕凄婉。"
　　　　　　　　　　　　（《新的生命》，商籁十五）①

　　另一首十四行诗对自爱的、情感微妙的女性产生截然不同的印象，
那首诗笨拙而浮华，因为充斥着不恰当和夸张的形象：

①　译文采用沈默译《新的生命》（东方出版社2007年1月版）。

小学内自我教育

您的问候优雅，您的目光迷人，
当我和您邂逅，我的心停止跳动；
爱神向我袭击，他不再谨小慎微，
他犯下了罪恶——妄图谋杀我。

他的一支金箭射入我的心房，
我的心顿时四分五裂；
我犹如被捉入阴曹地府，
备受煎熬——难以言表。

另一支金箭刺穿我双眼，
仿佛巨石击碎钟楼窗户，
满眼美景也瞬间消逝。

我失去了生命和灵魂，
如同一座青铜雕像，
只保留下人的形骸。

(奎尼泽利[①]，1300 年)

由此可见，如果想象以现实作为观察基础，而且其完美和观察的准确性有关，那么必须培养儿童会准确感知环境的事物，以保证获取想象的材料。还有在严格界限内推理并对事物进行区分的智力练习，为想象的大厦构筑坚实基础。由于与某种形式联系越紧密，各个意象的联系更符合逻辑，想象的大厦就会更美。夸张并拙劣虚构的幻想不会把儿童引入光明之路。

[①] 奎尼泽利 (Guido Guinizelli，约 1235—1276)，意大利诗人，和但丁一起，成为"新诗体"或"温柔新诗体"的主要代表。该诗体的主要特征是把爱视为提高思想境界的源泉。奎尼泽利的名诗标题是《爱总躲入高贵心灵》。

这样准备挖掘了河床，让智力创造的泉水在江河里流淌，或欢快或庄严，不会泛滥，不会破坏内在秩序的美。

至于让这些内在创造的泉水涌流，我们却无能为力。"千万不要阻止活动的自发产生，哪怕它们就像涓涓细流那样卑微"，"要等待"，这就是我们的事业。为什么我们欺骗自己，认为能够创造"智力"。我们不是只能"观察和等待"小草长出绿叶、微生物裂变吗?

我们应当思考：创造性想象定要像富丽堂皇的宫殿那样建在坚固的巨石上，否则会沦为空中楼阁、纸板城堡，虚无缥缈，不堪一击。智力要获得拯救，"其基础必需坚如磐石"。

儿童的想象

人们通常认为，幼儿的特点是具有丰富想象力。因此，我们应采取一种特殊教育以培养其特殊天赋。

儿童的心智和我们的截然不同。他们乐于在迷人的虚幻世界里遨游，这同原始民族很相似。

幼儿的这一特征甚至让一种唯物主义观念流行（今天已经过时）："个体发生担当种系发生"，也就是说，个体生活再造种系生活，在幼儿身上可以发现原始人的心理特征。从而，儿童像原始人一样，被玄想的、超自然的、虚幻的东西所吸引。

若不让科学幻想的翅膀飞翔，要证实尚未成熟的肌体（正如儿童的肌体）和不如我们成熟的精神状态（正如原始人的精神状态）具有模糊相似性，将会很容易。然而，我们若不想理睬那些把儿童精神状态解释成"原始状态"的人们的信仰，那么就能永远提出异议：无论如何，这种原始状态都是暂时的，并必须被超越。教育应当帮助儿童超越这种状态；不应当发展原始状态或让儿童处于这种状态。

我们在儿童身上发现的所有发展欠完美的形式和原始人的特征有某些相似性。例如，在语言上，词汇贫乏，掌握少量具体词汇并话语笼统，从而一个词汇有多种用法并指示多个对象，动词不变位，全用不定式。然而，无人会说，"由于这一原因"，我们应当人为地让儿童停留在原始语言上，以便让他们舒服地度过史前时期。

如果某些民族永久地停留在虚幻东西占优势的想象状态，那么我们的儿童则属于不同民族，他们的心智魅力体现在伟大的艺术作品、科学的文明建设上：这些高级想象产物代表我们儿童智力在其中注定形成的环境。在心智发展的朦胧时期，儿童被奇思怪想吸引就很自然；但我们不应忘记，儿童是我们的接班人，因此他们应当超越我们，为了实现此目的，我们就是全力以赴，也责无旁贷。

儿童心智的自发活动，被认为是儿童"特有"的想象形式，还几乎被普遍认为是创造性想象，由于这种活动，儿童把所希望的特性赋予自己不拥有的东西。

谁没有见过孩子骑在父亲的手杖上还不停地拍打，仿佛他骑上真马并不停地鞭打？这就是儿童"想象"的例证。当孩子们用木椅和安乐椅制成神奇双轮马车时，感到多么惬意啊！有的孩子躺在"车"里，愉快地欣赏想象的田园风光，或向欢呼的人群挥手致意；有的孩子高高地坐在椅子靠背上，在空中挥舞手臂，仿佛在鞭打桀骜不驯的烈马。这也是"想象"的例证。

然而，我们观察富家子弟，他们拥有温顺的小马驹，习惯坐马车或汽车出行；他们用鄙视的目光看着骑手杖边拍打边疯跑的孩子。当看到把静止不动安乐椅想象成飞驰马车而兴高采烈的孩子，他们感到很吃惊："他们是穷孩子；他们这样做，因为他们没有马和马车。"成人听天由命，但儿童好幻想。然而，这不是想象的例证，而是没有得到满足的愿望的例证：不是和天性有关的活动；而是意识到、感受到的贫穷的表现。肯定无人可以说，为了教育一个富家子弟，必须牵走他的小马驹，给他一根手杖。同样，也没有必要阻止穷孩子用手杖玩得高兴。假若一个穷人、一个乞丐，只有一块干面包可吃，他靠近富人家地下厨房的铁栏窗前，由于闻到美味佳肴的香味，想象自己就着丰盛菜肴吃那块干面包，谁又能阻止他这样想呢？无人会说，为了培养那些幸运者的想象力，去掉他们的鱼肉，只给他们面包和香味。

一位可怜的母亲深爱自己的孩子，她把仅有的一片面包切成两半，然后分两次给孩子，说道："这是面包，这是肉。"孩子很高兴。但没有一位母亲为了培养孩子的想象力，而让他营养不良。

有人严肃地向我提问，如果一个孩子在桌面上用指头练习弹钢琴，给他提供一架真钢琴是否有害。我反问："为什么就有害呢?"那人回答："因为这样，他确实在学习音乐，但不再训练其想象力，我不知二者中哪个更重要。"

福禄培尔的某些游戏就基于这种信念。他给孩子一个长木块，说"这是一匹马"；然后把其他长木块按一定次序排列，又说"现在把马赶进马厩"。在把长木块按另一种方式排列好后，说"这是钟楼，这是乡村教堂"，诸如此类，不一而足。在此类练习中，教具（长木块）还不如被当做马的手杖更能引起幻想，至少孩子可以骑上手杖，边拍打边奔跑。此外，在此种情况下，不是儿童在"自发地想象"和开动脑筋，因为在那时他们应当关注教师所讲内容。儿童是否确信马厩真正变成了教堂，或者其注意力是否转移，无法进行监控和确证。儿童确实想活动，但又不能，因为他们应当沉思教师所说的一连串意象构成的电影分镜头，虽然只存在一些完全相同的长木块。

这样，在不成熟的头脑中培养了什么呢? 我们在成人世界发现什么类似东西，可让我们明白用这种教育在培养什么最终心智形式? 有些人确实把树桩当成宝座，像国王那样发号施令，也有些人认为自己就是上帝，因为"虚假感知"及其最严重形式——幻觉，是虚假推理的开始和神经错乱的并发症。疯人什么也不会做，正如为自己、为他人都无所作为；而一种教育强迫那些孩子静止不动，它想要把他们未获满足愿望的无邪表现发展为疯狂。

我们还认为大大提高了儿童的想象力，因为让他们把幻想东西当成真实东西。譬如，在拉丁语系的国家里，圣诞节被人格化为一个叫贝法娜的丑女人，她可以透墙而视，从烟囱顶上降下，给好孩子带来礼物，给淘气包带来煤块。在盎格鲁—撒克逊国家，圣诞节人格化为一个浑身白雪从天而降的老人，挎着一大篮子礼物送给孩子们，他在夜里进入他们的家。然而，怎么能提高儿童的想象力，这些不是我们想象的产物吗？只是我们在想象，而不是他们；他们只是相信，却没有想象。实际上，轻信是尚未成熟的头脑的特征，这样的头脑缺乏经验和对实际事物的认识，还不具有准确区分真与假、美与丑、可能与不可能的智力。

或许仅仅因为儿童在无知和不成熟的时期自然表现出轻信，我们就想要在他们身上培养轻信吗？确实，成人也轻信，但他们的轻信是智力的对立面，既不是智力的基础，也不是智力的成果。在愚昧和蒙昧主义时代，轻信才会萌发；而我们引以自豪的是已经超越那种时代。现在，我们引述轻信是愚昧标志的例证。

这是 17 世纪的一件辛辣轶事。巴黎的新桥是交通要道和懒汉聚会的地方。在人群中也混杂着街头卖艺者和江湖骗子。有个叫马里奥洛的江湖骗子在桥上贩卖中国药膏并发了财，他吹嘘这神奇药膏能使眼睛变大、嘴角变小、短鼻子变长、长鼻子变短。警长迪·萨尔蒂内想抓他入狱，叫住他盘问："马里奥洛，你怎么吸引那么多人并赚了好多钱？"

那人回答："先生，您知道一天之内有多少人过桥吗？"

"10000 人到 12000 人吧，"萨尔蒂内回答。

"好吧，先生，您认为他们之中有多少聪明人？"

"100 左右。"警长回答。

"可能多了，"江湖骗子回答，"但我不管他们；我就靠那 9900 人赚钱。"

从那时到现在，形式截然不同，现在聪明人多了，轻信者少了。因此，教育不应面向轻信，而应面向智慧。谁要教育基于轻信，那就是在沙漠上垒高塔。

我记得一件在我们社会可能重复上千次的轶事。两位出身高贵的公主在修道院接受教育，为了免受命定的生活的诱惑和虚荣的侵害，修女们让她们确信世界充满虚伪；当人们赞美我们时，可以藏起来听听我们不在时人们的议论，我们将会听到令人痛苦的话语。当两位公主长到能参加社交活动的年龄时，首次出席一次午后聚会，她们的母亲邀请了许多来宾。所有来宾都热情地赞誉两位姑娘。在客厅里有一个弧形角落用大帷幔封闭。她们商量好，好奇地想听听她们不在时人们的议论，就暂时躲在帷幔后面偷听。当两位受到普遍赞赏的可爱姑娘刚刚离去，溢美之词比以前增加数倍。两位小姐说，那一时刻她们感到难以言表的心烦意乱：修女们让她们相信的一切都是虚假的；立即背叛宗教，并决心去享受尘世欢乐。"以后，我们不得不自己改变生活道路，重新接受宗教的真理，靠自己理解了豪华生活的空虚。"

　　随着经验的积累和心智的成熟，轻信逐渐地消失；教育有助于实现这一目的。无论在整个民族，还是各个个体，文明和心灵的进化导致轻信减少，正如常言所说，知识驱散无知的迷雾。在无知所在的地方，幻想最容易漫游，恰恰因为缺少提升文明的支柱。于是，当直布罗陀海峡成为各大洋的门户时，赫拉克勒斯的石柱就消逝了；当伟大的美国民主精神允许红种人进入文明学校后，哥伦布之流再也不能对他们说，天空按其命令遮盖太阳，因为日食对他们和对白种人都是众所周知的现象。

　　难道我们应当在儿童身上"培养"这种建立在轻信基础上的玄想？当然，我们不希望轻信永在，事实上，当儿童"不再相信童话"时，我们会感到很愉快。于是，我们说："他们再也不是小孩了。"应当这样发生，我们期待那一天来临，他们不再相信那些童话故事。然而，当那一天来临，我们应当扪心自问："为了帮助他们成熟，我们做了些什么？""为了让脆弱心智强壮，我们提供了什么支持？"尽管我们想要他们处于幻想和无知状态，他们总能清除障碍。儿童战胜自己，也战胜了我们。他们内在发展和成熟的力量指向哪儿，他们就走到哪儿。但他们可能对我们说："你们让我们备受折磨！为了提升素养，我们付出多少艰辛，你们还压制我们！"难道这不类似于因幼儿特征是没有牙，我们就紧压齿龈不让长牙吗？这不是类似于因幼儿的特征是不能站立，我们就禁止他们站直吗？事实上，当我们想让幼儿语言停留在低下和不确切的状态时，就犯有相同错误：我们没有帮助他们倾听词语的清晰发音并观察口形，我们反而模仿他们的幼稚语言，重复他们的原始发音，对他们说"的的"和"米米"，其后不准确地发嘶音和其他辅音，恰恰是在口语初期常犯的错误。我们就这样延长了儿童艰难的成长期，让他们倒退至疲惫的幼儿状态。

今天我们在所谓想象教育方面正是这样做的。

我们对尚未成熟的头脑的幻觉、无知和错误颇觉有趣，正如在不太悠远的昨天，我们看到婴儿被上下左右摇动咯咯大笑时感到高兴，儿童卫生学认为这很危险并严格禁止。说到底，我们自己对圣诞节和儿童的轻信感到快乐。我们若说实话就应当承认，我们有点儿像那位贵妇，她漫不经心地管理一个穷孩子诊疗所，却不断地说："如果没有这些病孩儿，我会感到很痛苦。"我们也会说："如果孩子们不再轻信，我们生活将失去巨大慰藉。"

我们人为地让一个发展阶段停滞，还为此感到快慰，这是我们时代未被觉察的罪过之一；就像古代宫廷通过人为地阻止一些人身体生长，让他们沦为国王的侏儒和玩物一样残酷。这样断言听起来刺耳，但事实确实如此。对此我们没有意识到，这千真万确；当我们相当轻蔑地提及那个不成熟的年龄段时，却一再说到这一事实："我们从未做过孩子。"如果我们没有让不成熟期停滞，以静观儿童静止的低下状态；而是让他们自由成长，以欣赏他们不断取得更高成就并实现自身完美的奇迹，我们就会像基督那样说到儿童："谁要想完美，就变得像个孩子。"

如果我们称作儿童想象力的东西是心智不成熟的产物，而不成熟和我们让儿童所处的贫困和无知状态有关，那么首先应当丰富他们的环境生活，让他们成为环境中某些事物的主人，用基于现实的知识和经验丰富他们的头脑。我们为他们提供这些条件，就让他们自由地成熟。正是从自由发展中，我们才能期待儿童显现其想象力。

面对儿童我们要做的事情是，让我们时代的穷人——儿童富足起来，他们一无所有，因为他们受所有人奴役。有人会问：莫非给所有孩子马、马车和钢琴？不，不是如此。当涉及复杂的生命时，补救办法不是直接的。一无所有的孩子，想象得到不可能得到的东西。悲惨的乞丐梦想做百万富翁，受压迫者梦想坐王位。但有些财产者既爱惜财产又合理扩大财产。

一位失业者梦想成为君主，而一位学校教师则梦想当校长。同样，拥有自己的"家"、扫帚、抹布、陶瓷器具、香皂、梳妆台以及家具的孩子，会高高兴兴地照看这些东西。他们的欲望淡漠、心态平和，为其内心创造活动开辟了宽阔的道路。

☆　☆　☆

正是"生活在自己实际财富中"让儿童平静，并减少在无益幻想中消耗其力量。他们靠想象生活在自己财富中不可能产生这种效果。几位管理模范幼儿园的女教师对我说："我们也让孩子们做你们描述的实际生活练习，请您给看看。"我去了。同去的还有权威人士和一位大学的教育学教授。

一些孩子坐在桌旁，手拿教具正给一个洋娃娃摆放餐具，他们一个个面无表情。我吃惊地看着邀请我来的人们，她们显得很平静，显然认为摆放餐具练习和实际摆放餐具是一码事。这种从童年就灌输的微妙错误不会变为一种精神形式？可能是这种错误让一位意大利教育学大教授问我："这自由新奇吗？劳驾，请你们读读夸美纽斯①，他早已谈过自由。"我说："是的，许多人都说过自由，但这是一种实现的自由形式。"他似乎并不理解二者之间的差异，我不得不补充说："这就如同谈论百万财富者和拥有百万财富者之间的差异。"

对想象的东西心满意足的人，仿佛生活在实际存在环境中，而不是假想环境中。他们追逐玄想，不"承认"现实，成为相当普遍的现象。他们一旦认清形势，会发出惊叫："人啊，睁开眼看看现实吧！"他们还意识到某种折磨人的蛀虫已经悄然钻进头脑。

总存在着想象力，无论是否有坚实基础，是否有构筑的材料；但当它不是根据现实和真理建构时，建成的不是圣殿，而是某种硬壳结构以禁锢智力并阻碍真理之光射入。

---

① 夸美纽斯（J.A.Comenius，1592—1670），捷克教育改革家和宗教领袖。深信通过全民教育制度可促进人类和平与合作。

小学内自我教育

由于这一错误，人类业已失去并正在失去多少时光和力量啊！正如一种恶习无目的地消耗功能，消耗身体直至病倒；同样，没有真实基础的想象会消耗智力，直至类似于疯人的精神状态。

寓言与宗教

我多次听到对我说：建立在幻想基础上的想象教育，为接受宗教教育"准备儿童心灵"。而建立在"现实"基础上的教育，正如我们的方法，过于枯燥，致使精神的源泉枯竭。然而，类似推理未得到宗教人士的认同。他们清楚地知道寓言和信仰是两极，由于寓言本身不是真事，而信仰本身是真实的情感，这种情感一直陪伴人们一生。宗教不是虚幻的想象产物，而是最伟大的现实，对信教者来说是唯一真理，是其生活的源泉和支柱。不信教者不一定是缺乏想象力的人，主要是缺乏内在平衡的人。他们和信教者相比，在逆境中欠沉着、欠坚强，不仅如此，而且其思想摇摆不定。他们更脆弱，感到更不幸福；徒劳无益地依靠想象创造一个虚幻世界。他们的心声由大卫喊出："上帝，我的上帝，我的心灵渴望你！"然而，如果他们只想靠想象实现其实际生活的目的，将会在斗争的最激烈时刻感到双脚陷入流沙中。

当一位使徒试图呼唤一个灵魂皈依宗教时，让其处于危险之中的双脚踩在石头上，他依靠的是情感而不是想象，因为他知道他不应创造什么，而只需大声唤醒在心灵深处沉睡的东西。他知道应当摇醒处于麻木状态的生命，正如救出一个被雪掩埋的活人体，而不是堆一个一遇阳光就融化的雪人。

虚幻的想象渗透宗教，确实如此，但这是错误的。譬如，在中世纪，流行病被极其简单地归因于上帝的惩罚；今天知道流行病是细菌直接捣鬼造成的。帕潘的蒸汽机让人想到恶魔的作用。然而，这些恰恰是偏见，正如所有玄想在无知的虚空中孳生。

所有宗教都不是建立在无知基础上的海市蜃楼。否则我们应当看到，野蛮民族信仰宗教，文明民族不信仰宗教。事实与此相反，前者有主要建立在大自然神秘现象引起的恐怖之上的、脆弱的、虚幻的宗教；后者有实证的宗教，因不断净化而强大：当实在科学深入自然，只在颂扬和说明自然的奥秘。

恰恰在今天，当人们倾向于把宗教从学校中清除时，想用寓言渗透并维持？直接打开通向宗教的大门，让它用光辉照耀人们，从而让生活更温暖更富有朝气，不是更容易吗？

宗教应当像太阳，而不应像贝法娜从烟囱顶上降下，深入万物中。

寓言在某种程度上为非基督教的宗教做准备，它们把神分为许多象征外部世界的小神，而外部世界被感知，就能产生幻觉；但肯定不能为基督教做准备，因为基督教把上帝和人类的精神生活（唯一的、完整的精神生活）相结合，并教导仅由人"感知"的人生法则。如果实证科学与宗教不相干，不意味着它们本身远离宗教在研究实在界。迄今，实证科学业已详尽地分析研究了"外部世界"，如果实证科学能让一种宗教"富有好感"，也只能是异教。事实上，迄今科学业已明显地在我们中间刮起一股异教的微风。然而，当科学深入人心，向人们揭示生活法则和存在现实时，基督教的光辉将会照耀人们。儿童就会如同伯利恒[①]上空的天使，高唱呼吁科学与信仰和平相处的圣歌。

圣约翰[②]在沙漠里"为上帝铺平了道路"，并洗涤了人们身上最大的罪恶。这样，一种给予内心平衡、避免窒息精神力量的最粗劣错误的方法，为接受真理和识别"人生之路"做好了准备。

小学内的想象教育

在普通小学如何进行想象教育呢？

---

① 伯利恒，地名，位于耶路撒冷以南9公里处。《旧约圣经》称它是大卫王的故乡。《新约圣经》称耶稣降生在伯利恒的一个马厩里。伯利恒遂成为基督教圣地之一。

② 圣约翰，即施洗约翰，《圣经》人物。约翰幼年在旷野隐居，身穿骆驼毛衣服，吃的是蝗虫、野蜜，长大后，来到约旦河畔宣讲"天国近了，你们应当悔改"。许多人听他讲道，并在约旦河里接受他的洗礼。

小学内自我教育

在多数情况下，学校是死板、乏味的地方，那里有浅灰色的墙壁，有白纱窗帘，阻挡了感觉发泄的道路。这种压抑场景的目的是，不让学生的"注意力"受外界刺激影响，要全神贯注地听教师讲课。孩子们一小时、一小时地坐着，一动不动地听着。当他们画画时，必须按教师的画完美地复制。当他们活动时，必须完全服从他人的命令。他们的个性仅仅按被动服从来评价；对他们的意志教育在于系统地放弃意志。

克拉帕雷德说："我们惯常的教育学，用大量对儿童行为毫无指导意义的知识压迫他们；他们不愿听时，我们偏要他们听；他们无话可说时，我们硬要他们说、写、拟提纲、做作文、论述；他们没有任何好奇心时，我们强迫他们观察；他们没有发现的意愿，我们却让他们去推理；我们让他们做出努力（我们想象他们愿意），但事先并未得到他们对强加任务的默许。这样，发自内心认同就给服从责任、道德价值让路。"

这些孩子受奴役，他们用眼看，用手写，用耳听教师讲。只有身体一动不动，但他们的头脑不能专心思考。他们必须竭力让大脑跟随教师思路，而教师思路被偶然确定、根本不考虑儿童本性的大纲牵着鼻子走。儿童的大脑从一物转向另一物。瞬息万变的意象如梦境般不时浮现在他们眼前。教师在黑板上画上一个三角形，然后把它擦掉。那个三角形是抽象表现的短暂视觉形象，那些孩子的手从未拿过具体的三角形，他们不得不努力记住其轮廓，随后许多抽象几何计算和它挤成一团。结果，那个形状没有给他们留下任何印象，不可能被感知，因为和其他形状混杂，从而永远不可能成为灵感。其他所有事物也都如此。目的仿佛就是要疲劳，这种疲劳把实验心理学为此所做的所有努力几乎都断送了。

在这样的环境中，自由练习、工作选择和深思被禁止，各种情感受到压制，可能丰富智力并获得成果的外在刺激都被排除，人们却想要通过做"作文"来训练儿童的想象力。也就是说，孩子们应当不拥有所需材料就胡编乱造；本是乞丐，却要献宝；阻止内心活动发展，却要这种活动出成果。创作似乎应当从创作练习中产生，许多作文练习似乎应当发展想象力，最复杂的精神产品仿佛从一片空白中涌现。

众所周知，在学校"作文"成为最大的困难。所有教师都证实，孩子们"思想贫乏"，"思路紊乱"，"完全缺乏原创性"。作文的"书面考试"总是最令人头疼，大家都熟悉孩子们的形象：他们听到口授的作文命题，并要在几小时内交卷——写好的作文、想象的产物；他们面带愁容，心情沉重，两手冰凉，两眼焦虑地不时看看时钟，生怕时间飞快流逝；教师带着不信任的表情监场，此时教师变成类似牢房的看守，他们就这样遭受折磨。如果谁不能按时交卷，那他就要倒霉，他会丧失前程，因为这是重要的考试。在这种考试中，他自由地展现自己的价值，提供真正个人成果，其他人根据此成果试图评估他的智力。沿着这条道路，我们一代代的年轻人往往患上神经衰弱，甚至自杀！学生们不可能像我们时代最伟大诗人卡尔杜齐[①]那样回答。当他被邀请为一位逝世名人写颂诗时说："是灵感而不是时机让我写出一首颂歌。"

研究在"现代学校"的做法很有意思：心理卫生学的一个原则业已进入这些学校，它们探索帮助学生减轻疲劳，并引导他们逐步学会写作文。作文被"讲授"（暂时让我们不理会这个矛盾）。教师像上算术课那样，上作文"集体课"，这被称作"集体口头作文"。

我让此类专家现身说法，下面节录教师准备此类课程的教案。

"指示主题的方法进程——我们的概述由三个阶段构成，例如：1.埃尔内斯托没有听懂课；2.教师严厉地责备他；3.埃尔内斯托哭了并答应好好听课。如果我们用'埃尔内斯托没有听懂课'（第一个事实，原因）来指示这则叙述，学生们将会根据原因逻辑地并按时间顺序，轻而易举地得出由另两个阶段构成的结果。如果我们将第二个阶段'教师严厉地责备他'作为主题的指示，然后要求学生上溯到原因，进而联想第二、第三阶段。如果我们这样指示主题：'埃尔内斯托哭了并答应好好听课'，我们将把学生置于困难境地，因为学生必须上溯到第二阶段，再从第二阶段上溯到第一阶段。

---

① 卡尔杜齐（G.Carducci，1835—1907），意大利诗人和文学批评家。1906 年获诺贝尔文学奖。

因此，在任何简短叙述中，第一阶段应用来指示主题。

过程：教师应把主题写在黑板上，并激励学生思考（不说出来）主题所指示的事实可能的结果。教师应当让学生懂得，他们必须'独自'工作，也就是说没有任何提示帮助。我们继续看：

路易莎将一团羊毛扔进火里（主题）。你们想想可能发生什么结果，你们讲讲最终发生什么事。

羊毛发出一股臭味？很好。你，请复述一遍：

路易莎将一团羊毛扔进火里，羊毛发出一股臭味。没人会补充其他想法、其他可能的结果？

教师责备了路易莎？另一位女同学打开了窗户？教师应用主题A、B、C重复这个练习，并让学生把合作的结果写在练习簿上。

提出一个主题后，让学生在没有任何解释的情况下自由地发挥它。

主题A——路易莎将一团羊毛扔进火里（羊毛发出一股臭味，教师责备了路易莎。一位女同学打开了窗户，为了让臭味散失）。

主题B——埃尔内斯蒂诺将墨水瓶打翻落地（地板被弄污了。教师责备了他。埃尔内斯蒂诺答应以后小心）。

主题C——爱丽莎朗读故事精彩（教师表扬了她，并给她打了高分。爱丽莎特别高兴）。

主题D——马里奥在练习簿上乱画（教师没有批改他的作业还批评了他。他哭着回了家）。

在所有集体练习做完后，教师自由地给出如下主题：'马利亚很好地理解上课内容'。然后让孩子们按前面的例子展开这一主题；也就是说用两个句子指出这一原因的逻辑结果（教师给她最高分还表扬了她；接着对她说要永远勤奋好学）。"

有时，此类教学具有一种心理学的而非逻辑的方向。在这种情况下，"孩子们的短句"不是和原因与结果相连，而是和展示心理活动的三个层面——感知、情感、意愿——有关。

例如：

"阿美利雅让我闻到了氨气"（被感知的事实）；"气味难闻"（情感）；

"我再也不想闻它了"（意志）。

"吉吉拽我的头发"（被感知的事实）；"我感到疼痛"（情感）；"我立即把他的手拉开"（意志）。（《学校的权利》，第 14 年，第 16 期，第 232 页）

显然，使用这种方法教学，将会破坏灵感和创造的任何可能性。孩子们不得不一句一句地跟随教师的指示，从而丧失独自作文的任何能力。孩子们不仅如过去一样缺乏创造材料，而且连创造能力本身都将丧失。从而，即使以后头脑中拥有材料，也不再产生使用材料的冲动，学校的类似常规禁锢住他们的头脑。

教师用这样的方法进行智力教育，让人想到一位汽车司机，他关掉汽车发动机，妄图用臂力推动它。在这种情况下，他是一个苦力，而汽车沦为无用的机器。相反，当他启动马达后，汽车靠自身力量运动，司机只需驾驶它沿公路安全行驶，不要碰到障碍物，不要跌到沟里，不要伤害任何人。这样导向是不可或缺的，但真正前进只靠内在冲力，这种力量是任何人都不可能创造的。

正是根据这一原则，伴随作为情感的自发表现，但丁"温柔新诗体"出现，意大利早期文艺复兴文学得以诞生：

> ……我是这样一个人：
> 每逢爱向我启示，我便把它录下，
> 就像它是我心中的主宰，让我如实地表现出来。①

孩子们应当首先创造内心生活，然后才能表现某些东西。他们应当从外部世界自发地获取"作文"所需材料；他们应当自由地训练智力以发现事物之间的逻辑联系。我们必须向孩子们提供内心生活所需的一切，应当让他们自由地创造。我们或许会遇到一个目光炯炯、跑去写信的男孩；或者遇到一个边散步边构思的女孩，她在期待灵感产生。

---

① 　但丁：《神曲 · 炼狱篇》，第二十四首。采用黄文捷译文。

小学内自我教育

我们应当关心并培养孩子的内心世界，并等待其表现。如果想象的创造姗姗来迟，那是由于孩子的智力尚未成熟，我们千万不要强迫他们假模假式地进行想象的创造，否则就无异于给孩子戴上假胡须，其实他们要到 20 岁才能长出真胡须。

十　道德问题

　　起初我们说，实证科学对社会的贡献仅仅限于物质生活的"变革"及卫生学的现代标准，这就委屈了实证科学。实证科学不仅考察物质生活，而且考察"道德"生活。

　　想想细菌学关于一定环境中传染病传播媒介的研究，足以承认实证科学前所未有地强调人类利益一致性的首个标志。细菌喜好在潮湿、肮脏的地方繁殖；营养不良和劳累过度的人群比其他人更易染病。从而，疾病和早亡似乎成为生活在潮湿、肮脏之地的营养不良者和劳累过度者的世袭遗产。不，这里有传染媒介的问题。细菌通过灰尘、昆虫、生活用品，甚至交通工具，从传染源向各处传播。它们存在的数目惊人，简直难以想象，每个病人都是疾病和死亡的奇异源头。一个病人足以把病菌传遍整个欧洲。交通工具使得细菌跨洋过海、在各大洲跋涉。我们只需看看横渡大西洋航线和全球铁路线，足以认出危害世界各地人类的疾病的传播路线。我们研究材料工业的变化，足以跟踪让社会各阶级紧密联系的细菌的每日进程。富人所穿的与身体接触的内衣，来自穷人并在他们手上停留很长时间；穷人不给富人提供食品，富人不会把食品放进嘴里，而那些食品不知在穷人手里待了多少时间。富人呼吸的空气灰尘中可能带有患结核病工人留在地面上的病菌。这些都没有办法逃避。统计证实：传染病的高死亡率在每个国家都令人害怕，不分贫富，尽管穷人死亡率是富人的两倍。我们能够从灾难中解脱吗？当然可以，只要不再存在传染源，即世界上再无不卫生的地方，再无营养不良者被迫从事力不能及的繁重劳动。拯救个体的唯一道路是让全人类都得到拯救。

一个伟大原则似嘹亮的号声：人们，相互帮助吧；否则，你们会灭绝。

事实上，科学已经"创立改善卫生设施事业"，作为向死亡开战的实际措施：城市改造与拆迁，引水入渠，给穷人修建住房，对工人劳动进行保护。整个环境都朝着改善居民"生活条件"的方向发展。任何"慈善活动"，任何友爱和怜悯的表示，都不可能做到这些。科学揭示出：那些被称作"慈善"并仅被视为美德的事业，只代表拯救全人类健康的第一步，尽管这第一步做得很有限、不充分。这是同死亡做斗争"不可或缺"的。但为了实现这一目的，事业应当是全球性的；应当构建"改革"的社会。于是，当社会不再有捐助者和受益者，只有提高自己福利的全人类时，就实现了"社会进步"。四海之内皆兄弟；人人相亲相爱；手拉手，肩并肩，互帮互助，这一原则将会实施。

在"温情"的时代，穷人是一种刺激物，而富人是一种反应物：穷人不是真正用来培养富人的情感。在那种时代里，如果穷人说"请你给我生活必需品，否则你会饿死"，富人会火冒三丈。富人绝对不会把穷人视为兄弟，虽然和他们有共同的权利和死亡危险。

今天，科学给予事物另一种秩序。科学业已实现有益于富人和穷人的仁爱；形成了文明化原则，而以前是委托给情感的"道德原则"。

卫生学也渗透到"习俗"中，并确立个体生活的准则。正是由于卫生学，暴饮暴食现象消逝了；古代著名的山珍海味盛宴被今天"卫生"的午餐所代替，其优点在于身体需要和提供食品之间比例适当。葡萄酒和烈性酒，与其说被穷人不如说被富人反对。人们为了健康地生活才进食，也就是说不能过量和毒害身体。这就是古代道德号召同喉咙恶习斗争，把斋戒和节制作为美德宣扬的原因所在。然而，在那些时代，无人能够想象：有一天百万富翁最终用柠檬水代替葡萄酒；盛大的午宴完全消逝，只保留下它们的消息，作为对往昔的"好奇"。不仅如此，没有一位饮食有节者夸耀自己的美德，他们仿佛简单地符合福音书的古老箴言："你们禁食的时候，不要像伪君子那样，脸上带着愁容；而要洗脸、梳头、涂油，不要让人们看出你们在禁食，只让暗中的父看见。"

　　若一位古代说教者和今天这些节食者进行对话，也将受益匪浅。在玛格丽特·迪·瓦卢瓦 ① 时代构成"兴致"、"快乐"和"欣喜"的"乐趣"到哪儿去了？英国社会，甚至比瓦卢瓦的玛格丽特所处社会低得多的现代贵族社会，都不可能谈论薄伽丘所写的故事。② 今天，人们谨小慎微，甚至顾忌说出不文雅的话，顾虑暗示身体最纯洁的功能，害怕提及与肉体接触的那部分衣服。他们只谈论高雅的事物；只有那些"教导"者，那些谈自己旅游以介绍各民族习俗的人，那些谈政治仅涉及形势的人，才被视为谈话的佼佼者。过分大笑，插科打诨，放肆的手势，都是不允许的；每个人都让自己四肢整齐地放置，甚至避免那些自然伴随谈话的活泼、无邪的手势。古代说教者说："这些人把圣保罗的规劝夸大其词：如同圣徒所为，你们不要谈论私通或不贞，也不要谈论淫秽、愚蠢或可笑话题，这都是些低级下流的东西。"

　　在习俗的这种进化中，仍是卫生学成为时尚的向导，逐渐实现服装简单化，不用油膏和脂粉，不再穿带支架的衬裙，改进了紧身胸衣和鞋子，让拖地长裙在大街上消逝并让所有服装规范化。若一位古代人出现在我们中间，他会提问："为什么人们都在苦修？我看见男人没有佩戴任何装饰品，头发剪得很短；而女人模范地放弃虚荣，在街上行走，既不戴艳丽假发，脸上也不画美人痣，头发简单地打结。我看见伯爵夫人未着华服，穿着像修女的简单黑衣，几乎和穷妇人一样。棕色的马车如同灵车，仆人像穿着丧服。在街头巷尾，人们再也不像过狂欢节那样疯狂，而是静悄悄地、规规矩矩地行走。"

　　谁能说服致力于宣讲反对奢华的古人，这样的场景不是古代的苦修图画，而是日常生活的写照？

---

① 玛格丽特·迪·瓦卢瓦（Margherita di Valois，1553—1615），又称瓦卢瓦的玛格丽特，法国国王亨利四世的王后。虽与人私通，但不愿离婚。1600年允许亨利四世另娶，但保留其王后称号。她在巴黎过着奢华淫乱的生活，著有《回忆录》。

② 指《十日谈》。

小学内自我教育

这些新人也决不会认为自己在过痛苦的生活；相反，他们带着恐怖的目光回望过去的"世界"。他们决不愿倒退到那个时代：人们成为华丽服饰和脂粉唇膏的奴隶，因暴饮暴食而身受毒害，因传染病而死亡。他们从许多虚华羁绊中解放出来，实现了生活的更高层次幸福。今天使生活美好的所有舒适，对几世纪前的贵族来说，是难以理解的秘密。这是生活的秘密。

过去，僧侣和时髦享受者曾用类似眼光看待对方。那些与世隔绝并拒绝尘世虚荣，保有不为人知"生活乐趣秘密"的人们，用恐惧的目光看着那些所谓时髦享受；而那些头上戴着假发、把脚硬塞进小皮靴的人们，沦为奴隶却浑然不知，还把死亡手段称作"享乐和生活"。

☆　☆　☆

实证科学做出的另一贡献，是直接进入道德领域。它应用社会学统计方法揭示不道德和犯罪的社会问题，研究了这些问题的外在因素；应用犯罪人类学表明，患遗传脊髓痨的"低劣人"，天生易感染环境中的所有道德传染病。莫雷尔的退化理论和随后隆布罗索①关于罪犯的理论，无疑澄清了涉及人的善恶的混乱判断。"退化"的形式主要发生在神经系统，从而产生的一切反常人格都"偏离"正常人。他们具有截然不同的智力和道德。虚假的感知、虚假的推理、幻觉，诸如冲动、消沉和恐惧的意志异常；反常智力得以构建系统谵妄（被解释为哲学原则）的道德感缺失，使这些人成为处于社会之外的单独类型。

神经普遍衰弱和反常智力，使他们对工作不感兴趣，让他们成为无生产能力，从而竭力靠他人劳动所得为生的人。这个基本事实把厌恶生产劳动和竭力抢劫相结合，并引导他们利用一切为犯罪提供外部手段的环境因素。这些人都是"坏人"。然而，如果我们认真观察，就会发现

---

① 隆布罗索（C.Lombroso，1835—1909），意大利犯罪学家，代表作为《犯罪者论》（1876）。

不是真正的邪恶，而是病态和社会过错。如果是这样，这些出生无罪却不幸的"坏人"，是被社会逼迫走向堕落的，他们是真正的牺牲品。对他们全部历史，调查越深入，就越能揭示这一事实。他们从小就被迫害和被抛弃：由于智力缺欠、意志混乱、性情异常及身体不和谐，不能为人所爱，从而在母亲到学校再到社会不断受到虐待，饱尝世上一切处罚。

莫雷尔描绘的"这类死者"的第一幅图画给人留下深刻印象。根据其最初理论（虽不够准确但包含对此现象的清晰概括），当退化的原因对人发生作用时，他就可能拥有衰弱的后裔；这种衰弱性会连续影响两三代，直至极端退化个体不能生育才消除。莫雷尔认为，疯人、罪犯、癫痫病人、白痴，是人类灭绝的悲惨类型。由于某人留下强壮后人，他其实没有死，而是获新生：青年接续了老年。只有退化者真正死亡，因为他的种类"灭绝"：而繁衍的少数不幸后代代表"活着的临终"。"濒临死亡类型"人，生活在健康类型人们中间，向后者显露出自己的衰弱、自己的谵妄、自己的痉挛、自己的暴躁和自己的自私，其后被驱赶至活人坟墓——疯人院和监狱。

这是一幅多么生动的悲惨图画，对人类的多么严正警告啊！

一个"错误"对人类可能是致命的：正如《圣经》诅咒那样，将一代代延续，导致永恒的沉沦。想到无辜子女将遭受惩罚多么可怕！显而易见，我们现在的生活并非一切，而是要继续，在其继续中我们将获得人生真正奖赏和真正惩罚。要一个漂亮、健康、生殖力强的孩子，还是一个畸形、多病、不生育、不能爱我们和理解我们的孩子，这主要由我们进行选择。生殖卫生学是道德卫生学中最主要部分。如果拯救个体生活，可以通过让全人类过卫生生活实现，那么拯救全人类生活，就必须严格遵循"健康法则"和"生活法则"。酗酒、吸毒、劳累过度、身患疾病、放荡不羁、恶习、懒惰，这些都是退化的原因。

为了拯救人类，科学不断宣扬这些内容，同时科学成为"美德"的宣传家。但比这一切更重要，科学说明了伟大的"宽恕"原则，该原则仍为宗教道德的神秘之一。

小学内自我教育

几世纪前，无人能像科学这样，以充满怜悯和正义的目光看待犯罪者，尽管他富有同情心和慷慨大度。科学指出，所有人对因社会原因造成的牺牲品都负有责任。从而我们大家必须控告自己犯有低劣人所犯罪行，并竭尽全力促使他们获得新生。只有圣徒直觉到这些真理，把他们的美德献给全人类，并承担起大家的罪责。圣约翰·克里索斯托莫（S.Giovanni Crisostomo）说："你们将知道，不仅为拯救自己健康，而且也为拯救普遍健康：祈祷者应当感到肩负着全人类利益。"

确定无疑，如果塔宇革忒① 将我们种族中的畸形人清除，如果类似道德使得我们对人类的疾病、衰弱和痛苦保持冷漠，那么新生科学就不会诞生。只有收集那些后果，才能上溯到病态原因，才能拯救处于危险的人类。死亡的原因就像细菌既看不见也感觉不到：人们可能喝了毒液，还自认为饮了美酒。如果病人和堕落者没有作为先锋，证实我们所犯却未察觉的错误，那些错误就会导致全人类沉沦，全人类将大难临头。恰恰科学没有限于如护士那样"照看"病人：它穿过那扇大门，逆向走到对自己的危险浑然不知的正常人那里。科学的最终结果不是"关注"病人，而是关注"普遍卫生"。我们只应把保障我们健康并显著降低死亡率的卫生"措施"，归结于把病人集中治疗的事实。优生学业已做出新生许诺：让我们普遍看到将会出现更健壮、更幸福的子孙，因为我们怀着仁爱之心把所有智力发育不全者、癫痫病人和不幸者集中起来。在那儿，我们的目光应当转向探寻健康之路，以抵达更加美好世界的门前。

当基督向人们指出拯救之路时，他指着身上邪恶影响明显的社会渣滓（因为邪恶根源太细微，人们不能直接看见）："用你们的耳朵听，却不理解其义；用你们的眼睛看，却什么也看不见。"

相反，极端后果显而易见，为了实现拯救，只要人们的"意志"赞同，怀着仁爱之心、不厌烦地收集它们足矣。圣马太② 说，在最后的审

---

① 塔宇革忒（Taigete），希腊神话人物，七星女神之一。

② 圣马太（S.Matteo），耶稣十二门徒之一，《马太福音》的作者。在西亚和东非传教，最后殉道，遗骨现存意大利萨莱诺。

判时，上帝把被丢弃者和被拯救者分开，就像牧羊人把山羊和绵羊分开一样，上帝把后者叫到他的右边并说道："你们是蒙我父赐福的，可来承受那创世以来为你们所预备的国。因为我饿了，你们给我吃；渴了，你们给我喝；我做客旅，你们留我住；我赤身露体，你们给我穿；我病了，你们看护我；我在监狱里，你们来看我。"这些正人君子问道："主啊，我们什么时候见你饿了，给你吃，渴了，给你喝？什么时候见你做客旅，留你住，或是赤身露体，给你穿？或是在监里，来看你呢？"上帝回答说："这些事你们既做在我最小的一个兄弟身上，就是做在我身上了。"然后，上帝对他左边的人们说："你们这些被诅咒的人们，离开我，进入那为魔鬼及其使者预备的永远燃烧的烈火里去！因为我饿了，你们不给我吃；渴了，你们不给我喝；我病了，我在监狱里，你们不来看我。"这些人问道："主啊，我们什么时候见你饿了、渴了、生病、入监，而没有帮助你呢？"于是，上帝回答道："这些事你们没有做在我最小的一个兄弟身上，就是没有做在我身上。"

说到底，这就是异教道德和基督教道德之间、博学的希腊哲学和实践的现代科学之间、审美理想和"生活"理想之间的真正差异。

☆　☆　☆

因此，实证科学为我们实现了一部分基督教。我们几乎可以说，修道士的生活实际代表了数世纪不同文明的生活的"唯一形式"，即今天由科学所揭示的生活。在大吃大喝的时代，他们遵循现在越来越证明卫生的饮食"规则"：他们吃粗面包、新鲜水果、刚挤出的鲜奶、大量蔬菜和少量肉，虽说是粗茶淡饭，却很有规律。他们远离空气污浊、居住拥挤的居民区，选择住在开阔乡间的高房大屋，至少住在高地的偏僻之处；他们没有充斥室内的奢华家具，却有宽敞的场地，可供户外生活。他们身着宽松衣服或粗羊毛外衣，脚踏舒适凉鞋或打赤脚，参加体育锻炼、田间劳动，还去旅行，几乎使他们成为体育生活的先驱者。每一座修道院都向周边广施善行，接纳穷人，照看病人，几乎证明更自由、更优裕生活的一面，必须时刻帮助人类。他们代表社会和知识的精英，正是本笃会修士保存著作手稿和珍藏艺术品；他们追随圣伯尔纳①从事农业生产；他们追随圣方济各到处宣扬和平。

或许可以说，由生命规律的实证研究和拯救生命的良策所指引的现代社会，和揭示生命之路的宗教法则相一致；不断地实现一种文明形式，这种文明形式以某种程度记起并再造精神的古代绿洲。

然而，如果我们大胆地将现代社会和修道院做比较，那么现代社会会有啥样的修道院呢？

这样的修道院是：修士们饮食有规律，穿衣符合卫生标准，言辞得体，从不大声喧闹，生活情趣相投，冷静地从事慈善事业，仿佛这是一种习惯，或是秩序所需；他们沉思永恒生命、拯救和未来生命的奖惩，但没有被这些思绪打动。然而，他们失去了信仰，并非彼此相爱；野心、怨恨甚至仇恨破坏了内心的平静；由于这一切，腐化堕落开始乘虚而入，这标志着最严重的没落：丧失了纯洁和清白。那是基督徒的旗帜，尊重生命的标志，通向永恒生命的纯洁奉献，全同信仰一起荡然无存。人类之爱和兽性大发势如水火。正是在纯洁中散发浓郁芬芳，产生对全人类的挚爱，对他人心灵的理解，对真理的直觉。那被称作仁爱的熊熊烈火，它让生活变得五彩缤纷，让万物具有价值。"我若将所有的周济穷人，又舍己身叫人焚烧，却没有仁爱，仍然于我无益，"圣保罗②说，"我若有先知讲道之能，也明白各样的奥秘和各样的知识，却没仁爱，我便一文不值。我若能说全人类的语言，却没有仁爱，我就如同鸣的锣、响的钹。"

在"腐化"的修道院里，丧失最伟大的收获及实现的最高水平完美：就像被堕落击倒的人格一样，首先丧失最高最好的东西，只剩下低级的东西。

---

① 圣伯尔纳（S.Bernardo，1090—1153），中世纪法国神学家，明谷隐修院创始人。

② 圣保罗（San Paolo），早期基督教主要活动家之一，约公元 67 年被罗马皇帝尼禄处死。

相反，在"社会修道院"里，最后收获并非实现，这就是差异和冲突。社会进化朝基督教方向只迈出几步。缺少"仁爱"，从而也缺少"纯洁"；缺乏信仰和压制精神生活造成干枯和贫瘠的土壤上寸草不生。实证科学尚未触及人的内心生活，因此社会环境也没有凭借"普遍文明化"的力量，得以实现人的最高目标。

☆　☆　☆

当我们为孩子们的"道德教育"而操心时，我们首先应当扪心自问，我们是否真正爱他们，是否真诚地希望他们"道德高尚"。

让我们从实际生活开始。父亲们，母亲们，对你们的子女抱有什么希望？欧洲战争对他们肉体生命的威胁，同他们精神面临的危险相比，简直是"小巫见大巫"！让我们想象一场更大规模、全球性的战争，全体青年都应征入伍，幸存者屈指可数仿佛绝对不可避免。因此，你们应当为了走向死亡而养育子女。于是，你们为他们忙忙碌碌，又有何益处？如果不久后他们就要死亡，注意让他们的头发柔软、指甲红润、身态优雅并富有朝气又有何用？

啊！谁爱孩子，请挺身而出，反对这场夺人性命的战争，为争取和平而斗争！在法国大革命时代，德·埃里库尔特夫人（Mme de Hericourt）在其著作《被解放的妇女》中"我相信"之后陈述的那段话意味深长：

"母亲们，你们告诫孩子：不要撒谎，因为这是自尊的人所不齿的。不要偷盗：或许你们愿意他人偷你们的东西？这是一种可耻的行为。不要欺负看起来比你弱的同学，不要对他们不礼貌，因为那是卑鄙的行为。这些都是杰出的原则。但当孩子进入青春期，母亲又说：一个青年必须放荡不羁。这意味着他必须诱奸、通奸和常逛妓院。怎么搞的！那位曾对孩子说'不要撒谎'的母亲，今天却允许男人背叛像她一样的女人！她曾经教育孩子不要偷玩具，今天却认为儿子践踏像她一样的女人的生命、名誉合法。她曾经嘱咐孩子不要欺负弱者，今天却允许他和社会奴隶的压迫者同流合污！"

这些母亲对动摇全人类的腐化现象负有责任。

今天，反对贩卖白人女奴①的社会运动方兴未艾；与此同时，致力于保护后代健康的优生学应运而生。

这些都是大好事。然而，作为这一切基础的是精神问题。白人女奴并非"堕落"的人群，她们是堕落和奴役的普遍现象的牺牲品。如果严重的精神危险迫近我们，而尚未开展反对这一危险的直接斗争，什么外部卫生能够拯救我们呢？真正的"堕落者"是那些一直处于死亡状态又浑然不知的人们。谁要对此"察觉"，仅仅因为这一点，就找到拯救的道路。所谓的白人女奴受社会嘲笑，受处罚的压迫，她们面对世界高喊报仇，让全人类蒙受耻辱；但她们不是真正的堕落者，奴隶不仅仅是她们。那些无辜的、受过良好教育的年轻人也是堕落者，他们没有内疚感，对自己的堕落毫无觉察，占有沦为奴隶的人们，甚至还鄙视那些人，没有听到良心之声的警告："为什么看见你弟兄眼中有刺，而不去掉自己眼中的梁木呢？"这种人企图保护自身以避免灾难性后果，但他们往往难以逃脱恶运；因此，他们不敢冒自己人格和同类自取灭亡的丝毫危险；他们奔波忙碌只为自己谋得社会地位和找到受人尊敬的家庭。这种人是真正在黑暗中堕落的人，沦为奴隶的人。

这种人的母亲也是奴隶，她曾经为孩子的健康体魄而煞费苦心，她曾经为孩子的道德修养而绞尽脑汁，但现在她再也不能跟从孩子了。当那个孩子挣脱她要走向死亡，或要自毁身体健康，或自轻自贱、道德堕落；而她却无能为力，只能眼睁睁地望着，一言不发，一动不动，她就沦为了奴隶。她可怜巴巴地为自己辩护，说尊严和贞洁不允许她与孩子同行。这就等于说：我的孩子在那儿受伤、流血，但我不能去救他，因为路上泥泞，会弄污我的小皮靴。

一位真正母亲的心哪儿去了？母亲的情感退化到何种程度？德·埃里库尔特夫人惊呼道："那位妇女只是值得尊敬和纯洁，她能够

---

① 指白种人妓女。

教育儿子，不要把耻辱之事向母亲坦白。"

那位母亲自生自灭，她失去了自身。

与此相反，母亲的尊严既伟大又强有力。在古代，一位罗马妇女，科里奥拉努斯①的母亲维杜丽雅（Veturia），听说自己儿子背叛祖国，率领敌军攻打罗马，勇敢地走出罗马城墙，穿过敌人队伍，直奔强大统帅，并质问他："你是我的儿子，还是叛徒？"听到母亲这番话后，科里奥拉努斯放弃其卑鄙行径。

同样，在我们时代，真正的母亲也应当冲破偏见的藩篱，越过奴役的边界，正气凛然地面对自己的儿子，对他说："你不要做人类的叛徒！"

承受什么重压，才使母亲放弃拯救自己儿子的神圣权利？是什么削弱儿子的亲情，仅仅为了要做男子汉就蔑视母亲的权威？是心灵的死亡，而不是外在事实，宣判对我们的刑罚。

☆　☆　☆

如果实证科学仅限于研究疾病的外因或退化的原因，仅限于指出身体卫生，即捍卫人们的物质生活，就对道德做出广泛贡献的话；那么，旨在捍卫人们"内心生活"的一门实证科学，更有希望提高人们的道德水准。

如果第一部分通过严肃、准确的研究追寻真理，并在社会上实现了某些基督教原则，则可以设想，它继续庄严、准确地研究，同样一定能填补现代文明的空白。

我相信，这是对我们教学法提出问题的所有人的最清晰、最直接的回答：从"特别实证"的教学法中，新世代的道德和宗教能够希望些什么？

---

① 科里奥拉努斯（Coriolano，约公元前 6 世纪末—前 5 世纪初），带有神话色彩的罗马历史人物。公元前 491 年罗马发生饥荒，贵族出身的他，提出同意废除保民官制度的民众，才能领取赈灾粮。为此，他被流放，投奔沃尔西国王，并率领沃尔西军队打回罗马，只是在其母和妻的劝阻下才从罗马撤兵。

小学内自我教育

如果实验医学上溯疾病的根源，深入钻研涉及健康的问题，那么致力于研究正常人心理活动的实验科学，应当导致发现人的生命和健康的更高规律。

这种科学尚未建构，并期待其研究者。但同样可以预见，如果医学提供了指导所有人物质生活的普遍卫生学的话，那么，新科学应当提供实际指导所有人道德生活的卫生学。

如果实证医学从医院中诞生，由私人或公共捐款把病人送到那里，用善心和经验指导治疗；那么，这种新科学应当主要在学校从事研究并积累经验，也就是说在聚集所有孩子、用经验指导教育并促进社会进步的地方。

逐渐代替经验医学的科学医学的优点是什么？当经验医学仍在应用放血疗法和起泡疗法时，科学医学提升并阐明被遗忘并概括新知识的古老原则——vis medicatrix naturae①，即自然的医疗力量。在生机勃勃的肌体中，存在同疾病斗争并获胜的一种自然力。我们要建构理性医学，就必须重视这种自然力。谁要相信是医生和药物治好了病人，他就是一个经验主义者；谁要是知道"只有肌体"才能产生痊愈，因此必须帮助和保护自然给予的拯救力量，他就是科学主义者。

现在，在实证医学中，为保护自然力的抗病和治病作用的所有措施，更加细致入微，并分布在更广泛的领域，远非古老经验主义可比。大量专科医生代替几世纪以来的全科医生，只需提及新方向带来的实际行为的差异足矣。

回顾医学走过的道路饶有兴味：医学开始治疗病人；从病人那里提升到发现正常物质生活的规律，并指导健康人保持健康体魄。但医学达到这一点，便发现保持健康的必要手段也是治病的最佳方法；因为赐予健康和自然自愈力的是同一生命之源。例如，今天倡导合理饮食，不仅是全人类为保持健康而必须采取的卫生手段，而且是对治疗疾病的极大贡献。饮食学无论对痛风病患者、粗皮病患者、发烧者，还是对肺结核

---

① 拉丁文，含义是"自然自愈力"。

患者、糖尿病患者，都具有至关重要的意义；与它相比，氧化锂盐、咖啡酸、杂酚油毫无疗效。现代的趋势甚至是统统废弃这些有毒药品；完全用疗养、健身体操、水疗、尤其气候疗法取而代之。其后，精神病学和神经病理学甚至引入工作疗法（通过有序智力活动）治疗刚刚开始精神分裂的病人。随着医学沿这条道路不断进步，"自然治愈"的概念也获得胜利，即人们更加清晰地认识到维持生命的力量。

只有大自然无所不能，医生若想有所作为，就必须紧跟大自然的脚步，并做它忠实的仆人。

这种研究，自然会导致人们尝试解释决定健康的力量。事实上，有关"免疫力"的研究已成为所有医学研究中最辉煌、最普及、最科学的研究。

当梅基尼科夫①确信发现了血液中的白血球吸收并消化细菌，从而把人类从传染病中拯救出来时，仿佛一道清晰、普通的闪光一下照亮所有秘密。然而，他的理论刚一发表，就被后续研究所推翻，遭到毁灭性的批评，因为白血球并不总能吸收活细菌；要让白血球具有这种力量，肌体的某些"条件"不可或缺，于是问题的焦点就改变了。此外，实际致病的不是细菌，而是毒素。这样，毒物理论似乎最终指导研究：但陷入并发症的汪洋大海，发现几乎能够理解的只是免疫力的"个别方面"和某些"属性"，而本质仍隐藏在研究向我们揭示的所有现象的下面，一句话，仍是"神秘东西"。

因此，今天，人们对免疫力问题三缄其口：曾经是众所周知的观念，现在变成连大学生都不应接近的边缘研究。

然而，对生命奥秘的研究若没有普遍展开（这种奥秘掩盖生命之源，却不断扩展其力量），就不可能发展建立在自然力量基础上的医学。

健康和痊愈的看不见的、但实际的根源，总存在于所有努力的顶点。那里不尽地发出的心跳能量，明显成为生命资源的唯一现实。科学

---

① 梅基尼科夫（Metznikoff，1845—1916），俄国动物学家和细菌学家，1908 年获诺贝尔医学奖。

医学和这种奥秘只能构成一个统一体。

很可能由研究精神健康和疾病的科学来实现这种结合。这种科学若发现精神也易被腐蚀，会患病和死亡，也有其健康规律及其自然自愈力，那么它就应当无限扩大"治疗"以尊重和帮助这种宝贵的生命力量。与此同时，神秘的生命之源将强加给现代医学，正如免疫力业已这样做了一样。于是，生命、道德和宗教将牢不可破地结合起来。

☆　☆　☆

我们曾遇到一个2岁半或3岁的孩子，他触摸所有东西，但更爱触摸喜欢的东西——简单的东西，诸如矩形的纸片、四方墨水瓶、发光圆铃铛。所有这些东西都不是"供他用的"。

他的妈妈把他拽走了，妈妈爱抚地轻轻拍打他的小手，对他喊道："别动！小淘气！"一次，我又亲眼目睹一幕家庭中经常发生的情景，这种情景未受关注就过去了。父亲是一位医生，他坐在写字台前，母亲怀抱幼儿，那幼儿伸着小手去抓桌上散放的东西。医生说："这个孩子虽说很小，但特别淘气。尽管我和他母亲千方百计地纠正其恶习，但他仍然乱动我的东西。""淘气包！淘气包！"他妈妈一再说，并紧握他的小手，而幼儿却往后一挺身，号叫起来，两脚乱蹬，仿佛踢人。

当孩子们长到3岁或4岁大时，斗争性更强：他们想要"做事"。认真观察他们的人发现，他们具有某种"倾向"。他们想模仿母亲的行为，如果母亲是"家庭主妇"。他们乐意跟她下厨房，他们愿意分担她的工作，触摸她的东西，他们暗地里和面团，做饭，洗衣，擦地板。母亲被他们搅得焦头烂额，不停地嚷道：停下，别动，别烦我，去，去！于是，孩子们吵吵嚷嚷，倒在地上，两脚乱踢；但不久就开始偷偷地急忙清洗东西，自己搞得浑身是水；为了藏起违禁的调味汁，弄污了地板。母亲感到头疼，大声指责他们，怒斥他们；而孩子们用"任性"和哭叫反抗，但总要重新开始工作。

如果母亲不是家庭主妇，孩子若聪明，他就更加不幸。他寻找某些东西，又找不到，就毫无理由地大哭；无缘无故地发脾气。父亲几乎绝望地抱怨：我的孩子这么聪明，但太淘气了！什么都不能让他高兴；我只有给他买玩具；他甚至被玩具所淹没，但仍然无济于事。

焦急不安的母亲常提出这个问题："当孩子任性淘气时，您建议我做什么呢？当孩子发脾气时，我该怎么做呢？他那么淘气，从来没有消停过。我没有能力和他交手。"

很少听到一位母亲说："我的孩子真乖，他总睡觉。"谁都听到过某些平民母亲对怀中哭闹的孩子威胁地喊道："别哭，不许哭！"结果，孩子被吓坏，自然哭闹得更厉害。

这就是人进入世界的首次争执：他应当同父母斗争，同给予他生命的人斗争。这种斗争发生，因为孩子的童年生活和父母的生活"截然不同"：孩子应当塑造自己，而父母业已定型。孩子必须不断活动，以便协调未能控制的运动。相反，父母按意志组织的运动机能业已形成，可以控制自己的运动；往往可能因劳动而劳累。孩子的感官尚未完全发育，其适应能力很弱，必须通过触摸、触诊的帮助来认识事物，比如认识空间：通过两手的经验来纠正眼睛的错觉。相反，父母的感官业已发育，已经纠正过感官的原始错觉，其适应能力也已完善，如果没有因过度使用而损坏的话。无论如何，大脑活动能调节感官接受正确印象，并不需要触摸。孩子渴望获取外部世界的知识，而父母对外部世界已经有充分认识。

因此，父母和孩子彼此不理解。

父母希望孩子像他们那样做，孩子不那样做就被说成"调皮"。想想母亲让孩子紧追的情形足矣：幼儿在后面不得不跑，而母亲在前面漫步。因为孩子的腿短，而母亲的腿长；孩子体弱，而母亲体健；孩子必须承受身体和头部的重量，和母亲相比，孩子的上体和头部与全身的比例过大，而母亲的上体和头部与全身的比例小得多、动作更轻快。孩子累得直哭，母亲喊道："快走！淘气包！我不许你任性。你想让我抱你，懒虫！不，我不会让你得逞。"

或者，孩子高兴地躺在地上，或趴在地上，抬起双脚，两肘着地支撑上身，环顾四周。母亲看见后，大声喊叫："快起来！成土猴儿了，淘气包！"

所有这一切都可以这样解释："儿童与成人不同。他们的体型是这样的：头和上身与细、嫩的双腿相比过于大，因为双腿是最应当发育的部分。因此，儿童不能走远路，不得不乐于躺着，这种姿势最有益于他们的健康。他们的发育趋势神奇无比：获取外部世界的最初观念，用触觉帮助视觉和听觉，以便认识事物的形状和距离。他们不停地活动，因为他们应当协调并适应其运动机能。因此，他们活动多，行走少，躺在地上，触摸一切，这是他们朝气蓬勃的标志，这是他们成长发育的标志。"

然而，不是这样，这一切都被视为"淘气"。

显然，这不是个道德问题。我们不会探寻"纠正"刚落草者堕落倾向的手段。这不是道德问题，而是生活问题。

儿童想要"生活"，而我们想阻止他们生活。从这个意义上看，对我们来说，就变成了道德问题。我们应当开始分析我们所犯的错误，这些错误造成危害，侵犯他人的权利。此外，我们这样错误地对待儿童，却掩盖了我们的利己主义：从本质上看，孩子的过错是给我们添"麻烦"；我们同孩子争斗，就是为了捍卫我们的幸福，我们的自由。我们内心深处不止一次感到歉疚，但很快我们就遗忘自己不义的感受：由于造反的孩子没有控告我们，也没有怨恨我们。相反，正如他们坚持"淘气"，这是他们的生活方式，他们一直爱我们，原谅我们所做的一切，忘却对他们的伤害，只希望和我们在一起，想要拥抱我们，想蹲在我们膝盖上，想在我们怀里甜蜜地入睡。这同样是他们的生活方式。然而，我们或劳累或厌倦，冷漠地拒绝孩子，还虚伪地掩饰自己过分的利己主义，说什么"不要撒娇"以显示对孩子好。侮辱，中伤，总挂在我们嘴边，"调皮，捣乱"几乎成了口头禅。但孩子的形象应当完美无缺："没有邪念，不干坏事，逆来顺受，相信一切，期待一切。"而我们，不是这样；我们不能总这样说。

如果儿童和成人之间的争斗以"和平"告终，成人愿意接受童年必需条件，竭力帮助创造这些条件，那么，成人将向着大自然馈赠的最大快乐迈进：跟随儿童自然发展，看着新人在成长。如果玫瑰花蕾初绽，就被诗歌不断吟诵；那么，显现出的美好儿童心灵，不是更值得歌颂吗？现在，这个不可言喻的馈赠就在我们身边，为了让奇迹伴随我们，为了让我们感到慰藉，我们愤怒地践踏它，像疯子那样亵渎它。

☆　☆　☆

当儿童想要触摸东西并有所作为时，尽管有"各种处罚"，但他们义无反顾地做其发展所需的练习，展现出巨大力量，我们往往无力反抗：他们呼吸、饿了哭、想走站起时，表现出同样的执著。这样，儿童就转向符合其发展的外部事物。如果他们找到这样的外物，就会投入全部力量，做肌肉练习或感觉练习，于是他们兴高采烈。如果他们没有找到，就烦躁不安，就像其需要没有得到满足时那样。为了满足双臂做出努力抬起和移动物体的需要，玩具太轻巧；为了满足感官分析各种感觉的需要，玩具又太复杂。玩具是一种虚荣，它们代表实际生活的假象和滑稽模仿。然而，它们构成我们儿童的世界，在这个世界中，儿童被迫"消耗"其潜在力量，他们愤愤不平，从而破坏东西。

一句格言：儿童有破坏的"本能"；幸好，他们没有听见。另一句格言也没有到达他们耳中，这句格言和那句格言相矛盾：儿童极大地发展了"所有权"本能——利己主义。相反，儿童只有"成长"的强烈本能，从而具有提升自己、完善自己的本能；他们在人生的每个阶段，都本能地为下一阶段做准备。比起我们污蔑性地强加给他们的奇怪本能，这种本能理解起来要容易得多。

你们试试让孩子们自己活动，他们自己会"变化"。在"奎里埃丽·贡扎加"儿童之家，一把梳子足以让女教师认为不可救药的、最调皮捣蛋的女孩，变得既可爱又活泼，她满心喜悦地、认真地给女伴梳头。再说一个笨拙、迟钝的女孩，她来到教师面前，伸着双臂让教师给她拽衣袖；教师说："你自己拽吧！"她的眼睛立即闪出欢快之光，在她

小学内自我教育

死板的脸上显现出满意、骄傲和惊喜的表情，她真正幸福地拽起了衣袖。我们给孩子们脸盆和香皂，他们盥洗后，小心翼翼地（怕损坏）把污水泼掉并把脸盆放回原处；他们那么喜爱香皂，轻轻地放下！仿佛给八音盒上发条，伴随着音乐，机械在运动：机械就是孩子们，音乐就是他们的欢乐。

他们乐于穿衣、脱衣、梳头，清洁和整理环境，愿意自己劳动。因为他们喜爱有用的物品，甚至将一个纸片保存多年，他们更喜欢完善自己的动作，为了不碰家具，不损坏物品。

然而，我们面对着这些向拯救胜利前进的生命，竭力要战胜他们，尽管斗争已经开始，我们业已造成恐惧。我们就像诱惑者温柔地站在他们身旁：由于孩子在损坏物品时很伤心，他们恰恰要纠正和完善自己，而我们没有让他们感受痛苦，这种痛苦恰恰和肌肉因犯错而悔过相一致。因为我们把不易损坏的物品给他们：铁质碟子、脸盆、杯子，毛绒玩具（漂亮的熊）和橡胶洋娃娃。这样，"过错"就被它们所掩盖。肌肉的任何错误，都会逃过孩子们的眼睛；他们再也感受不到做错事的痛苦、懊悔，努力完善自己的必要性。他们深陷错误的泥沼；看，他们手脚笨拙，反应迟钝，面无表情，抱着小熊玩具。现在，他们完全被虚荣和错误所牵制；却对此毫无意识。

成人整天围着他们转；为他们包办一切：给他们穿衣，甚至给他们喂饭。然而，孩子们的目的不是美食华服，他们的深刻目的是"做事"，做智力练习，从而提高自己素质。成人使用多么微妙的影射混淆这一目的：你做出努力，为什么？为了让人给你洗澡，为了给你戴上小围裙？你不用努力就可实现这一切。你将会发现，一切都做得更加完美，远胜过自己动手。你无需动一个指头，就会让你拥有比你竭尽全力所得多一百倍的成果。你甚至无需把面包送到嘴里，你免除那种劳累就能吸收大量营养。

魔鬼都不如我们残忍，当他在旷野引诱耶稣时，把世上万国及其荣华都指给他看："你若俯伏朝拜我，我就把这一切都赐给你。"然而，儿童没有耶稣那样的力量去回答："走吧，撒旦！因为《圣经》上写着：

'你当崇拜你主——上帝，单要侍奉他'。"儿童应当服从上帝，上帝安排儿童在自然中的行动；儿童应当如战胜生活那样征服其世界，但其目的是提高自己素养，而不是为了获取外在荣耀和舒适。然而，儿童受到诱惑，抗拒不了。最终，他们拥有了漂亮、可心的东西，但心灵没有进步：他们丧失了目标。看，这样的孩子，笨拙，摇摇晃晃，毫无能力，奴颜婢膝。他们的肌肉衰竭无力，受到囚禁灵魂的禁锢。他们受这种致命惰性的压迫之苦，远超过最初和成人发生的针锋相对的斗争。他们如同犯罪者往往火冒三丈；当成人给他们洗澡、梳头时，他们就绝望地撕咬摔不碎的玩具熊；当成人给他们穿衣时，他们就反抗和挣扎。魔鬼所允许的唯一行动是发怒。然而，他们却逐渐陷入软弱无能的泥沼。成人总抱怨："孩子忘恩负义；还没有高尚情感；只喜欢自己玩乐。"

谁没有见过有耐心的母亲和保姆，从早到晚"忍受"四五个难以满足的孩子，他们在铁盘子和布娃娃之间喊叫和打闹？但她们总说："孩子就是这样。"仁慈的怜悯代替了不耐烦的自然反应。人们说到这些母亲和保姆："她们多么仁慈！她们多么有耐心！"

然而，魔鬼恰恰也有这种耐心：他善于注视他能制约的心灵的苦恼和无力反抗，这些心灵被大量物品压迫，沉溺于虚荣，丧失了目标，也丧失罪恶意识，因此逐渐陷入致命错误的泥潭。魔鬼耐心地注视着它们，耐心地忍受其呼喊；还给它们玩具熊和橡皮娃娃，喂得它们胃满肚圆，总之，为肉体提供营养，用新虚荣充斥心灵，以掩盖错误。

谁要对母亲和保姆产生疑惑，就会提出问题："她们真的仁慈吗？"可以借用基督的回答："只有上帝仁慈"，即造物主仁慈。仁慈归于上帝。谁创造，谁就仁慈。只有创造，才有仁慈。于是，只有帮助创造并实现终极目的的人，才是仁慈的。

☆　☆　☆

现在，我们讨论学校。在学校里，好和坏的观念非常清晰；因为当女教师走出教室时，叫一个女孩在她缺席时，在黑板上方"好孩子"和

小学内自我教育

"坏孩子"下，分两行写下同学的名字。随便叫到哪个女孩都能判断，因为再没有比在学校区分好坏容易的事了。好学生就是不说话、不做小动作的孩子；坏学生就是说话、做小动作的孩子。这样判断的后果还不严重。当女教师把"好行为"和"坏行为"记载在"操行评语"上，后果仍不是灾难性的；这类似于社会舆论对人们的评价：某某行为道德，某某举止不道德；但没有关乎社会，既不会给某人带来荣誉，也不会让某人入狱。仅仅是一种简单的看法、一种判断。然而，"尊严"甚至"荣誉"取决于它。这是在道德上具有巨大价值的东西。在学校，"操行好"就是惰性，"操行差"就是活动。校长和教师的"器重"，同学的"尊重"，可以说奖惩的整个"道德"部分都取决于这种看法。正如在社会中，这种看法无需"特别法官"、"当局"；它是大家看到并判断的事情：是所处环境的真正道德判断。事实上，任何女孩，有时甚至杂工也能在黑板上写名单。此外，操行不是神秘莫测和富有哲理的东西，而是完成行为的整体；就是生活事实本身，大家都看得见，都能做出判断。所有人都能看见那些事实，并形成自己的看法。

相反，有一些非常严重的事实，其后果影响到集体，触犯人人有权告知的原则；因此，需要终审的"权威法官"，即某种直接判决的最高法院。

考试时，孩子们彼此挨着坐，应当立即交出检验学习内容的证据，正如给所有法官提交可见、可理解的证物，作为真正的法律文件，也就是说听写、作文和答题等书面考试。于是，如果一个孩子帮助另一个孩子，不仅是行为不检，而且是品德败坏。因为他不仅活动，而且此活动使另一人受益。处罚可能非常严重：取消考试成绩；这有时意味着丧失一学年，即要重学一年。帮助别人的孩子是出于好心，但他可能被处罚数月后重新参加考试，甚至留级一年并从头学起。情况多种多样：这个善良孩子的家庭经济拮据，孩子奋发努力争取好成绩，这样可尽早靠自己劳动帮助家庭。谁知道这种家庭状况会怎样触动一个孩子的心灵呢？他看到一个同学困窘，可能是个同病相怜的穷孩子。家里的争吵，断炊的烦恼，一次次地让他焦躁不安、辗转反侧、难以入睡；清晨起来，头脑昏昏沉沉。那个可怜的孩子在考试前夕或许也是这种情况。

　　还必须懂得某些情况：母亲在家里数着本学年过去的天数，因为那么多天孩子都荒废了；她自然对孩子的考试很担心；她看见孩子考完回来，离家还相当远，就把头探出窗外，焦急地问道："怎么样？"当那位善良孩子帮助自己同学时，这一生动画面浮现在他眼前。

　　确实，他完全可以为自己着想，一遍遍地检查自己的试卷，或者提前交卷。因为公正原则要求完成试卷时间按分计算，仿佛使用实验心理学的精密记时器。公正原则是严肃的。教师在学生交的试卷上写上时间：如 10 时 32 分交，11 时 5 分交。如果两张试卷成绩几乎相同，那么根据内容很难决定好坏。显然，这两张答卷突出，但必须分出高低，确定第一，这就很困难。这是一件很严肃的事情，因为有奖励。在迟疑不决时，由时间来决定。一张答卷是 10 时 30 分交，另一张是 10 时 35 分交。那么，10 时 30 分交卷的孩子是第一名，因为他少用 5 分钟完成相同试题。根据这个可以决定奖励吗？为此，一个勤奋好学的孩子必须精心准备。如果那两个孩子一样优秀、一样快捷，但一个精心准备了好钢笔和好墨水，另一个却没有，结果由于粗心大意而痛失奖励。其实，准备钢笔的是父母而不是孩子。如果严格遵循公正原则，所有学生都应当使用相同钢笔；但这样将陷入顾虑的海洋，公正原则反而模糊不清。不，公正原则必须严格，但无需顾虑重重。我曾说过的那个帮助过同学的男孩，现在，损失了时间，仅仅由于这一点，他就丧失了部分成绩，从而他为那个同学"牺牲"了自己。

　　所有的具体考察，所有情有可原的情况，都不能免除惩罚。家庭的窘况，焦虑的母亲，都不能改变取消考试成绩的结果。即使对罪大恶极的罪犯，某些特殊情况都应考虑，从而减轻刑罚。然而，学校截然不同：这里要求一切精确，这是一个学生对另一个学生的渗透，因此答卷已不可能按个体判断。此外，考试是对个体的检验。如果期末考试成绩作废，就必须重修一年。重修一学年，就是整整一年。这不同于牢房，那里还可以计算月和周。这里，计算单位是学年。其次，监狱情况截然不同：那里，罪行可能因不可抗拒的力量和条件引起；但谁能克制自己不做好事呢？在任何情况下，做好事都不是一种不可抗拒的力量。

还有，学校为了避免这种弊病，教育孩子们一整年"克制"相互帮助。不仅如此，甚至禁止孩子们相互交流。真是穷追不舍！女教师精明、实际，采取一种真正的战略方针；她对这种隐蔽、阴险斗争中的所有儿童伎俩了如指掌。他们"擅长一切办法"以彼此帮助和交流。如果给背书的孩子"提词"怕被教师听到，那么前面的孩子就把书本贴在肩上，让背书的孩子看着读。如果狡猾的教师让背书的孩子离开座位，为了不让他得到任何帮助，同学就给他打手势，甚至使用聋哑人的手语。于是，女教师表面让这个孩子到黑板前，其实让他面对墙壁，同时她目光炯炯地盯着全班学生。这样，那个孩子孤立无援。优秀教师"明察秋毫"；她能当场捉住学生在课桌下传递的、卷起的纸条；她甚至能没收一张吸墨纸，两个孩子以需要为借口传递，其实上面写有答案。

因此，精心设计的课桌是前面敞开的，因为否则在课桌下传递东西就太容易了。使用这种不仅卫生而且"道德"的课桌，孩子们的各种花招就难以成功了。

确实，这些前面敞开的课桌，可以用来从道德角度监视学生。因为学生们总挨着坐，却不能进行思想交流。他们被教师的不断叫嚷搞得头昏脑胀，恰恰在学校染上恶习，比如手淫。这些恶习不像脊柱弯曲、近视和过度疲劳，很少公开谈论，却是长期存在的事实，甚至早在科学研究学校疾病前就确证了。久坐使骨盆内血液循环困难，造成血液停滞；此外，神经力量的发泄多大？恶习以可怕的速度蔓延。

然而，前面敞开的课桌不允许学生玩花招。与陋习作斗争的所有"道德"措施在学校兴盛起来。例如，在罗马的学校里，秩序和监视如此完美，甚至不允许学生上厕所。大家知道，"厕所"引起多大的混乱！如果一个孩子坐累了或厌烦听课了，他就要求去厕所，他能待在厕所里提神，这个地方比走廊好，因为学生不能在走廊停留，学监一直在监视着。于是，上"厕所"已变成陋习，人们开始思考补救措施。今天，上厕所的生理时间几乎可以精确计算，在确定时刻，所有学生由教师陪同，像士兵操练一样，两人一行，列队向厕所走去。孩子们从第一排开始依次进入，其他孩子站着，因为总要计算时间。孩子们逐渐地走出厕所，又排成行，同学一起记着时间。从表面看，一次活动符合情况。我们不再提四五十个孩子列队最后那两个的情况了，既然他们上厕所不是假装的，因为"生理时间"业已计算出；我们就不要问，卫生学藏在哪里。我们从"外面"看厕所：一扇门上下都留有很大空间；这样，贞节，同时也是道德安然无恙，因为里面只能如厕，其他事不能做。然而，更现代的学校厕所不装坐便器；地上有泻水孔，以避免接触并保证卫生：不舒服的姿势使得学生不能如厕后多待。对普通公寓、乞丐收容所和学校来说，这类设施最好最实用。

☆　☆　☆

学校是培养"社会情感"的地方，这里是儿童的社会。千真万确，不是学校本身，不是共同生活，而是按我们所描述方式给予的教育，应当培养这种情感。因为，当我的教学法为世人所知时，我曾说到在某些地方孩子们兴高采烈地共同生活和工作，有人以批评的口吻问我："如果每个孩子都干自己的事，如何培养他们的社会情感呢？"由此可见，严加控制的活动，孩子们同时做相同事情，甚至列队上厕所，似乎都应当培养社会"情感"。儿童社会是成人社会的反面。在成人社会，好交往导致自由、准确的礼貌关系和相互帮助，虽然每人做自己的事情。相反，在儿童社会，好交往导致身体姿态一致性和集体统一行为，却取消所有愉快或礼貌的关系。其后，在成人世界里，助人为乐是美德；但在儿童社会里，是最大罪恶，是对纪律的严重违犯。

现代教学法嘱咐教师，要像在古老寓言中那样，用道德观念结束每一节课。无论课文内容是飞鸟、黄油，还是三角形，教师都必须以道德说教结束。它一再叮咛："教师千万不要错过机会……学校的真正目的是道德教化。"

相互帮助是诗歌中的叠句；因为所有道德准则都把"相亲相爱"作为主导主题；同样，学校的道德准则也是如此。为了劝导孩子们相互帮助、相互爱护，教师可能采用一种区分为感觉、联想和意志的三阶段的心理学方法；或者采用因果关系法；这两种方法由教师随意选择，但总要让全班学生保持"守纪"和"听话"的状态，因为这是构成学校道德准则的本质东西。

然而，奖惩制度为支撑学校教育机制提供最有效帮助。

教育家把奖惩制度作为他们处理问题的基础。所有人或多或少都承认，为促进学生好好学习和操行良好，需要外在刺激手段；虽然某些人认为，应当向学生灌输对善的追求，是责任感而不是惧怕惩罚，使孩子不做坏事。大家普遍认为，这种意见崇高，但不切实际。想象孩子被应尽自己责任的想法所激励而勤奋学习，是一种"教育学的荒谬理论"；也不可设想：让孩子胸怀大志，靠勤奋学习，有一天能在世上找到好位置，就能够在工作和善行的大路上阔步前进。一种直接刺激，一种直接处罚，不可或缺。确实，可以"减轻"处罚，可使奖励不过于张扬，目前大家正是这样做的。事实上，不久前在监狱、精神病院和学校中司空见惯的抽打和体罚，现在在学校里已废止；今天的处罚很轻微：打低分、批评、通报家长、停学。同样，庄严的发奖仪式也已废止：在那种仪式上，获奖学生如胜利者登上发奖台，从当地名人或显赫人士手中接过奖品，还伴随着他们鼓励的热情话语；主要由激动、骄傲的父母组成的公众，低声说着赞誉和同意的话语。今天，那些多余的仪式都废止了；在学校前厅，有学校工友在场，单纯地、简单地颁发奖状、奖品。只要孩子得到他应得的奖品，这才是至关重要的。让获奖学生胸前挂奖章的做法也废止了，奖品是一本书，一件有用的物品。实用观念也进入了学校。或许不久，面对面地奖给好学生一块香皂或一块做围裙的面料。

总之，奖励是必不可少的。

然而，在教育家的众多讨论中，在奖罚的演进过程中，无人问过自己：被奖励的好事是什么，被处罚的坏事又是什么？在激励孩子做一件事之前，最好对这件事看上一眼并判断其价值。

现在，对学校的实证研究能提供充分知识，为旧问题构筑一个新基座。用奖励引诱儿童，迫使他们神经系统衰弱、变成近视眼，这好吗？

当他们受自救本能驱使，竭力逃避危险时，用处罚来阻止他们，这对吗？现在，大家都知道，小学的"获奖孩子"在初中都是中等生；而初中的获奖者到了高中鲜有出色者；最后，经常获奖者在社会生活中很容易失利。

认识到这一点，我们一方面刺激，另一方面又压制，结果让孩子们面临毁灭前景，这样做有何益处？无需添加任何刺激，学校现有刺激就足以诱使他们全力以赴冒险？近期，对优秀生和一般生、获奖生和受罚生之间进行了饶有兴味的研究。某些在科学上有点儿幼稚的人类学家，诚心诚意地研究了这个问题；他们甚至建议探索那些最优秀的获奖孩子是否具有形态学优越性的印记，是否具有先天特长的标记，是否拥有比一般儿童更发达的大脑。相反，人类学的评语揭示出他们在体能上的劣势：他们身材较低，尤其是胸围窄小。他们的大脑和一般生没有差异，他们中的多数还是近视眼。

于是，我们看到一幅更加清晰的儿童生活画面。他们勤奋地完成所有作业，唯恐出错，从而变得焦虑不安。他们要学习所有课程，不得不牺牲散步、娱乐和数小时休息。他们受着渴望做第一名的折磨，受到比其他同学有更美好未来的玄想的驱赶，受赞誉和奖励的鼓动，相信自己是"祖国的希望"和"父母的慰藉"。这样，他们仿佛被幻影所迷惑，向着未来的软弱无力奔去。相反，那些粗枝大叶的同学的胸廓发育良好，还是班里最快乐的孩子。

其他类型的"优秀"生，在家里有家庭教师辅导，或得到受过良好教育的全职母亲的帮助。其他类型的一般生、受罚生，是那些穷孩子，他们没有温暖的家，往往放任自流，有时流落街头；甚至为了挣面包，在早晨上学前几小时要劳动。我做过一次调查，那些免试的获奖生大都带着丰盛的午餐；而那些受罚的末等生没有带午餐或只带面包。

我并不是说，这样我就列出有助于理解奖罚两种现象的所有原因；然而，确定无疑的是，为理解现象，开辟了一条更清晰、更宽阔的道路。

奖惩并不是尾声，而是学校道德的组成因素。正如取消帮同学答卷的学生的考试成绩，只是倾向孤立利己主义的通常"教育"的一个极端插曲，正如奖励和惩罚是支撑学校机体恒定原则——竞争的极端插曲。这个原则是，孩子们看到比他们优秀的同学，获得高分，受到表扬和奖励，便受到激励，奋发努力，效仿同学并赶上同学。这样，就产生一种机制，提升整个学校，不仅工作蓬勃开展，而且人人"努力向上"。这里，存在一个让孩子们习惯"吃苦"的道德目的。

让我们举一个竞争的实例。我们请观察力强的医生到学校，他的注意力被感官所吸引，他发现有许多孩子轻微失聪。这些孩子，由于听力差，显得不够聪明，受到"处罚"——坐在教室最后一排。他们往往要留级，因为他们没有学过"听写"，常犯一些难以置信的、不可饶恕的错误。竞争和处罚对他们都无效；强制他们坐在离讲课教师最远的地方，这些听力差的孩子也没有改正。同样，那些欢蹦乱跳的孩子，经常受到处罚，为了让他们循规蹈矩；他们被规劝向遵守纪律的好同学学习，但毫无成效。大量孩子患有扁桃腺肥大症，从而只能张嘴呼吸，注意力不能集中，得到的分数很低，因注意力不集中还受到处罚。然而，勤奋、有爱心的女教师同张嘴的毛病作斗争，也以失败告终，尽管她喋喋不休地给他们讲述张嘴、甚至手指放嘴里是不文明行为的道德故事。

许多懒惰的孩子，不愿和其他同学一样做体操，他们总要求停下来，从而成为被人效仿的坏榜样，后来发现他们大都患有心脏缺损、贫血症和肝病。其后，比耐力和比速度的体操比赛是竞争的例子。我们鼓励孩子们尽可能长时间参加体育锻炼；或者练习跑相同路程用尽可能少的时间；这里，努力是锻炼的基础。现在，人类学研究业已揭示，存在两种主要的体质：一种是胸腔占据优势，另一种是大腿占据优势。胸腔发育良好者，肺和心脏大而健，可能耐力强于敏捷；而相反体质者，由于腿长、胸窄，敏捷占据优势。任何竞争都不可能把一种体质变成另一种体质。当要求儿童必须锻炼时，对儿童的形态学研究（儿童体型随年龄变化），应当成为组织体育锻炼的基础，而不是竞争原则作为基础。体质或疾病，作为身体的基本要素，应当在身体中考察。竞争意识不可能创造奇迹。

这种竞争偏见根深蒂固，1898 年，在意大利开始我的战役，为在普通小学附设智障儿童班，有人用竞争原则反对我：智障儿童不能从好学的、优秀儿童榜样中得到任何帮助；这些本来的弱者，不能参与竞争，他们将一事无成。

然而，竞争只能在力量相近的人们之中进行。在举行"比赛"时，应当挑选旗鼓相当的"对手"。对于一个智障儿童来说，一个优秀同学的榜样只能是羞辱，面对着高歌猛进的生命，更显出他的弱势和无能。他无精打采地躺倒在地，由于他的消极态度，以致满腔热忱的女教师责备他、处罚他，并为他指出强者的光辉榜样。相反，当他们发现用自己的力量可能做某些具有价值的事情，可能进入某个地方，在那里他也可以和人竞赛，他就看到了光明，看到了希望，精神为之振奋。于是，他也像其他孩子一样，感到备受鼓舞和十分欣慰，他心中幼嫩的花蕾将会盛开。他比正常儿童需要更多、更多的激励、鼓舞和外部刺激，以积极活动。

而那个正常的、优秀的、做差生榜样的孩子，又会发生什么情况呢？他同谁竞争呢？谁在拽他以便让他登高呢？如果大家都需要往上拽，那么排头者由谁拽他呢？这一次，问题就转向了。对他而言，是往下拽。这就是特别高兴同低能者竞赛的典型。这让我想起瓦赞（Voisin）描写的一场比赛，那是由其收容所的一个傻瓜组织的。这个男孩身材很高，他到白痴中挑选身材矮、年龄小的孩子，并怂恿他们参加赛跑。结果，他总是第一个到达终点，为此他欣喜若狂。然而，这不仅仅限于瓦赞收容所的实例。而是所有懒惰、却野心勃勃的强者的道德表现，他们倚重力量对比悬殊的现状，他们希望无需完善自己，不费吹灰之力，就能压倒其他人。通常，容易成功的演说家，总在一个不幸的蹩脚讲演者之后出场。同样，没有条件打扮的漂亮姑娘，为使自己的美貌引人注目，总和长得丑的女友结伴而行。

我曾读过一篇优美的寓言，显然是对这种现象的滑稽写照。过去，有一位国王，长着长长的鼻子，非常可笑。当邻国的国王宣布要访问他时，他对此深感不安，因为他耻于让邻国国民了解自己的缺陷。于是，首相想出一个权宜之计，他向国王提出切实可行的方案："陛下，眼下让您尊贵的宫廷大员隐退，我在全国寻找鼻子引人注目的人，让他们暂时组成您的宫廷。"事实上，就是这样办的。和那些进入宫廷的长鼻子相比，国王的鼻子显得很正常。于是，尊贵的邻国国王只发现宫廷由长鼻子大臣组成，没有注意有一个长鼻子国王。

从白痴竞赛到长鼻子宫廷的故事令人发笑；但我们儿童的道德竞赛让我们笑不起来。健康的孩子站在聋哑、患病和智障的孩子身旁，只会感到自己的"优越"；有受过教育的母亲辅导的幸运孩子，在不幸的、放任自流的穷孩子身旁，只会感到自己是穷孩子的榜样；营养丰富、在软床上安睡休息好的孩子，在那些感人的小童工（天不亮就起床，去卖报纸、送牛奶，到学校疲惫不堪）身旁，感到比他们"优越"，可以"刺激"他们"干得更好"，所有这些正常孩子在道德上都偏离正轨。他们受到引诱，不知不觉地接受了非正义。他们被欺骗了。他们并非优秀，只是更幸运；他们的善良童心应当被引导去承认真理：去同情病人，去安慰不幸者，去赞赏英雄。相反，不是这样，在他们的心灵中萌发了虚荣、野心和错误的幼芽，但那不是他们的过错。

教师确实这样教育他们的心灵：她用大家以相同方式毫无差异地学习的道德故事，让他们想起患病、不幸却英勇的孩子。她夸张地说明人的种种美好情感。然而，人们从未想到病人、不幸者和英雄就在那里，因为所有孩子都上学：但他们却不能相互交流、相互认识。因此，这些实际的不幸者仅仅因为受到斥责、处罚和侮辱而引人注目，而那些幸运者由于成为前者的榜样，由于受到奖励和赞扬，变得盛气凌人、趾高气扬，却失去了童心。

在这种道德混乱中，正如在地狱中"看不见上帝"，哪个强者被激励从事其宝贵的活动，去锤炼自己的心灵？所有人都迷失了：无论是强者还是弱者；具有自救本能的人，不被奖励所诱惑、不被处罚所吓倒、不被竞争和险恶斗争鼓动的人，而让自己力量完好无损、心地纯洁、感悟人类伟大事业的人，真是寥若晨星。那些经受考验、未被虚假的光荣和迫害所触动的人，在依靠内在力量达到美和善、进而在创造性生活道路上阔步前进的人，热爱并追求真理的人，他们是天才，是人类的造福者，我们应当向他们致敬。

☆　☆　☆

当人们不断地实际地分析善与恶时，感到在现实中个体身上许多在理论上遭谴责的"罪恶"，在外部原因中不断被化解。平民的堕落在贫穷和酗酒中；犯罪在退化中；儿童和学生的过失在偏见的迷雾中。然而，由于这些原因不是绝对的、不变的，而是与可能变化的暂时状态相连的，因此，对恶的古老哲学沉思就部分地化解为许多问题和社会行为。提供工作岗位，同酗酒斗争，这样就消除犯罪原因，对道德做出巨大贡献。尝试赎救和教育堕落者，就是和犯罪做斗争，因此也是提高道德风尚。

因此，如果在学校偏见的稠密浓雾成为许多不道德行为的原因，那么根据自然原则来改造学校，就将是对道德化的初步贡献。

由此可见，不是分析奖惩和竞争，或讲授道德原则的最适当方式，或创造新"十诫"等问题，而是这一点，才能应对道德大问题。迄今我们考察的似乎只是教学问题，相反，是真正的、重大的社会问题。

当道德问题仅限于可纠正原因的结果，那只涉及其表面。例如，我们想象一个居民区一时非常贫穷，穷人为争一块面包就吵架；在那里，垃圾遍地、酒馆兴盛、民风颓靡，使所有人、男人和女人很容易染上恶习。我们对这种人在一瞬间只有一个印象："多么坏的人啊！"相反，我们设想一座勤劳城市的现代街区，在那里民居卫生，具有真正艺术感的大众剧场代替了酒馆；我们走进餐馆，看见工人们在静静地、有教养地用餐；我们不由自主地说："多么好的人啊！"然而，他们真正变好了吗？改善社会条件的人是好人；但利用这些条件而"生活得更好"的人，从严格道德意义上讲，不能说"名副其实"。

如果他们是名副其实的好人，想象一个经济问题业已解决的社会足矣，这些"有道德"的人，仅仅由于出生在其他时代罢了。显而易见，

"道德"问题截然不同；它是生活问题，是"本性"问题。不能因外在可能性而改变。人们的运气可能或大或小，可能出生在或多或少的文明环境中，但是他们永远面临着超越运气和文明的更深刻的"道德问题"。

很容易让人相信，儿童的"调皮"是"为精神的存在而斗争"的表现：他们希望自己生龙活虎，我们却要阻止他们这样做。我们给他们提供了黑暗迷雾和错误毒液。他们为了精神食粮而斗争，正如穷人为了活命的面包而斗争一样；也如穷人受到酒的引诱走向堕落一样，他们沦为我们诱惑的牺牲品而沉沦。在这种斗争和这种沉沦中，儿童就像"一无所有"的"穷人"，深陷贫困的苦海。从未有人像他们那样证明"人不能只靠面包生活"；"面包"问题不是真正"人的问题"。社会业已认识的身体需求的所有痛苦、所有斗争和所有要求，在儿童这里，在精神需求上都以惊人的清晰再现出来。儿童需要成长，需要完善自己，需要训练智力，需要发展内在力量，需要形成个性。因此，他们必须从奴役中解放出来，并赢得自己的"存在方式"。只供给他们身体营养是不够的，他们渴望得到精神食粮；仅仅给他们提供御寒的衣服是不够的，他们需要盔甲和华服以保护和美化精神。为什么我们成人要压制这些需求，直至确信经济问题能够解决人生问题呢？我们从未想象到：经济问题解决后，由于更高需求没有满足，仍会出现斗争、愤怒、绝望？我们每天都会遇到儿童的斗争、愤怒、绝望和沉沦，虽然他们吃得好、穿得好、不受冻，完全符合最新身体卫生学标准。

适应人的精神需求，从而"满足"这些需求，是对道德做出的巨大贡献。事实上，我们的孩子们能够自由地投入智力训练，自由地适应内在需求，能长时间专注于选择的刺激物，当瓜熟蒂落时就能抽象化，就能聚精会神地沉思，这些证明了：在他们身上已经确立了秩序和平静。在这之后，优雅的举止，对美的鉴赏力，对音乐的敏感性，最终他们之间友善的关系，仿佛从内心源泉中涌流出来的泉水。

所有这些，都是"解放"的工作。我们没有采用特殊手段对孩子们进行道德教育；我们没有教他们"战胜"任性和在工作时保持安静；我们没有勉励他们学榜样，没有教平静和秩序，没有说明秩序是人不可或缺的；我们没有喋喋不休地说教：要礼貌待人，要尊重他人的劳动，要耐心等待以不损害他人权利。所有这些，我们都没有做；我们只是解放了孩子们，我们帮助他们"生活"。正是他们让我们了解：儿童"怎样"生活，除了物质需求之外，他们还需要什么。

于是，以前不为人知的幼儿的活动，勤劳、持之以恒、非常耐心的美德，在兴高采烈中、在习惯平静的氛围中显现出来。他们走上了和平、安宁之路。此时，一直妨碍人的天性发展的障碍被清除了。

正如满足了营养需要又远离毒素的成人，显现出更加平静，并更喜欢更高层次娱乐（而不是低级的、颓废的享乐），同样满足内在需求的儿童，变得心如止水，并渴望更上一层楼。

然而，所有这些都没有触及道德问题的根基，仅仅去除并洗净所有掩盖这一问题的污垢。人们的需求越是得到满足，就越感到幸福；但并没有拥有"充分功德"，如同我们会直觉到，人们应当真正具有更高道德修养。于是，我们剥去人们穿着的功绩外衣，在社会改革面前"美德"和"邪恶"一起消逝。当我们发现许多美德的形式是幸运的形式，许多邪恶的形式是恶运的形式，我们就让人赤身裸体，显现了真相。

现在，人们应当重新开始自己的生活并"建功立业"。从这里开始道德的新生，从"卫生地"生活过的人的纯洁、必要的雏形中再生。

☆　☆　☆

如果我们教学法的整个结构，是从对某一感官刺激的注意力高度集中行为出发，并且在感觉教育基础上不断建构，仅仅限于这些，显然没有考虑到人的全面发展。由于，如果人不仅靠物质食粮生活，那么也不能仅靠精神食粮生活。

环境的刺激不仅是事物，还有人，人与人之间不仅限于感觉关系。事实上，我们不会满足于欣赏人的美（希腊人的眼睛对此非常敏感），也不会满足于倾听人的话语和歌声。然而，人与人真正的关系虽然和感觉有关，却是在情感上确立的。

小学内自我教育

实证科学所说的"道德感",大部分是对同类的同情感,对他们痛苦的理解和正义感。缺乏这些情感,就会扰乱正常生活。背熟法典及其应用的人,不可能成为"有道德"的人。因为往往会忘记成百上千次,最小的冲动都会导致淹没法典。其实,罪犯即使诡计多端、好学并对法典"略知一二",却往往触犯刑律;相反,正常人虽然对法律一无所知,却从未犯法,因为"内在道德感在引导他们"。

实证科学把"道德感"理解为某种复杂的东西,是情感和公众舆论、法律、宗教的融合;在纷纭复杂的多样性中,人们很难清晰地界定"道德感"在于什么。人们根据直觉在谈论"道德感",每个人都在自身观察什么向那个名称"移动";在自己的回应中应当理解,并应当判断出这种"道德感"存在于何处。然而,宗教是简单并精确的,它把处于生命根源的这种内在情感称作爱。社会规律并不比整个宇宙更能渗透到爱的领域。爱是心灵和上帝的接触,但爱存在时,其余一切都是虚荣。从爱中自然地产生善,正如从太阳中产生光线。从爱的源泉中万物获得生命,又是爱维持了万物的存在,正如生物是对大自然巨大威力的奉献。

深入探索大自然奥秘的生物学研究,也发现爱是生命的关键。科学家们在做过许多研究之后,最终认识到明显的事实:是爱而不是"生存斗争"保持了动物种类。事实上,生存斗争用以破坏;说到生存,并不仅仅属于"强者",如同人们起初认为的那样。相反,生存和爱相连。事实上,斗争者和获胜者都是成人;但谁来保护婴儿和成长发育中的小生命呢?如果坚硬长角的硬壳在保护某类生物的话,那么他们却没有;如果是强健的肌肉,那么他们还纤弱;如果是锋利的獠牙,他们也没有;如果是敏捷,他们还不会自己活动;如果是生殖力强,他们还未成熟。由此看来,所有物种早该灭绝,因为没有任何强者没有经历过虚弱;由于任何生物的幼体都比成体脆弱。正是爱在保护所有这些弱者,说明了"生存"的原因。事实上,今天母爱作为自然现象已引起科学家的强烈兴趣。如果生存斗争在我们眼前展现了一幅单调的毁灭图画,那么,今天母爱现象展现出最丰富、最迷人的形式,它们几乎反映出大自然形态神奇多样性的神秘、温情的一面。现在,母爱现象业已成为所有学者应当认识的"物种的基本特征"之一。

法布尔细致入微地描述过，昆虫虽小，距离我们甚远，却呈现出神奇的母爱现象。一位博物学家发表了一篇最早论述此种现象的论文——《蜘蛛心理学》，它可以作为一部戏剧的主题。众所周知，蜘蛛通常在树叶背面构建丝质卵茧，将卵产在里面并保存。蜘蛛也钻进卵茧并保护这传宗接代的宝贝。如果人为地破坏卵茧的某处，蜘蛛会马上把它修补好。在一次实验中，把蜘蛛从卵茧中取走，并放置在离卵茧较远地方20天。这只蜘蛛是什么东西呢？一个几立方毫米、无脑无心的黑色松软体。它的生命那么短促，20天对它来说已相当漫长；这个小动物从未放弃逃跑的努力，它一直处于焦躁不安的状态。20天后，它被解放，飞速地奔向卵茧，藏在那里面，并把茧壁修补好。众多记忆和丰富的爱，怎么就定位那里呢？把真正的母亲从卵茧中取走，再放入另一只蜘蛛。这只蜘蛛仿佛立即收养那卵，像母亲一样，保护卵茧不被攻击，当茧壁被破坏后立即修补。由此可见，这种物种具有母性本能，不受个体的母性制约。然而，当真正的母亲接近卵茧时，那位养母不仅不抵抗，反而逃跑，让出位置。凭借什么心灵感应现象，藏在卵茧中的客人感受到母性力量的逼近呢？实验结果如下：小蜘蛛出生，并在卵茧里和它们的母亲在一起。实验者把卵茧撕开，想看看发生了什么。小蜘蛛四处奔逃，母亲却静止不动，抓住破损的卵茧死去，几乎因后代的毁灭而猝死。由此可见，母爱并不需要复杂的器官；它不需要大脑，不需要心脏，不需要感官，几乎不需要物质就能存在。它是生命用来保护和保存自身的一种力量，仿佛预先存在并伴随宇宙万物；如同智慧书所说的那种力量："上帝在他的善行开始时，从创世、创造宇宙万物之前，就和我同在，在还没有深渊时，我就被告知。我和他安排所有事情，我的快乐就是在他面前嬉戏、在宇宙中嬉戏。谁找到我，谁就找到了生命。"

早在生物学家发现爱是保护物种并揭示存在的最强大力量之前，宗教就指出爱是维护生命的力量。为了生存，仅仅被创造是不够的，还必须被爱。这是"大自然"的法则。摩西指示指引以色列人走上拯救之路的"十诫"时，他在"十诫"前说："爱上帝胜过爱一切，爱邻人就像爱你自己。"当以色列人走向基督，请求他"告诉我们法律"，他回答道："你不知道？法律是：爱你的邻人。"他仿佛要说：法律既明显又独特，它是生命的法则，因此从世界诞生之日起就应当存在。然而，应当成为新宗教领袖的圣彼得①，更好地说明了从旧王国向新王国过渡的爱。"你们爱吧！"基督说，"就像我爱你们一样。"换言之，不是像你们所能爱那样，而是像我能爱那样。人们爱自己的方式和基督会爱人们的方式有着云泥之别。人们有时奔向自己的沉沦；他们会混淆美和丑、生和死、食物和毒药。由此可见，"爱你的邻人如爱你自己"的箴言靠不住。而"像我爱你们一样爱吧"的教诲，千真万确是新法律。

事实上，摩西不得不用落在实处的"十诫"来伴随爱的法律："孝敬父母"，"不可杀人"，"不可偷盗"，"不可说谎"，"不可贪恋他人东西"。相反，基督教诲"不要称量爱"足矣，无需规则的支持。超越称量足矣：仅仅由于这一点，人确定无疑地进入拯救的大门。"你们若只爱那爱你们的人，有什么可酬谢的呢？就是罪人也爱那爱他们的人。你们若善待那善待你们的人，有什么可酬谢的呢？就是罪人也能这样做。你们若借给人，指望从他那里收回，有什么可酬谢的呢？就是罪人也借给罪人，要如数收回。你们要爱仇敌，也要善待他们，还要借给人不指望偿还，你们必做至高者的儿子"（圣路加）。

挣脱一切束缚，摧毁一切桎梏，你们只依靠一件不可或缺的东西：生龙活虎，感觉敏锐。这是基督（正如摩西）登上山的圣训，他没有隐蔽，却召唤人们跟随他，公开地揭示真理的所有秘密："那些感觉敏锐的人们有福，即使他们在受苦。受苦就是感受，就是生活。那些哭泣的人们有福，那些摆脱阴暗、心灵纯洁的人们有福，那些遭受迫害的人们有福。因为谁在感受，谁就会满足；谁不感受，必将毁灭：那些坐享其成的人们不幸，那些饱食终日的人们不幸，那些嘲笑别人的人们不幸，他们全都丧失了'感觉'。于是，一切都是虚幻的。如果心灵已死亡，

---

① 圣彼得（San Pietro），《圣经》人物，耶稣死后，他作为众门徒之首，召集众门徒聚会接受圣灵，建立教会。

知道所有道德法则并实施它们又有何用？这就好像在粉饰、美化一座埋葬死人的坟墓。懂道德并满足的人，若没有心灵，就是行尸走肉。"

道德感的教育

因此，道德教育的概念，正如智力教育的概念一样，为了不把儿童引向幻觉、虚伪或黑暗，应当包含一个感觉基础，并且在这个基础上构建。一方面，感觉教育和根据自身规律提高智力的自由；另一方面，情感教育和提升自身的精神自由，这是两个类似概念和两条平行道路。

想想我们面对儿童的位置：我们是他们训练并不断微妙发展的情感的"刺激物"。对于智力，这里有许多对象：颜色、形状等等；但对于精神，只有我们自己。我们应当为孩子们的心灵提供营养；他们全神贯注地注视我们，他们就像把注意力集中在自己喜欢的一件刺激物上；他们通过爱我们，提升自己精神的内在创造力。

当兴趣引导儿童拿起色彩盒，其后被它吸引，盒里的东西被动地展现给他们，但色彩反射了太阳的光芒，不断地落在尚未完全成熟和适应的眼睛的稚嫩视网膜上。同样，当孩子们心向我们并坚定不移，向我们的心灵要求营养时，我们应当像被动教具那样，永远做好准备。这就是说，不要由于我们自私，而对儿童的需求不闻不问；而应用全部精神活动回应，为他们尚未适应生活的纯洁心灵反射所需的光芒。

我们不应当呼叫他们的名字，也不应表现出对他们的宠爱，以请他们接受我们的帮助。相反，应像排列在那里的教具一样，带着平滑、光洁、有趣的各种形状的魅力，像彩色活动字母和包含计数最初秘密的长杆一样，在复杂智力练习中直观地展示。于是，我们应当等待；但不是冷漠等待，要让他们感到我们如同丰富教具供他们使用，随时准备让他们取走，刚一举手就可拿到。我们和孩子们的"一致"应当这样充分、这样敏捷、这样完整，如同供他们使用的教具那样适应，每次触摸都会促使儿童的智力生活提高。

许多人都有经验：他们在抚爱孩子时，孩子像厌烦和被冒犯一样直往后退；许多人也注意到：当孩子的感情冲动被制止时，他们会像含羞草那样蜷缩起来，忍辱负重。我们应当这样尊重儿童的精神自由：即使受到他们迷人优雅的吸引，也不应当用我们的抚爱去触犯他们；当他们奔向我们，而我们并没有准备接受他们时，也千万不要拒绝他们的情感冲动，而应当用微妙、真诚的爱心去回应。我们是他们热爱的"对象"，他们根据"对象"不断地组织生活。最优秀的女教师和母亲，都以教具为榜样，愿意模仿教具拥有道德丰富性的所有意义，对每个细节都能做出回答；像忘我精神那样表现被动，像不断涌流的爱的源泉那样积极。如果所有感觉教具把人可感受的可能振动（光、色、声、热）汇集，同样，女教师和母亲应当把内在感觉的所有振动汇集于身，等待饥渴的心灵来选择。

或许有人会问：如何让孩子爱我们，让他们"感受"？

如果孩子看不见颜色，就会是盲童，谁也不会让他恢复视力。同样，如果孩子没有感受，谁也不可能给予他情感。然而，由于大自然把母亲和子女相连，不仅限于肉体，还用爱把他们更加牢固地相连，确定无疑的是，孩子在降生时，不仅带着肉体，而且带着爱。现在，谁爱（即使只是纯粹的对象），就拥有永远接受印象的感官。谁看见对象，就有视力；因此，谁现在看见对象，在将来也能看见。谁爱母亲，谁爱子女，就会"爱"；那种内在情感肯定不会只被当时出现的对象所引动。

甚至那只可怜的蜘蛛被人为地放在另一位母亲的卵茧中，收养并捍卫那些不是自己产的卵，因为蜘蛛具有母爱。

因此，被母亲钟爱并得到母亲之爱帮助的孩子，拥有那种"内在情感"，因此能够去爱。"人的对象"陷入这种情感，也将会反映出来。

我们应当"等待被他们看见"：终有一天，在众多智力教具中，孩子们发现我们的精神，温柔地倒在我们怀里。对他们来说，这将是一次新生，类似于那一次新生，当他们被一种教具所吸引并全身心地投入练习。那一天，那一时刻一定会来临。我们已经对孩子们做了细致的仁爱活动实验，为他们提供了满足精神需求的手段，我们却隐藏起来，不让他们发现，但永远和他们在一起，随时准备帮助他们。我们帮助孩子们时，已经让他们心满意足。当他们需要用语言廓清心智秩序时，我们为他们提供了事物名称，但仅仅是名称，我们立即撤退，没有让他们再问我们，没有再从我们这里得到任何东西。我们向他们揭示了字母的发音和数字的秘密，让他们和事物发生关系；但仅仅限于那些对他们有益的，我们几乎把自己的身体、呼吸和个性隐藏起来。

当他们有了选择的愿望时，从未在我们这里遇到障碍；当他们长时间地做练习时，我们在远处警戒以捍卫他们平静地工作，就像母亲捍卫她的孩子恢复体力的睡眠。

当他们开始出现思维时，在我们这里只感到快乐的共鸣。

当孩子们请求我们时，发现我们总是孜孜不倦地回应；仿佛我们的使命就是奉献给他们，就像花的使命是永无休止地提供芳香。

孩子们在我们身上发现新生命，就像吸吮的母亲乳汁那样甘甜，从而开始产生爱。因此，有一天，他们将感到新生命是为他们的生存而活着；由于新生命的牺牲，他们才获得生活和发展的自由。确定无疑的是，那一天必将来临：他们的精神将感受到我们的精神。那时，他们将开始享受心灵和心灵相接触的极大快乐，我们的声音不仅仅被他们的耳朵所倾听。听从我们教诲，和我们交流他们的收获，和我们分享他们的快乐，将成为他们生命的新要素。我们将看到儿童突然关注同学，对同学的进步和工作感兴趣。如下场景令人赏心悦目：四五个孩子拿着调羹，下面是冒着热气的汤碟，他们没有感到饥饿的刺激，因为他们专心致志地静观一个幼童一再努力才掖好餐巾；那几位小观众显现出欣慰和自豪的神情，就像父亲亲眼目睹儿子的成功一样。孩子们用他们的进步、内在素质的提升、如此愉快的听从，给予我们令人惊奇的回报。他们让我们摘取的硕果如此丰盛，远远超过我们的想象。正如解释生命奥秘："你给予，你将得到；送到你怀里的果实更香甜、更丰盛。"

道德教育的本质

保持并完善内心敏感性是道德教育的本质。正如从感觉练习开始的

小学内自我教育

智力教育一样，围绕道德教育形成秩序：可以发现善与恶泾渭分明。对于没有看到善恶分明的人，无人能教给他善恶区分的全部细节。看见这种差异，和认识这种差异，是截然不同的两码事。

然而，为了"帮助儿童"，我们必须提供善恶分明的有序环境。哪里二者混淆，那里善与漠然、恶与活跃、善与幸运、恶与不幸相混的环境，决不是适合帮助儿童确立有序道德意识的环境。存在明显非正义及迫害行为的环境，就更不值一提了。在那样的环境里，儿童意识就像被污染的水，比酒精对胎儿的毒害更大。秩序或许像心地纯洁，不可能完全被驱逐：我们不知道"道德"人会有什么结局。"谁要是带坏这些孩子，最好让他沉入海底。如果你的手或你的脚玷污了你，就砍掉它并把它扔掉。"

然而，有序的环境并非意味着一切。即使在智力教育中，不仅仅自发练习增进智力，而且女教师的授课也巩固并指导正在发展的内在秩序。在这种情况下，她说："这是红色，那是绿色。"她还说："这是好事，那是坏事。"人们经常会遇到上文描述的那些孩子，他们把善和恶作为全部意识的中心，并且置于物质食粮和精神食粮之上，提出他们人生最重要的问题：善在哪儿？什么是恶？然而，不要忘记道德课程都简明扼要。贤哲之父摩西向一个民族、而不是一个孩子进行道德教育，给出简单的"十诫"，而基督认为它多余。确实，"十诫"的头条就是爱的"律法"；但基督把爱的律法扩展，并代替了"十诫"，这条扩展的律法自身包含所有法规和所有道德准则。

☆　☆　☆

可能通过"内在感受"，而不通过道德观念可以区分善与恶；也就是说，善、恶和生活本身，而不是和形成的社会习惯相联系。人们经常谈论"心灵之声"从内心区分二者：善让人安宁，给人秩序，给人热情，即力量；恶让人感到痛苦，有时难以忍受；内疚，不仅是黑暗和混乱，而且是热病、心灵的疾患。确定无疑的是，社会法律、公众舆论、物质财富、所遇危险，都不可能产生这样的感受。相反，在不幸者之间可以发现安宁，而麦克白夫人① 看到手上的血滴时的悔恨，撕咬着夺取王国统治权的人的心。

存在一种内心感受，它警告危险或通报对生活有益的情况，这并不神奇。如果今天科学证明维持物质生活的手段和道德"美德"相一致，那么就可以得出结论：人们通过内心感受，能够直觉到生活不可或缺的东西。生物科学或许证明了类似事实？应用于人的生物统计学，允诺重构绝对平均人，也就是具有身体各个部分平均值的人；运用统计学和医学形态学研究，发现这些平均值和"正常值"相一致。因此，平均人就是那种具有器官不易患病形态、结构完美的人。根据生物统计学的平均比例重构人的形体，人们发现完全符合希腊雕像的比例。这一事实有助于重新解释"美感"。显然，凭借美感体验，希腊艺术家才能用眼睛抽象出各个器官的平均值，再精确地把它们构建成一个奇妙整体。艺术家的"享受"是对"美"的享受；但他能更深刻地感受生命的凯旋，同容易患病的自然错误相区分。成功的创造可以给予能"感受"者内在愉悦；而错误，哪怕是微小的错误，都能让他感到不和谐。最终，审美教育类似于把握数学绝对平均值的近似值。这种近似值越无限地接近实际数值，我们就越能把握它，我们就越能拥有进行比较的绝对手段以识别对它的偏离；就越有可能拥有绝对美感，就越能感觉到任何形式的不和谐。

在意识中区分善与恶也会发生类似情况：因为善比美更直接地代表生活实际益处，而恶粗劣地代表危险。动物不是具有极强的保存自身的本能吗？这种本能制约它们的细小动作，以维持生命，正如以保护生命。狗、马、猫和通常所有家畜，不会像人那样，毫无觉察地、静静地等待地震突发，而是骚动不安。拉着雪橇的爱斯基摩狗，当冰面即将破裂时，它们会彼此分开，似乎避免掉进冰窟窿里去。相反，人们只能惊愕地观察那些动物的神奇本能。人类凭借智慧和辨别善恶的敏感意识构筑防御

---

① 麦克白夫人，是莎士比亚悲剧《麦克白》中人物，是个野心勃勃并残忍奸诈的女人，一再怂恿其夫——苏格兰大将麦克白谋杀国王"温顺的邓肯"。

小学内自我教育

工事，并巡查所面临的危险。如果这种能够改造世界的智慧使人类高于动物，那么通过发展自己的道德意识，将会把自己提升到何等高度啊！

相反，今天，人们已经沦落到不得不严肃地自问：动物是否不如人类？当人们想要吹嘘自己时，就说：我像狗一样忠诚；我像鸽子一样纯洁；我像狮子一样威武。

实际上，动物总具有那种令人钦佩的本能，因为赋予它们一种神奇能力。如果人类缺少意识的敏感性，就会不如动物；根本无法把人类从过火行为中解救出来；人类会奔向自己的毁灭、屠杀和破坏。以致动物对此感到惊愕和恐惧，如果能够做到的话，它们将开始训练人类，以便达到它们的水平。没有意识的人，就像没有保护本能的动物，就像奔向毁灭的疯子。

人们运用科学发现强身健体的规律，直至每个细枝末节，但若不关注自身和自救"本能"一致的东西，那么这有什么益处呢？如果一个人精通卫生知识，用合理饮食、控制体重、沐浴、按摩等方法保健，却丧失了其人性本能，去残杀同类或者去自杀，那么所有那些保健措施有何益处？如果他的心像石头那样冷酷；他的精神会极度空虚，他就深陷忧郁的泥沼，那么他的身体营养良好、清洁干净又有何用？

善是生命；恶是死亡：正如语言表达那样，两者泾渭分明。

正如智力一样，我们的道德意识可以完善和提高；这是我们和动物本能的基本差异之一。

正像完善美感那样，人们可以完善意识的敏感性，以便识别"善"，最终最大程度地享受"善"；同样，甚至对邪恶的微小趋向都极度敏感。谁能这样感受，他确定无疑"获救"了；谁很少这样感受，他就应当提高警惕，必须尽可能保存和发展那点儿神秘且珍贵的敏感性。

人生要做的最重要事情之一，是系统地考察自己的意识，不仅拥有道德准则认识，而且拥有爱心，作为启蒙的源泉。人们只有通过爱，才能完善那种敏感性。没有接受过感觉教育的人，不可能判断自己。例如，一位医生对一种疾病的症状了如指掌，细致入微地了解心脏不适时心跳和脉搏跳动的变化；但是，如果他的耳朵听不到心跳，他的手触摸不到脉搏跳动，那么他的医学知识又有何用？他诊断疾病的能力是以感觉为基础的，如果他缺乏这种能力，那么他的医学知识在病人面前就毫无价值。诊断我们自己的意识同样如此：如果我们耳聋眼瞎，再多的症状都会神不知鬼不觉地被忽视！我们将不知道我们的判断以什么为基础。无用活动令人厌烦，我们从一开始就被打倒。

相反，"感受"促使我们进步并不断完善。

一些人具有超凡的辨别善恶的能力，就像希腊艺术家在美感指引下具有超凡的辨识标准形体的能力。圣泰蕾莎讲过，当世俗的坏人接近她时，她仿佛闻到了臭味，感到非常难受。她清晰地解释说，其实她没有闻到任何气味；但确实很难受，决不是由于想象；那是一种不能忍受的内心不适的痛苦。

如下关于生活在沙漠中的早期教父的轶事饶有兴味。一位僧侣说道："我们坐在主教大人的脚下，倾听并欣赏他那神圣并有益的布道。此时，一位安条克①最漂亮的舞女、一流的'哑剧'女演员，珠光宝气地出现在我们面前，她那裸露的大腿全被珍珠和金饰覆盖；她的头和肩也裸露在外。大批随从陪伴着她，那时在场的男人用眼睛贪婪地、不知疲倦地凝视她。从她身上散发出沁人心脾的香气，弥漫在我们呼吸的空气中。当她走过去后，一直盯着她看的主教对我们说：'你们没有被绝代佳人所吸引？'我们全都沉默不语。主教接着说：'在静观她时，我感到极度愉悦；因为上帝已经指派她，有一天将来评判我们。我看见她'，主教继续说，'就像这只肮脏的黑鸽子；但它将被洗得洁白如雪，飞向天国'。事实上，过不久那个舞女就回来了，请求为她洗礼。她说：'我叫佩拉佳，这名字是我的亲戚起的；而安条克人都称呼我珍珠女，因为他们用大量珍珠粉饰我的罪孽。'两天后，她把全部财产都分发给穷人，穿上粗布衣，搬进奥利维托山上的一间小屋，至死都没有离开那里。"（蒙塔朗贝尔②：《西方的僧侣》，第1卷，第86页）

---

① 安条克（Antiochia），小亚细亚古城，现土耳其城市。
② 蒙塔朗贝尔（C.Mentalembert，1810—1870），法国演说家、政治家和历史学家。

小学内自我教育

我们的麻木

对恶的痛苦回应，对在他人那里看到"善"的愉悦回应，如此微妙的敏感性简直像奇迹。我们距离这种状态多么遥远啊！在我们的社会里，我们可能长期和一个罪犯在一起生活，尊敬他，和他握手，直至有一天他的罪行大白于天下，人们都感到难以置信。我们将会说："谁能想到呢？他在我们中间，就像一个大善人。"

然而，一个罪犯不可能不留下一点儿蛛丝马迹、诡异的感觉、心肠的缺失，就足以让我们很早就识别出其真相。当然，没有人会说，大家都变成像希腊雕刻家那样神奇的美学家，像圣徒那样敏感；然而，如果我们承认，从精美艺术品前经过竟毫无感觉是一件不雅之事，也承认把可怕笨拙和光怪陆离及理想美相提并论，将电车车轮声及走调乐器震耳欲聋的噪音和贝利尼①、瓦格纳的美妙音乐混为一谈，这将是文明不能容忍的事情，也反映出一种迟钝，每个人都会为此感到羞愧、脸红，并竭力掩饰；为什么我们却没有发现，在道德敏感性上我们不是这样做的吗？我们正是把道德君子和恶人罪犯混为一谈，却毫无觉察。正如多次发生那样，在错误的审判中，我们对无辜者的声音听而不闻，尽管那是公开审判。我们让那个无罪之人在监狱里被折磨多少年？为什么美德如此模糊不清，以致我们将它和幸运相混淆？正如福音书所说的富人："但你们富足的人有祸了，因为你们得到过安慰。"富人还想着去"教化"穷人，怎么没有看一眼自己的和穷人的道德生活？他们似乎相信富人都是善人、穷人都是恶人？

如果智力领域充斥着类似黑暗，我们就会对眼前的疯狂形态视而不见。在道德领域存在不少混乱，在其他生活领域不可想象。如果有一天，未来青年比今天青年的目光更锐利，他们听说在欧洲战场上曾经欢庆过圣诞节，就会立即清楚地认识战争本身的根源。由于在相同情况

---

① 贝利尼（V.Bellini，1801—1835），意大利歌剧作曲家，创作有《梦游女》、《诺尔玛》、《清教徒》等9部歌剧。

下，大卫感觉他的呼喊很轻松，这对他来说不可思议："你的上帝，在哪儿？"我失去了上帝，这似乎是莫大的悲哀。然而，满不在乎地照旧欢庆，等于说没有意识到失去上帝：灵魂死亡了多长时间？何时开始走上死亡之途？可怕的大屠杀是多么恐怖的疯狂插曲，为了庆贺基督诞生，在杀人的刑场上竟然栽种起和平之树。

我们比起圣泰蕾莎因臭味而痛苦的敏感性差得太远，离主教在肮脏羽毛下发现洁白鸽子的洞察力差得太远。我们和他们的差距之大，不似农民和艺术家在鉴赏力上的差距，而是死尸和活人之间的差距。显然，我们已经历死亡，我们却没有觉察。

由此可见，我们生命的奥秘是在这里而不在卫生学。我们身上有比肉体更易腐败的东西；我们拥有一种比物质生活更脆弱的生活；黑暗的危险笼罩着我们。这就是人类的秘密。

人类如果失去走向更加美好世界的指路明灯，就会跌入万丈深渊，比所有动物都低下。

因此，有爱心者把全部精力倾注到这种生命源泉中。新生儿的肺多么脆弱，如果哪位残忍的母亲想让他窒息而死，多么轻而易举啊！但是，这种扼杀一条小生命的轻微举动，和那种更加容易却更加致命的扼杀灵魂的行为相比，不是小巫见大巫吗？灵魂的死亡和肉体的死亡一样，其特征是丧失感觉，人们把火红的铁块放在死尸上，它毫无反应。

然而，生机勃勃的人能对比炽热铁块接触皮肤小得多的刺激做出反应。生活着并感受着的人能够不断完善自己——这就是生活。

心灵"感受"足矣。它们怎么能平静地生活在那些邪恶之中呢？如果有人在我们房屋的窗下倾倒垃圾，我们渐渐地感到臭气熏天，谁能忍受而不抗议呢？谁能让造成痛苦的垃圾原地不动呢？还有，如果我们有一个孩子，我们的抗议会更加强烈，为了保障孩子的健康，我们甚至会自己动手清扫垃圾。然而，如果母亲和孩子死去，就再也感受不到臭气熏天了。

生命的特征要求净化环境和心灵，清除损害健康的垃圾和病毒。基督被称作"从世界上清除罪恶的羔羊"；他不是布道的导师，而是一位净化者。这就是源于感觉的道德：净化世界，清除生活障碍，把精神从死亡黑暗中解放出来的行为。

每个人都感到应向自己意识汇报功绩，但这种功绩不像欣赏音乐或有所发现的功绩，而是为拯救和维护生命做出贡献的功绩。

这种净化的功绩，如同不断进步，永无止境。

"摆脱一切羁绊，跟随我！"基督对那些问他能到何处去的人们说。

由于人们凭借自己的力量，能够促使自己不断提升，在熟睡的人面前，有着看不见的雅各的梯子[①]，天使在上面上来下去，召唤他奔向天国，即奔向超自然的生活。确实，他不是常人。对缺乏信仰的人来说，这是梦想；但对有信仰的人来说，却是可以实现的目标，是生活的目的。

对尼采而言，超人是没有实际结果的观念，即使面对曾启示过他的进化论，也是荒诞不经的。这种观念对于战胜人间罪恶没有任何帮助：甚至成为把人锁在地牢里的锁链，而此人还要在地球上探寻由自己创造的超过自身的人的手段。这样，就让人迷失在利己主义、残忍和疯狂之中。

然而，数不胜数的圣徒去感受去活动，遵循他们的信念："不再是我活着，而是基督活在我心中。"

正如我们的诗人所言，人若是"要变成天使蝴蝶的蝶蛹"，那么其道路确定无疑：他在精神上要么升华要么死亡。

因此，遵循卫生学的身体和精神的法则不是全部生命的内涵，而仅仅是生命从环境中获取的净化自身和保障健康的手段。然而，那种超自然的生活，向爱和神圣之光求助，以获得改造自身所需的力量。

事实上，圣徒的特征不是心醉神迷；而是优秀人格和低劣人格展开实际斗争并获得胜利。

[①] 雅各的梯子，典出《旧约·创世记》第28章10—19节。为逃避以扫的报复，雅各去舅父家避难，途中梦见天使在顶天立地的梯子上下来上去，醒后立石纪念，为其起名伯特利（意"神殿"）。此典也称"天梯"。

道德与宗教

众所周知，在强大的宗教感受内，比如存在皈依的危机，这种现象典型特征是"内心之光"，一种突然确立的"秩序"，从而能够发现以前看不见的东西：善恶分明，从而实现对自身的启示。事实上，皈依者发生启示的时刻，似乎并不关心神性、教条或礼仪；他们的心灵受到强烈震撼，他们仿佛忘记自己的物质生活和精神生活，把自身置于奇迹般炽热并发光的意识焦点。皈依者在多数情况下呼喊："我是罪人！"仿佛他和黑暗连同腐蚀、削弱并窒息他的所有罪恶决裂。这之后，他发现漆黑一团、危险四伏，不寒而栗。这让他焦虑不安，让他痛哭流涕，驱使他去寻找能理解他、安慰他、帮助他的人。皈依者就像新生儿那样需要帮助。他们像刚刚来到世上的婴儿那样，大声啼哭和骚动不安，他们无牵无挂、无拘无束。他们感受到自己的生命；觉得自己生命价值大于全世界的财富和利益。摆脱巨大危险，让他们感到慰藉和狂喜；他们焦虑的是尽快从压迫的邪恶中"解放"出来。他们每向前迈出一步，都要先长时间地思考邪恶已深深扎根却毫无察觉的可怕时刻：

> 犹如一个人吁吁气喘，
>
> 逃出大海，游到岸边，
>
> 掉过头去，凝视那巨浪冲天，
>
> 我也是这样惊魂未定，
>
> 我转过身去，回顾那关隘似的森林，
>
> 正是这关隘从未让人从那里逃生。
>
> （但丁：《神曲·地狱篇》第一首）[1]

那种邪恶曾禁锢了所有的精神财富，现在它们获得自由，就让周围

---

[1]　采用黄文捷译文（《神曲》，花城出版社 2000 年 7 月版）。

小学内自我教育

的整个世界在我们眼前显得焕然一新、生气勃勃。

> 我觉得，我所眼见的情景，
> 竟像是宇宙的笑容……
>
> （但丁：《神曲·天堂篇》第二十七首）①

　　下面是我听说的最为独特的皈依情况。在一座挤满教徒的教堂里，一位因演说才能出众而闻名的神甫在布道，教徒们既虔诚又欣赏地倾听。突然，他被一声呜咽所打断，人群中一个人向布道坛挥手，高声喊道："我是罪人！"这个神甫像往常一样，走过去帮助那个皈依者，并接受其灵魂的彻底倾诉，那个灵魂终于摆脱了所有邪恶的腐蚀。然后，神甫好奇地询问，是哪个内容触及了他的心灵，尤其是哪句话促成这等奇事。皈依者回答："啊！您说的话我一句也没有听到；我也不知什么原因就走进了教堂：在那一时刻，您的手指严厉地指着我。对，确实，我喊了，我是罪人。我感到那件压迫我的沉重的铅质长袍从肩上滑落，接着抑制不住的泪水从心灵涌出。"由此可见，在皈依行为中没有任何智力因素；不是一种"信念"、一种新"认识"在起作用；而仅仅发生一种良心自发现象，良心可能在无意识的准备之后，将光明和黑暗区分开，并开始塑造新人。

　　皈依者比其他任何人都更清晰地感受到，邪恶是超越人能享受的所有高级欢乐的"障碍"。他不仅得到净化，而且净化也改造了他。他就像一块深陷泥沼、沾满渣滓的钻石，一旦露出地表，清除上面的污垢，立即洁净如初、闪闪发光。此时，它不仅是一块晶莹剔透的宝石，而且它被太阳真正改造，是太阳让它反射阳光，让它闪闪发光。这是确定无疑的光辉，是自然地添加上的，与被清除的污垢及宝石的性质没有关系。那些污垢渣滓不仅玷污了宝石，而且妨碍光线照射，正是光线应当构成其典型价值。

---

① 采用黄文捷译文（《神曲》，花城出版社 2000 年 7 月版）。

所有教徒都知道，邪恶对我们来说是"锁链"，把我们锁在坟墓般的地狱里。怨恨的情感阻碍我们发展，禁止我们同神圣精神接触。最小的污垢渣滓，最少的渗透物，足以玷污我们的清白，把我们从选民宝盒中驱逐：一个判决兄弟而不是给兄弟赦罪的眼神；让我们的心对他们怀有敌意的情感；最终，产生愤怒和憎恶的仇恨。

"与精神对立的欲望表现出来：诸如敌意、竞争、吵架、分歧、宗派、妒忌、投毒、凶杀。"一个人带着一颗受仇视仁爱诱惑而受伤（即使伤势不重）的心，迈步走向圣坛，就像一只带着箭（被箭射穿）的野兔跑向自己的窝。野兔不是为了逃命才跑的，而是要死在自己窝里。"同样，如果你正要为圣坛献祭，你想起和你的兄弟有些不和，那么先和你的兄弟和好，然后再献上你的祭品。"

原谅冒犯自己的人并未完成正义的逻辑行为，对被原谅者也未做善事；因此判断冒犯是否值得原谅，冒犯者是否需要我们宽恕，简直是浪费时间。不是出于正义感，或为了冒犯者，而是为了我们自己，我们必须原谅。谁原谅他人，谁就根除了怨恨、不满和所有压迫及束缚精神的情绪，正是这些情绪使他无法提高自己的精神境界。这就是必须原谅的原因所在：为了粉碎妨碍我们自由活动和上升的羁绊。当我们剪断气球的缆绳时，未曾想到它朝向地面是否正确，缆绳是否值得剪断。我们这样做，仅仅因为让气球升空必须这样做。其后，升空者从高空欣赏了在地面看不到的奇妙景观。谁会在这种收获和损失绳缆之间平衡得失呢？

你原谅他人，就会感到全世界的普遍宽容在升腾：这标志着你也将上升。Haec est vera fraternitas，quae vicit mundi crimina.[①]

儿童的宗教情感

对儿童的意识危机和自发宗教情感的研究不多。确实，近期在英国

---

①　拉丁文，意为"这是真正的兄弟情谊，它战胜了世上的许多罪恶"。

小学内自我教育

发生的独特宗教运动中，出现儿童宗教狂热的惊人事件。5 岁小女孩内莉在弥留之际希望领圣餐后，庇护十世①才允许任何年龄的儿童都可以领圣餐。然而，这一题目仍没有成为今日实证研究的主要部分。

在国际心理学代表大会上提及的唯一此类研究，是在《第一届国际教育学代表大会》（布鲁塞尔，1911 年 8 月）上刊载的《关于儿童道德的及宗教的情感发展的几点意见》的著名论文，这是由（布加勒斯特）哲学博士吉迪欧奈斯库（Ghidionescu）撰写的。作为观察对象的儿童，没有接受过任何宗教教育。有一天，发现这个孩子突然无缘无故地哭泣。当他母亲问他为什么哭时，他回答说："因为我记起两个月前亲眼见一只小狗被虐待；此时此刻我听到它叫了。"一年半后，类似危机又发生了。一天晚上，他从窗口仰望月亮，突然号啕大哭，"你们不要责备我，"小孩激动不已地说，"当我望见月亮时，我感到我伤过你们的心，我懂了，我冒犯了上帝。"

这项饶有兴味的研究，揭示了道德意识自发现象的相继阶段。首先是那件残忍事件两个月后强烈情感的流露，从而引起孩子哭泣：他感受到那只被虐待小狗的痛苦。在这种意识行为开始后很长时间，才确立了秩序：小孩能区分美好行为和丑恶行为，并发现让自己的父母不快，尽管这种不快并不严重，以至当时他没有意识到。但是，当他清除了那些细小污垢后，他感受到上帝，他说"我懂了，我冒犯了上帝"，他清晰地知道他冒犯的不是父母。此时，无人对他提及上帝，也无人教过他检查自己的意识。

在我的经验中，从未有机会参与类似精神成长的过程。我在宗教教育方面的经验，迄今必然很少。事实上，在朱斯蒂路由方济各修女主办的儿童之家里，应用普通方法进行宗教教育，因此不可能进行富有创见的研究和观察。相反，在各个市政府掌权的政党以宗派般严酷手段在学校废止宗教，造成害怕听到上帝这个字眼的后果，就像虔诚信徒惧怕听到魔鬼这个词。

因此，我的经验只限于在我家单独接受教育的几个孩子，他们都属

---

① 庇护十世（Pio X，1835—1914），罗马教皇。

于不信教家庭，因此没有受过任何宗教影响。

我有一个刚满 7 岁的小学生。他家的一位朋友发现他很聪明，并知道他受过"自由"教育，就想根据拉马克和达尔文的原理向他讲述动物的进化。这个小男孩全神贯注地听他讲，然后问道："好，人是从猴子演变的，猴子是从另一种动物演变的，依此类推，那么第一种动物又是从什么演变的呢？""第一种动物，"讲述者回答说，"是偶然形成的。"于是，小男孩哈哈大笑，把他母亲叫来，激动地对她说："你听，你听多么愚蠢：生命是偶然形成的！这不可能。""那么，生命是怎样形成的？""是上帝造的。"小男孩坚定不移地回答。

在母亲的许可下，这个孩子准备和他姐姐一起去领圣餐。一位趣味高雅、受过良好教育的年轻神甫主持了这一仪式。我很好奇，想听听那个孩子会提出什么异议，但没有获准出席。只有一天，教义课快要结束，我恰好在场。神甫说到保存葡萄酒和主祭教士可以出席的某些实际场合。我觉得这样讲对儿童完全不合适，并且会脱离其目的。但我惊奇地发现孩子们都聚精会神地凝视着圣坛。显然，他们并没有领会那些详尽的讲述内容，但沉浸于吸引他们的情感之中。正如盛着葡萄酒的圣杯，对于贞洁的帕西法尔① 那样，也呼唤他们的灵魂接受它。他们第一次领圣餐时，我确信他们的灵魂用美好信念和绝对纯真接受那些奥义，仿佛他们觉得，一切属于上帝可以理解，否定上帝荒谬绝伦。他们的精神收获将伴随终生。

---

① 瓦格纳的同名歌剧中的主人公，他是个骑士之子。剧情梗概：格拉尔堡年轻国王未能抵抗美女的诱惑，被魔法师夺走了矛，还被他用矛刺伤。从此，年轻国王伤口不能愈合，极为痛苦。为了鼓舞武士们为正义而战，退位老国王让儿子揭去圣杯上的罩布。罩布取下，圣杯发出了紫光；但年轻国王的伤口在光照下，越来越疼，血不断地涌出伤口。此时，从天上传来预言家的声音：一位贞洁的少年将带来医伤的药方。在格拉尔堡大厅，武士们再次要求年轻国王揭去圣杯上的罩布。但国王恳求说，他宁愿被杀死，也不去揭。此时，帕西法尔来到他身边，用矛尖碰碰伤口，伤口立即愈合。接着，帕西法尔揭去圣杯上的罩布，大厅一片光明。一只白鸽飞到大厅，在帕西法尔的头上飞翔。帕西法尔成为格拉尔堡的新国王。

小学内自我教育

在他们领圣餐后很久，一个孩子的表妹也准备领圣餐。她在家从未接受过宗教教育。一天，她在课堂上专心致志地学习，突然说道："解剖花朵真美！我非常喜欢算术和几何，但最美妙的是宗教。"

在学校有一位年龄稍大的女孩，她的父母甚至仇视宗教。这个女孩虽说对学校的练习很感兴趣，但总是焦躁不安。后来，在她家别墅举办精彩的儿童舞蹈晚会，晚会组织得有条有理，节目都是真正的艺术作品，但女孩仍然焦躁不安和玩世不恭，仿佛心灵受到幻灭的伤害。一天，她把一个墨西拿①的孤女（她是罗马朱斯蒂路学校的学生）叫来，把她领到一个僻静的角落，请她吟诵天主经。当孤女背诵时，这位富家女温情脉脉地望着她。然后，仿佛听从神圣的启示，她走向钢琴准备演奏。但她的双手却颤抖不已，上身倒向一边，肘部支在键盘上，低垂着头，再也掩饰不住内心的激动。她的灵魂饥渴难耐：任何东西都不能让她平静，深爱她的人不愿给她的东西除外。她的心活着并在探索："就像饥渴的小鹿渴望水泉，我的灵魂渴望你，啊！上帝。"

她的心灵尚未蒙上黑暗的坚固污垢，那样的黑暗污垢使得成人很难以儿童的纯真接受精神的奥义。再晚些时候，这些奥义就不可理解，就像对尼哥底母②那样，他反驳基督："重生！我怎么能再钻进我母亲的肚子呢?"

然而，如此快捷的考察足以让我们理解，儿童除了智力需求外，还有其他需求。在他们的智力发展并满足前，他们开放并纯真的心灵就放射出神圣的光芒。他们或许就是我们期待的帕西法尔，我们心灵如此压抑和病患，但由于我们双手不洁，鸽子再也不会飞临神圣的格拉尔堡，在盛满和平之液的圣杯的上空盘旋。

---

① 墨西拿，意大利西西里岛的海港城市，1908 年发生大地震。

② 尼哥底母（Nicodemo），《圣经》人物，与耶稣同时代的一个有声望、有地位的法利赛人，很钦佩耶稣，曾夜访耶稣讨论重生问题，后来又曾公开为耶稣辩护。耶稣受难后，带着沉香和没药等与亚利马太人约瑟一起安葬了耶稣。

责任编辑：张伟珍
封面设计：王春峥
责任校对：张　红

图书在版编目（CIP）数据

小学内自我教育／［意］蒙台梭利（Montessori, M.）著；
　田时纲 译 .－北京：人民出版社，2014.2（2022.8 重印）
　（蒙台梭利文集；2）
ISBN 978－7－01－012695－1

I.①小… 　II.①蒙… 　②田… 　III.①儿童教育－自我教育　IV.① G61
中国版本图书馆 CIP 数据核字（2013）第 242130 号

蒙台梭利文集
MENGTAISUOLI WENJI
第二卷
小学内自我教育

［意］蒙台梭利　著　田时纲　译

人民出版社 出版发行
（100706　北京市东城区隆福寺街 99 号）

北京汇林印务有限公司印刷　新华书店经销

2014 年 2 月第 1 版　2022 年 8 月北京第 3 次印刷
开本 710 毫米 ×1000 毫米 1/16　印张：15
字数：212 千字　印数：6,001－7,500 册

ISBN 978－7－01－012695－1　定价：37.00 元

邮购地址 100706　北京市东城区隆福寺街 99 号
人民东方图书销售中心　电话（010）65250042　65289539

版权所有·侵权必究
凡购买本社图书，如有印制质量问题，我社负责调换。
服务电话：（010）65250042